# THÉÂTRE
## DU PÈRE
# DU CERCEAU.

## CHEZ LE MÊME LIBRAIRE.

Abrégé de l'Histoire des Empereurs Romains, de Crévier, suivi des Fastes consulaires, *Paris*, 1822, gros vol. *in*-12, *fig.*

Abrégé de l'Histoire du Bas-Empire, ou le Lebeau de la Jeunesse, *Paris*, 1821, 2 vol. *in*-12, *fig.*

Abrégé de l'Histoire de France, *en vers techniques*, avec leur explication, par Fortier. *Paris*, *in*-8°.

Beautés de l'Histoire Naturelle de Buffon, *ou* Leçons sur les mœurs et l'Industrie des Animaux; par L. Cotte, correspondant de l'Institut de France, etc. *Seconde édition*, *ornée de 22 planches*, contenant 174 *figures*, Paris, 1819, 2 vol. *in*-12.

Beautés de l'Histoire des Voyages, *ou le* La Harpe de la Jeunesse, contenant les Relations des voyages les plus intéressans, et des Notices sur les mœurs, la religion, les usages des principaux peuples de la terre, rédigées d'après La Harpe, Humbold, Peron, Macartney, Barrow, Levaillant, la Peyrouse, etc., etc. *Paris*, 2 gros vol. *in*-12, *ornés de 12 planches*.

Œuvres diverses du P. du Baudory, contenant un Recueil de plaidoyers, *à l'usage de la jeunesse*, Paris, *in*-12,

Petites leçons de Morale et de Littérature, ou Choix des plus beaux morceaux des Poëtes et des Prosateurs français, ouvrage utile pour orner la mémoire et former le cœur des jeunes élèves, 2 vol. *in*-18, *Paris*, 1822.

*On vend séparément :*

Volume de prose, *in*-18.
———— de poésie, *in*-18.

# THÉÂTRE
## DU PÈRE
# DU CERCEAU,
A L'USAGE DES COLLÉGES.

## NOUVELLE ÉDITION,
REVUE ET AUGMENTÉE D'UNE NOTICE
SUR LA VIE ET LES OUVRAGES
DE CET AUTEUR.

PARIS,
DE L'IMPRIMERIE D'AUG. DELALAIN,
LIBRAIRE, rue des Mathurins-St.-Jacques, n° 5.

1822.

Toutes mes Éditions sont revêtues de ma griffe.

*Auguste Delalain*

# NOTICE
## SUR LE PÈRE DU CERCEAU,
### DE LA SOCIÉTÉ DE JÉSUS.

Du Cerceau (Jean-Antoine), naquit à Paris le 12 novembre 1670. Formé à l'école des Jésuites chez lesquels il entra de bonne heure, il se fit connaître à l'âge de 24 ans par quelques poésies latines qu'il publia en 1695 et 1696, et qui furent accueillies avec la distinction qu'elles méritaient. En 1705, il en donna, sous le titre de *Carmina varia*, un recueil in-12, qui fut réimprimé en 1724. A ses trois premiers poèmes intitulés *Papiliones*, *Gallinœ*, et *Balthazar*, il ajouta une espèce de drame en vers latins, ayant pour titre *Filius prodigus*, dont il donna dans la suite une traduction libre en vers français. L'original et la traduction furent souvent joués dans les colléges des Jésuites, ainsi que ses autres pièces françaises dont nous donnerons la liste ci-après. On ne paraît pas d'accord sur la préférence qu'on doit accorder aux poésies latines du P. Du Cerceau sur les poésies françaises du même auteur, mais il nous semble que le choix à cet égard ne doit pas être douteux. Le style de ses poésies latines est pur, facile et sans recherche. Du Cerceau eut peut-être tort d'abandonner la langue de Virgile et de Térence pour se livrer exclusivement à la poésie française. Ses écrits dans cette langue sont d'un genre médiocre; son style est négligé, et quelquefois tombe dans une sorte de familiarité dont on lui a généralement fait un reproche très-grave. Il a voulu imiter Marot, mais il n'a emprunté de ce poëte, que le ton et les expressions; il est resté bien inférieur à son modèle.

Plusieurs de ses poésies françaises se font lire néanmoins avec plaisir, et l'on est tenté de croire que, s'il n'avait pas écrit avec autant de précipitation, et s'il s'était donné la peine de retoucher ses ouvrages, il aurait acquis plus de célébrité; mais il s'abandonnait à son génie qui, l'emportant tantôt vers un objet, tantôt vers un autre, lui faisait entreprendre une infinité de travaux auxquels il renonçait après les avoir seulement effleurés. Ce fut ainsi qu'il préluda à quelques commentaires sur Horace, sur les lettres de Pline, sur le traité de Cicéron *De naturâ deorum* : il avait poussé plus loin un essai sur le caractère du style poétique et et un traité de la perspective; mais il n'a rien terminé dans ce genre.

Le Père Du Cerceau, fut un des rédacteurs du journal de *Trévoux*, et ce fut à cette occasion qu'il eut deux disputes : l'une avec M. Burette, sur la musique des Anciens, et l'autre avec l'abbé d'Olivet qui lui répondit avec une vivacité que l'agresseur avait provoquée.

Les poésies françaises du P. Du Cerceau consistent en épîtres, fables, contes, épigrammes, en partie imitées de Martial. Il avait composé aussi un grand nombre de satires, chansons et autres pièces en vers sur les affaires du temps, mais elles n'ont point été imprimées. On lira toujours avec plaisir son conte de *La nouvelle Eve*, et même sa petite pièce intitulée *Les pincettes*. Ses ouvrages en prose n'ont rien ajouté à la réputation que lui ont faite ses écrits poétiques. Le meilleur de ses drames est celui qui a pour titre les *Incommodités de la grandeur*; il fut représenté par les pensionnaires du collége Louis-le-Grand; une fois devant le roi d'Angleterre; une autrefois devant Madame, mère du régent, et enfin au Louvre, devant Louis XV et toute la cour. L'auteur y a répandu beaucoup de gaîté; on y trouve des situations comiques; le sujet en est le même que celui du *Roi de cocagne*, de Le Grand, qui avait paru quelques années auparavant; le P. Du Cerceau tira parti de cet ouvrage pour composer le sien.

Du Cerceau était d'un commerce doux et facile; son cœur était exempt d'ambition et de jalousie. On recherchait sa société, et il avait l'estime de la compagnie savante à laquelle il appartenait. Si l'éloquence avait eu pour lui les attraits de la poésie, il aurait pu se placer avec distinction parmi les plus habiles orateurs de la chaire: l'*Oraison funèbre* du Dauphin, père de Louis XV, semble autoriser cette assertion. Le P. Du Cerceau mourut par suite d'un de ces accidens qui sont malheureusement trop communs. Précepteur du prince de Conti, il avait accompagné son élève, à Véret, maison de campagne du duc d'Aiguillon, près de Tours. Ce jeune prince témoignait le plus grand désir de chasser; il obtint un fusil, il le tourna et retourna en tout sens pour en faire parade; le fusil était chargé à bal; le coup partit, et atteignit le P. Du Cerceau qui tomba roide mort. Il avait alors environ soixante ans. Le prince de Conti, son élève, après ce funeste accident, courait éperdu par tout le château en criant avec l'accent du désespoir « J'ai tué le « P. Du Cerceau, j'ai tué le P. Du Cerceau », et il répétait sans cesse ces douloureuses plaintes, sans qu'on pût en tirer autre chose pendant quelque temps.

Les ouvrages du P. Du Cerceau sont I, *Carmina varia*; II, l'*Enfant prodigue*; III, les *Incommodités de la grandeur* ou le *Faux duc de Bourgogne*, comédie héroïque avec cantate (1); IV, l'*École des pères*; V, *Ésope au collège*; VI, les *Cousins*, comé-

(1) Cette pièce fut représentée le 8 mai 1721, dans le collége des Jésuites, à Paris, par les petits pensionnaires. Du nombre des jeunes acteurs étaient M. le duc de La Trémouille, M. de Mortemar, et M. de Charost.

dies; VII, le *Destin du nouveau siècle*, intermède mis en musique par Campra; VIII, le *Ballet de la conquête de la Toison d'or*; il servit d'intermède à une tragédie dont on n'indique point l'auteur; IX, *Euloge* ou le *Danger des richesses*, tragicomédie; X, le *Point d'honneur*; XI, le *Riche imaginaire*; XII, la *Défaite du solécisme*; XIII, le *Philosophe à la mode*; ouvrages représentés dans plusieurs colléges, mais non imprimés; XIV, *Réflexions sur la poésie française*, auxquelles on a joint une *Défense de la poésie française, et de la rime* contre l'abbé de Pons; XV, *Lettres de M. D. L. C. P. D. sur l'Histoire des flagellans de l'abbé Boileau*; XVI, *Six lettres d'Eudoxe à M. l'abbé de\*\*\* sur l'apologie des lettres provinciales*; XVII, les *Vies de Socrate et de Platon*, dans les *Vies des anciens philosophes* de M. de Fénélon; XVIII, l'*Histoire de Thomas Kouli-Kan, sophi de Perse*, 2 vol. in-12; cet ouvrage avait paru auparavant sous le titre de *Histoire de la dernière révolution de Perse*; XIX, plusieurs *factums* pour les Jésuites dans la fameuse affaire de Brest; XX, l'*Histoire de la conjuration de Nicolas Gabrini*, dit *Rienzi*; le P. Brumoy mit la dernière main à cet ouvrage intéressant, qui fut publié par le P. Courbeville; XXI, l'*Oraison funèbre du Dauphin, père de Louis XV*, prononcée à Bourges. Le P. Du Cerceau publia en 1727 les *Epigrammes de Senecé*, dont il retrancha ce qui lui parut trop libre; on lui attribue aussi la lettre à M. l'archevêque de Reims (le Tellier). On peut dire que ce fut un écrivain laborieux et un homme véritablement attaché à ses devoirs.

# L'ENFANT PRODIGUE.

# PRÉFACE.

Comme c'est à Jésus-Christ qu'on doit l'invention du sujet de *l'Enfant Prodigue*, on peut dire que, de quelque manière que la pièce soit exécutée, elle tire toujours un grand éclat de la dignité de l'auteur qui nous en a tracé la première idée, selon qu'il est rapporté dans le chapitre XV de l'Evangile de saint Luc, en ces termes :

« Un homme avoit deux fils. Le plus jeune dit à son père : Mon père, donnez-moi mon partage ; et le père leur partagea son bien. Quelque temps après, le cadet ayant tout ramassé, alla voyager dans un pays éloigné, et il y dissipa en débauches tout ce qu'il avait. Après qu'il eut tout mangé, il survint une grande famine en ce pays-là, et il se trouva dans l'indigence. Alors il se mit au service d'un des habitans du pays, qui l'envoya dans sa métairie garder les pourceaux. Là, il eût bien voulu se rassasier de ce que les pourceaux mangeaient ; mais personne ne lui en donnait. Enfin, étant rentré en lui-même, il dit : Combien y a-t-il de valets dans la maison de mon père, qui ont du pain en abondance, et moi je meurs ici de faim ! Je vais partir, j'irai trouver mon père, et je lui dirai : Mon père, je suis coupable envers le Ciel et à vos yeux ; je ne mérite plus qu'on m'appelle votre fils : traitez-moi comme l'un de vos valets. Il partit donc et s'en alla trouver son père. Comme il était encore éloigné, son père l'aperçut ; et touché de compassion, il courut à lui, l'embrassa, et le baisa. Mon père, lui dit son fils, je suis coupable envers le Ciel et à vos yeux ; je ne mérite plus qu'on m'appelle votre fils. Alors le père dit à ses serviteurs : Apportez promptement sa première robe, et l'en revêtez : mettez-lui un anneau au doigt, et donnez-lui des souliers. Amenez le veau gras, et tuez-le ; mangeons et faisons grand chère : car mon fils, que voici, était mort, et il est ressuscité; il était perdu, et il est retrouvé. Et ils se mirent à faire grand'chère. Cependant le fils aîné était dans les champs; revenant et approchant de la maison, il entendit qu'on chantait et qu'on dansait. Il appela aussitôt un de ses serviteurs, et s'informa de ce que c'était. C'est, lui dit le serviteur, que votre frère est de retour, et votre père a fait tuer le veau gras, parce qu'il l'a recouvré sain et sauf. Il en conçut de l'indignation, et il ne voulait point entrer. Si bien que son père sortit et se mit à le prier. Mais il répondit à son père : Il y a tant d'années que je vous sers sans vous avoir jamais désobéi : néanmoins vous ne m'avez jamais donné un chevreau pour régaler mes amis. Mais votre fils que voilà, qui a mangé son bien avec des femmes débauchées, à peine a-t-il été de retour, que vous avez fait tuer le veau gras. Mon fils, lui dit son père, vous êtes toujours avec moi, et tout ce que j'ai est à vous. Mais il fallait bien faire un festin, et se réjouir; parce que votre frère, que voici, était mort, et il est ressuscité, il était perdu, et il est retrouvé. »

Telle est la parabole que Jésus-Christ fit à ses disciples, et dont la simple exposition a quelque chose de si touchant, qu'il faut être bien insensible pour n'en pas être attendri. En effet, tous ces sentimens de douleur, d'indignation, de compassion et de tendresse, qui font de si grandes impressions sur le théâtre, y sont maniés avec autant de force que de délicatesse; et je ne sais même si on peut imaginer rien de plus capable de tirer les larmes que l'empressement vif et tendre avec lequel le père va se jeter au cou de son fils, dans le moment que ce fils repentant vient embrasser les pieds de son père, et les mouiller de ses pleurs. Ce sujet m'a toujours paru si propre à être mis sur le théâtre, que j'ai été souvent surpris qu'on ne l'y eût point encore traité. Mais je me suis imaginé que ce qui avait pu empêcher bien des gens de l'entreprendre, était la difficulté qu'il y avait à l'ajuster aux règles du théâtre. Il y avait en effet à cela quelque difficulté, mais non pas telle qu'elle fût insurmontable; et la beauté du sujet me paraissait valoir bien la peine qu'on fît quelque effort pour la surmonter. Voici donc comment je m'y suis pris, dans cette idée, pour arranger la pièce.

J'ai supposé que le père avait appris, par des bruits publics, quelque chose des débauches et de la ruine de ce fils, qui l'avait abandonné long-temps auparavant. Que dans l'alarme que ces bruits lui avaient causée, il avait fait partir en diligence un de ses gens, domestique affidé, pour aller joindre ce cher fils, et le ramener, s'il était possible, à la maison paternelle. Il y avait déjà du temps que ce domestique était parti; et selon le compte du père, il aurait dû déjà être de retour. Cependant il n'en apprenait point de nouvelles, ce qui le jetait dans de mortelles inquiétudes, et dans une impatience extrême. Voilà l'instant où j'ouvre la scène, en supposant tout ce qui a précédé, comme le départ, les déréglemens et la déroute de l'Enfant prodigue, tous faits qui ne pouvaient cadrer avec l'unité du jour. Cependant, comme il n'était pas permis de supprimer des faits si essentiels au sujet, il a fallu ménager une situation qui donnât lieu d'en faire naturellement l'exposé dans une narration qui n'eût rien de mendié, ni de forcé. J'ai feint pour cela qu'un gentilhomme, qui avait acheté depuis très-peu de temps une terre dans le voisinage du père de l'Enfant prodigue, surpris de le voir dans l'affliction où il était, lui en demande la raison, et avec tant d'instance, qu'enfin il arrache du père le narré de tout ce qui s'était passé entre lui et son fils. J'avoue que le personnage de ce gentilhomme n'est pas de mon invention, et que je l'ai emprunté de l'*Heautontimorimenos* de Térence; mais je m'en sais d'autant moins mauvais gré, qu'il m'est d'un grand secours dans le troisième acte, pour ménager le raccommodement qui se fait entre le père et le fils aîné.

J'ai supposé, en second lieu, que ce fils aîné n'avait encore rien appris de la déroute de son frère, ni de l'impression que cette nouvelle avait faite sur son père, et j'ai été d'autant plus maître de faire cette supposition, que l'Ecriture marque que le fils aîné était hors de la maison lorsque l'Enfant prodigue y arriva. J'ai donc feint que son père l'avait envoyé plusieurs jours auparavant pour visiter des biens qu'il avait dans des lieux éloignés de celui où il faisait sa résidence ordinaire. J'ai supposé tout cela pour donner lieu au fils aîné de faire éclater son indignation, lorsqu'à son retour il apprend le misérable état où son frère s'est réduit par sa faute, et sa jalousie, lorsqu'il voit à quel point son père en est touché et attendri. Mais, parce qu'il n'était pas naturel qu'un fils si bien né, et qui ne s'était jamais oublié en rien à l'égard de son père, en vînt tout d'un coup à s'écarter si brusquement du respect et de la soumission qu'il avait toujours eus pour lui, s'il n'y était poussé d'ailleurs, j'ai mis en œuvre pour cela deux jeunes-gens de ses amis, qui n'épargnent rien pour irriter sa jalousie, et pour l'animer contre son père. Ces deux personnages sont de mon invention; et quelque chose qu'on puisse y trouver d'ailleurs à redire, je ne crains pas du moins qu'on me reproche d'avoir rien fait en cela qui fût contre la vraisemblance. Voilà les additions que j'ai été obligé de faire à la parabole pour l'ajuster au théâtre; additions au reste qui y entrent si naturellement, qu'elles doivent être regardées plutôt comme une explication plus étendue du fait que comme de pures additions, puisqu'en effet, sans rien altérer au récit de l'Evangile, elles ne font que développer certaines circonstances accidentelles que la brièveté, qui convient à la narration, a pu faire supprimer.

Comme le retour de l'Enfant prodigue, reçu en grâce par son père, termine le second acte, et que le troisième ne roule que sur la jalousie du fils aîné, et sa réconciliation avec son père, quelques personnes ont cru qu'il y avait duplicité d'action dans la pièce; que la première se terminait à la réception de l'Enfant prodigue, et que tout ce que renfermait le troisième acte formait une action nouvelle.

Je demanderais volontiers à ces critiques s'ils croient que la tragédie de *Pompée*, dans Corneille, finisse au second acte, et que les trois suivans fasse une nouvelle action. Pompée, après sa défaite, arrive à Alexandrie. Le premier acte est employé à délibérer sur le traitement qu'on doit lui faire; on annonce sa mort au commencement du second. Tout ce qui suit, et dans le reste de cet acte, et dans ceux qui suivent, doit-il être regardé comme des événemens qui forment une action à part, et différente de celle qu'indique le sujet? Ce n'a pas été du moins le sentiment de Corneille, qui fait voir dans l'examen de sa tragédie de *Pompée*, et dans le *Discours du Poëme dramatique*, que les événemens y ont une telle dépendance l'un de l'autre, que la tragédie n'eût pas été complète, s'il ne l'eût poussée jusqu'au terme où il l'a fait finir. Car ces événemens ne constituent point diverses actions, mais bien diverses parties d'une même et unique action; raison qui est aussi concluante pour la pièce de l'*Enfant prodigue*, que pour la tragédie de *Pompée*. Car la jalousie du fils aîné sur la réception qui est faite à son frère, est tellement liée à cette réception même, que l'un suit nécessairement de l'autre.

Mais, dira-t-on, l'Enfant prodigue étant une fois reçu en grâce, l'auditeur n'attend et n'exige plus rien. Il faudrait pour cela que cet auditeur fût peu éclairé, et qu'il n'eût guère fait de réflexion aux marques de jalousie que le fils aîné donne dans le premier acte, et qu'il fait ensuite éclater bien plus vivement dans le troisième ; car, supposé qu'il y ait fait la moindre attention, il ne peut s'empêcher d'être curieux d'apprendre comment la réception gracieuse que le père fait à l'Enfant prodigue sera reçue de ce même frère, qui le même jour avait trouvé à redire aux regrets et aux larmes que son père donnait à la ruine et à la déroute de ce fils ingrat, jusqu'à lui dire, en parlant de son frère :

> Lui qui mériterait qu'on lui fermât la porte,
> Si dans ces mêmes lieux, dont il se sut bannir,
> Après sa faute indigne il osait revenir.

Or, l'auditeur éclairé n'est point content, s'il n'apprend l'effet que produit le retour de l'Enfant prodigue; car la pièce ne consiste pas simplement dans ce retour, mais dans un retour qui réunisse tous les esprits en rétablissant le calme dans la maison. Et comment pouvait-il s'y établir, si à l'arrivée du cadet, l'aîné se retirait mécontent ? C'était un nouveau trouble que la sagesse et la bonne conduite du fils aîné, rendait encore plus fâcheux et plus embarrassant que le premier. Or, toutes les fois qu'il reste quelque scrupule ou quelque inquiétude dans l'esprit de l'auditeur, la pièce ne peut point être censée complète. C'est le sentiment de Corneille dans son *Discours des trois Unités*.

Que s'il y a des critiques qui fassent encore difficulté de se rendre aux raisons de ce prince du *Poëme dramatique*, dont l'autorité est si respectable en cette matière, je les prierai du moins de trouver bon que je n'entreprenne pas de réformer la parabole de Notre-Seigneur; car, quoique les règles d'une simple narration soient différentes de celles du théâtre, cependant elles conviennent entièrement dans ce qui regarde la simplicité de l'action qui est ou racontée ou représentée ; et comme Notre-Seigneur n'a pas prétendu faire deux histoires séparées du retour de l'Enfant prodigue, et de la réconciliation du fils aîné, que ce retour avait brouillé avec son père, mais une simple et unique histoire composée de deux parties différentes liées nécessairement ensemble, et qui suivent l'une de l'autre ; aussi doit-on dire la même chose de la manière dont ces deux parties sont traitées dans la pièce dramatique de l'*Enfant prodigue*.

Voilà pour ce qui touche l'unité d'action. A l'égard de l'unité de jour, elle y est si régulièrement observée, que l'action a pu se passer en aussi peu de temps qu'il en faut pour la représenter, quelque peu d'intervalle qu'on mette entre les actes. L'unité de lieu n'y est pas moins étroitement gardée, puisque tout se passe au bout d'une petite avenue qui joint la maison du père.

## PERSONNAGES.

LE PÈRE.
LE FILS AINÉ.
L'ENFANT PRODIGUE.
ELIAB, voisin et ami du père.
PHARÈS, confident du père.
MANASSÈS,
AZARIAS, } amis du fils aîné.
UN BERGER.

*La scène est dans un bois voisin de la maison du père de famille.*

# L'ENFANT PRODIGUE.

## ACTE PREMIER.
## SCÈNE PREMIÈRE.
#### LE PÈRE.

Pharès tarde long-temps! cruelle incertitude!
Hélas! toujours en proie à mon inquiétude,
Depuis qu'il est parti, chaque jour je l'attends;
Je compte chaque jour, les heures, les instans.
Rien ne paraît encor! Quel désastre funeste
Retarde si long-temps l'espoir seul qui me reste?
Je crains tout : au milieu de ma juste douleur,
Un noir pressentiment vient alarmer mon cœur :
Pharès ne revient point? mais non, pourquoi m'en plaindre?
Je presse son retour, et je devrais le craindre :
Peut-être sa lenteur ne fait que reculer
Le récit des malheurs qui doivent m'accabler.
S'il revenait, hélas! que pourrait-il m'apprendre?
Des disgrâces, des maux, où je dois trop m'attendre.
Il viendra m'annoncer, qu'en proie à ses désirs,
Ce malheureux a fait son Dieu de ses plaisirs;
Que plongé dans le crime, et dans un luxe infâme,
A des feux criminels il a livré son âme;
Que dans ses passions, prodigue et déréglé,
Il a perdu les biens dont je l'avais comblé :
Mais laissons cette perte; et quel soin m'inquiète!
Plût à Dieu que ce fût la seule qu'il eût faite,
Et que dans tous les maux qui me font soupirer,
Pharès ne m'apprît rien de plus triste à pleurer!

Enfin, à quelque sort que ce récit m'expose,
Qu'il vienne de mon fils m'apprendre quelque chose.
Ah ! si du précipice on peut le retirer,
J'ose tout entreprendre, et puis tout espérer,
En quelqu'état qu'il soit, qu'à mes vœux il se rende,
Qu'il revienne, c'est tout ce que mon cœur demande :
Fût-il nu, dépouillé, sans biens et sans honneur,
Je n'envisage plus en lui que son malheur.
Malgré sa faute indigne, et malgré sa misère,
Qu'il revienne, il sera toujours cher à son père.
Que dis-je ? en quelque lieu qui puisse le cacher,
J'y veux, j'y veux aller moi-même, et le chercher.
Oui, c'en est fait ; en vain mon âge et ma faiblesse
S'opposent au dessein que forme ma tendresse,
J'irai, le fallût-il, au bout de l'univers ;
Et qu'ai-je encore à craindre, hélas, si je le perds ?
O mon fils ! ô sujet de mes tendres alarmes,
Que tu me vas coûter de soupirs et de larmes !

## SCÈNE II.
### LE PÈRE, ELIAB.

#### ELIAB.

ARRÊTEZ, c'en est trop, non je ne puis pour moi,
Soutenir plus long-temps l'état où je vous vois ;
Et voisins depuis peu dans ce séjour champêtre,
Quoique nous commencions à peine à nous connaître,
Le sombre et noir chagrin où je vous vois plongé,
Fait qu'à vous secourir je me crois obligé.
Souffrez donc que je parle, et qu'à votre silence
Je fasse à ce sujet un peu de violence.
Qu'est-ce encor, qu'avez-vous ? ne me le célez point,
Quel malheur si cruel vous afflige à ce point ?
Plus je vous examine et plus je considère,
Moins de votre chagrin je perce le mystère :
Tout vous rit, ce me semble, et vous réussit bien,
Honneurs, santé, richesse, il ne vous manque rien ;

PRODIGUE. 3

Ne me direz-vous point le mal qui vous possède?
Quelque grand qu'il puisse être, est-il donc sans remède?
### LE PÈRE.
Je suis père, Eliab, mille soucis cachés
A ce tendre et doux nom sont toujours attachés.
### ELIAB.
Que dites-vous? j'ai cru qu'au Ciel, à le bien prendre,
Vous n'aviez sur cela que des grâces à rendre,
Et que ce nom de père, et si tendre et si doux,
N'avait rien que d'heureux et de charmant pour vous.
Je sais qu'il est des fils d'un fâcheux caractère,
Qu'on dirait être nés pour le malheur d'un père,
Et qui dans mille excès donnant avec fureur,
Le font rougir de honte et mourir de douleur.
Mais certes, pour le vôtre, à vous parler sans feindre,
Je ne vois pas en quoi vous pouvez vous en plaindre.
Peut-on voir un jeune homme et plus sage et mieux né,
D'un naturel plus doux, d'un esprit mieux tourné?
Assidu près de vous, avec peine il vous quitte,
Sur vos sages conseils il règle sa conduite:
Des affaires lui-même ardent à se charger,
De mille soins fâcheux il sait vous soulager;
Et, si l'on ne m'a fait un rapport infidèle,
Vous vous louez souvent des succès de son zèle.
Je sais que vous l'aimez, que discret et prudent,
Il est de vos secrets le plus cher confident;
Que son cœur plein pour vous d'une amitié sincère,
Met toute son étude et ses soins à vous plaire.
Je le dis: quand on sait de quel air, en ce temps,
En usent la plupart de tous nos jeunes gens,
Et ce que contre un père on entreprend, on ose,
Tout cela, croyez-moi, n'est pas si peu de chose;
Et si de ce côté vous plaignez votre sort,
Pardonnez-moi ce mot, vous avez un peu tort.
### LE PÈRE.
Cher ami, je serais injuste, je l'avoue,
De me plaindre d'un fils que tout le monde loue,

Et quand je vois combien partout on en fait cas,
J'aurais tort d'être seul à ne l'approuver pas.
C'est l'appui, le soutien, l'honneur de ma vieillesse;
Il a tout mon amour et toute ma tendresse;
Et dans le triste état qui m'accable aujourd'hui,
Més pleurs, ni mes regrets ne tombent point sur lui.
C'est un autre en un mot qui m'arrache ces plaintes,
Un autre fils que j'ai, cause toutes mes craintes.
Que dis-je ? je l'avais, ô regrets superflus!
En ce moment, hélas, peut-être n'est-il plus!

ELIAB.

Un autre fils ?

LE PÈRE.

L'auteur du mal qui me dévore.

ELIAB.

Etranger dans ces lieux, je l'ignorais encore.
De ce second enfant on ne m'a rien appris,
Et j'avais toujours cru que vous n'aviez qu'un fils.
Mais ce que j'en apprends de votre bouche même,
De nouveau me rejette en une peine extrême;
Que me dites-vous là ? qu'incertain de son sort
Vous ne pouvez savoir s'il est vivant ou mort?
M'est-il permis d'entrer dans les secrets d'un père?
Et ne voulez-vous point m'éclaircir ce mystère?

LE PÈRE.

Pourquoi, par le récit d'un si cruel malheur,
Vous-même voulez-vous réveiller ma douleur?

ELIAB.

Calmez pour un moment le souci qui vous ronge.

LE PÈRE.

Eh! comment le calmer? à tout moment j'y songe;
A ma triste mémoire il est toujours présent,
Et rien ne peut charmer un ennui si cuisant.
De ce fils malheureux la funeste aventure
Malgré moi dans mon cœur fait parler la nature;
Sans cesse, en sa faveur, j'entends sa voix crier,
Et tout ingrat qu'il est, je ne puis l'oublier.

Qu'il m'a causé de maux! vous connaissez son frère;
Hélas, que n'était-il du même caractère!
Mais pour notre malheur, je le dis en pleurant,
Et d'esprit et d'humeur, il fut bien différent.
Fier, hautain, violent, à tenir difficile,
Evaporé, volage, aux avis indocile,
Entier dans ses humeurs, fougueux dans ses désirs,
Lent pour tous ses devoirs, ardent pour ses plaisirs.
J'entrevis ses défauts dès sa plus tendre enfance;
Dès-lors, comme aujourd'hui, j'en connus l'importance,
Et pour en prévenir les dangereux effets,
Quels soins n'ai-je pas pris, quels vœux n'ai-je pas faits!
Prières, bons conseils, réprimandes, caresses,
Exemples et raisons, menaces et promesses,
Sages précautions, patience, douceur,
Tout ce qui peut toucher et ramener un cœur;
Je puis le dire ici, j'ai tout mis en usage,
J'ai tout tenté, tout fait pour fixer ce volage,
Et l'amour paternel ne pouvait faire plus;
Tous mes soins cependant ont été superflus.
Bientôt las d'une gêne, à son avis trop grande,
Méprisant les conseils, bravant la réprimande,
Il a mis sous ses pieds et devoir et raison,
S'est regardé chez moi comme un homme en prison,
Aspirant au moment où, délivré d'un père,
Il pût à ses désirs donner libre carrière;
J'en gémissais tout bas, et, percé de douleur,
Je voyais où déjà l'entraînait son malheur.

ELIAB.

Hé bien! que produisit enfin cette conduite?

LE PÈRE.

Tandis qu'elle m'alarme et que j'en crains la suite,
Que, ménageant son cœur et son faible avec soin,
Je tâche d'empêcher le mal d'aller plus loin,
Un beau jour il m'aborde, et sans autre mystère,
D'un air évaporé, me vient dire: Mon père,

Je sens que je vous suis assez à charge ici,
Et, pour vous parler franc, je m'y déplais aussi.
Mon humeur, mes façons n'ont pas le don de plaire;
Je m'aperçois fort bien qu'à vous, comme à mon frère,
Ce sont des démêlés qu'il est temps de finir,
Voyez ce qu'il me peut de vos biens revenir,
Délivrez-moi ma part, et pourvu par avance,
Je saurai me bannir loin de votre présence;
C'est une affaire faite, et sans délibérer,
D'une façon ou d'autre, il faut nous séparer.

ELIAB.

Quoi ! tenir à son père un semblable langage,
En peut-on bien venir à cet excès d'outrage ?
N'était-ce pas vous dire, en mots équivalens,
Qu'il trouvait qu'à son gré vous viviez trop long-temps ?
Sans doute, et pour flatter son humeur meurtrière,
Vous eussiez dû plutôt finir votre carrière;
Mais encor, dites-moi de quel air et comment
Vous reçûtes alors un pareil compliment ?

LE PÈRE.

Moins choqué qu'effrayé de ce discours horrible,
Pour lui toucher le cœur je fis tout mon possible.

ELIAB.

Comment donc, s'il vous plaît ?

LE PÈRE.

Loin d'user de rigueurs,
J'employai le secours des soupirs et des pleurs.
Je lui représentai mon âge et ma vieillesse,
Cent fois je fis parler la plus vive tendresse,
Je le priai, pressai, je l'embrassai cent fois :
Insensible à mes pleurs, hélas ! sourd à ma voix,
L'ingrat jusques au bout fut toujours inflexible.

ELIAB.

Quelle horreur !

LE PÈRE.

Non, jamais il ne me fut possible
D'amollir ce cœur dur et d'en rien obtenir.
A tout ce qu'il voulut il fallut en venir.

Je cédai donc enfin, et de mon héritage,
Entre son frère et lui je réglai le partage,
Je le chargeai de biens.
### ELIAB.
Vous vous moquez aussi,
Je ne puis m'empêcher de vous blâmer ici.
Un père devait-il en user de la sorte ?
A ses déréglemens c'était ouvrir la porte ;
C'était, en concourant à son mauvais dessein,
Vous-même lui plonger le poignard dans le sein.
Dans le fond d'un cachot je l'eusse fait conduire,
Et j'aurais bien trouvé moyen de le réduire.
### LE PÈRE.
Hélas ! que voulez-vous ? ce n'est point mon humeur,
Et j'ai toujours conduit mes enfans par douceur.
Jamais je n'ai su prendre avec eux d'air sévère.
C'est, ce me semble, ainsi qu'en doit user un père.
### ELIAB.
Erreur, abus, l'effet vous le fait assez voir.
### LE PÈRE.
Il m'abandonne, il part, quel fut mon désespoir !
Combien dans les transports de mes justes alarmes
Sur ce cruel enfant fis-je couler de larmes ?
Et depuis ce moment, j'en atteste ces bois,
Attentifs aux accens de ma plaintive voix,
Le cœur saisi, percé d'une douleur mortelle,
Je passe tout le jour à pleurer ce rebelle.
Ce n'était pas assez : un bruit sourd et soudain
Est venu me plonger dans un nouveau chagrin.
La débauche, dit-on, le jeu, la bonne chère,
L'ont fait en peu de temps tomber dans la misère ;
Ces biens dont en partant il était ébloui,
Ont bientôt disparu : tout est évanoui.
Dépouillé, sans honneur, sans appui, sans ressource,
La fable du pays, qui termina sa course,
Lui-même enfin s'est vu forcé de s'en bannir :
Errant et vagabond, que va-t-il devenir ?

### ELIAB.
Peut-être est-ce un faux bruit.
### LE PÈRE.
Je viens de vous le peindre.
Cet enfant malheureux, jugez si je dois craindre.
Mon cœur en cette alarme a tout appréhendé.
J'ai pris un de mes gens, domestique affidé,
Le chargeant, s'il avait du zèle pour son maître,
D'aller chercher partout où mon fils pourrait être,
De le bien rassurer, quelque crainte qu'il eût,
Et de le ramener en quelqu'état qu'il fût.
Il m'avait tant promis de faire diligence,
Mais déjà sa lenteur lasse ma patience;
Aussi pourquoi charger autrui de cet emploi?
Je devais de ce soin ne me fier qu'à moi,
J'irai, j'irai moi-même.
### ELIAB.
Encor faut-il l'attendre,
Peut-être près de vous va-t-il bientôt se rendre;
Peut-être votre fils, s'il a su le trouver,
Est-il dans ce moment sur le point d'arriver.
### LE PÈRE.
Ami, laissez-moi seul; ma sombre inquiétude
Demande du silence et de la solitude.
Errant à l'aventure au fond de ces forêts,
J'y cherche des réduits écartés et secrets,
Où donnant à mes pleurs une libre carrière,
Mon âme à la douleur se livre toute entière.
### ELIAB.
J'ai peine en cet état à vous laisser ici.
J'y consens cependant, puisqu'il vous plaît ainsi.
Mais quelquefois du moins permettez à mon zèle
D'interrompre un moment cette douleur cruelle.
Faut-il à son chagrin se livrer pour toujours?
Du Seigneur qui vous aime, espérez du secours.
Il ne peut, croyez-moi, même dans sa colère,
Refuser cet enfant aux larmes d'un tel père.

LE PÈRE.
Hélas, veuille le Ciel, qui connaît mon tourment,
D'un présage si doux avancer le moment!

## SCÈNE III.
### LE PÈRE, LE FILS AINÉ.

LE PÈRE.

Ah! mon fils, vous voilà?

LE FILS.

Vous me voyez, j'arrive;
Vos ordres sont donnés, j'aurai soin qu'on les suive.
Tout est en bon état, à ce qu'il m'a semblé....
Mais qu'est-ce, dites-moi, vous paraissez troublé?
Mon père, qu'avez-vous, et quel sombre nuage
D'une triste pâleur couvre votre visage?

LE PÈRE.

Je suis ravi, mon fils, que tout aille si bien.
C'est l'effet de vos soins, vous ne manquez à rien.

LE FILS.

Mais encor, dites-moi quel sujet vous afflige?

LE PÈRE.

Ce n'est rien.

LE FILS.

Ce n'est rien!

LE PÈRE.

Non, ce n'est rien, vous dis-je.

LE FILS.

Vous soupirez; en vain vous voulez me tromper,
Des larmes, malgré vous, viennent de s'échapper.
Ces larmes, ces soupirs me marquent quelque chose,
Mon père, au nom de Dieu, dites-m'en donc la cause;
Vous serais-je suspect? vous cachez-vous de moi?

LE PÈRE.

Moi, me cacher de vous? ah! mon fils, et pourquoi?

LE FILS.

Je ne sais; mais enfin de ce cruel silence,
Que voulez-vous ici, mon père, que je pense?

*1

#### LE PÈRE.

Mon cœur, vous le savez, dans ses plus rudes coups,
N'a jamais eu, mon fils, rien de caché pour vous.

#### LE FILS.

Mais si vous persistez cependant à vous taire,
Ne me forcez-vous pas à croire le contraire ?

#### LE PÈRE.

Pour cette fois du moins laissez-moi vous cacher
Un secret qui vous peut vous-même trop toucher.
La prudence en ce jour veut que je le retienne.
Votre douleur, mon fils, augmenterait la mienne.

#### LE FILS.

J'y pourrais apporter quelque soulagement.

#### LE PÈRE.

Non, rien ne peut, mon fils, adoucir mon tourment.

#### LE FILS.

Hé quoi donc, je ne puis, quoi que je puisse faire,
Tirer de votre bouche un si profond mystère.
Ah ! votre cœur, mon père, hélas ! je le vois bien,
Commence à prendre enfin défiance du mien.
En quoi me pouvez-vous accuser d'imprudence ?
Ai-je abusé jamais de votre confiance ?

#### LE PÈRE.

Pourquoi me forcez-vous ici de révéler
Ce que jusques au bout j'aurais dû vous céler ?
Vous le voulez, il faut malgré moi vous le dire.
Oui, mon fils, le sujet qui cause mon martyre,
Et qu'en vain jusqu'ici j'ai voulu déguiser,
Vient de ce même enfant qui m'en doit tant causer.
Une nouvelle, hélas ! que je juge trop vraie,
Vient de saisir mon cœur, et de rouvrir ma plaie.
Ce n'est, jusques ici, qu'un bruit couvert et sourd,
Et peut-être est-il faux ; mais c'est un bruit qui court,
Un bruit qui me désole : on dit que votre frère,
Ruiné, dépouillé, réduit à la misère,
Du lieu de sa retraite est sorti presque nu,
Et qu'on ne sait enfin ce qu'il est devenu.

Je voulais vous cacher cette triste nouvelle,
Mais vous me l'arrachez, et le cœur avec elle.
### LE FILS.
Quoi, mon père! et c'est là le sujet important,
Voilà le coup fâcheux qui vous afflige tant?
Un ingrat qui nous perd et qui nous déshonore,
Vous êtes assez bon pour le pleurer encore!
Un perfide, un impie, un fils dénaturé,
Qui sortant de chez vous, vous a presque abjuré :
Par quels secrets ressorts, quels attraits et quels charmes,
Peut-il, le malheureux, vous arracher des larmes?
Est-ce donc par son crime et toutes ses horreurs,
Qu'il a su mériter votre amour et vos pleurs?
Malgré toute sa honte, il doit me faire envie,
Quand je vois les bontés dont sa faute est suivie.
Mon tendre amour pour vous a beau se signaler,
Rien ne peut de sa perte ici vous consoler.
Pour lui seul votre cœur se trouble et s'intéresse :
Il a tous les retours et toute la tendresse ;
C'est un lâche, un ingrat ; mais je sens et je vois
Que, tout ingrat qu'il est, vous l'aimez mieux que moi.
### LE PÈRE.
Ah! mon fils, pouvez-vous me tenir ce langage?
Vous faut-il de mon cœur encore un nouveau gage?
Cessez de m'accabler d'un reproche odieux,
Et pardonnez aux pleurs qui coulent de mes yeux.
Dans le tendre souci que j'ai pour votre frère,
Souvenez-vous, mon fils, que je suis deux fois père.
Je vous le suis toujours; ah! du moins aujourd'hui,
Souffrez que je le sois encore un peu pour lui.
### LE FILS.
Mais vous m'aviez tant dit, et vous m'aviez fait croire,
Qu'il était pour jamais hors de votre mémoire ;
Que de son crime affreux la honte et la noirceur
L'avaient entièrement banni de votre cœur ;
Que la nature enfin cédant à la colère,
Pour cet indigne fils commençait à se taire ;

Que désormais vos pleurs avaient fixé leur cours,
Vous me trompiez, mon père, et vous l'aimiez toujours.
### LE PÈRE.
Je vous trompais, mon fils, et me trompais moi-même.
Croyez-vous en effet que cet amour extrême,
Que dans nous pour un fils la nature a tracé,
Jamais, quoi que l'on fasse, en puisse être effacé?
Vous saurez quelque jour, mon fils, et je l'espère,
Ce que c'est que le cœur et que l'amour d'un père :
Il se plaint, cet amour, il murmure, il gémit,
Il s'irrite, il s'enflamme, il menace, il frémit,
Et même quelquefois dans les coups qu'on lui porte,
Le courroux le saisit, la fureur le transporte ;
Mais, loin de s'affaiblir, je l'éprouve en ce jour,
Plus il est en fureur, et plus il a d'amour.
### LE FILS.
Mais, mon père, épargnez du moins votre vieillesse,
Essayez de calmer cet excès de tristesse.
Votre douleur vous mine et peut vous accabler,
Et ce cruel état pour vous me fait trembler.
### LE PÈRE.
Le mal est trop pressant, il faut que mon cœur cède ;
Mais le temps y pourra donner quelque remède ;
Ou si le temps ne peut en adoucir le coup,
Vos soins, votre tendresse y serviront beaucoup.
### LE FILS.
Vous fuyez?
### LE PÈRE.
Ma douleur se plaît en ces retraites.
Laissez-moi seul.
### LE FILS.
Le puis-je, en l'état où vous êtes?
### LE PÈRE.
Vous me ferez plaisir, laissez-moi seul ici.
### LE FILS.
Il faut vous obéir, vous le voulez ainsi.

## SCÈNE IV.

### LE FILS AINÉ.

Enfant dénaturé, frère trop misérable,
Ces larmes, ces soupirs te rendent plus coupable.
L'horreur de tes forfaits n'a pu jusqu'à ce jour
Du cœur d'un si bon père arracher tout l'amour;
Malgré ta perfidie et ta lâche retraite,
Il te chérit encor, te plaint et te regrette;
Et que serait-ce donc, si par ta dureté
Tu n'avais point, perfide, outragé sa bonté?
Mais aussi c'en est trop, cet excès de tendresse,
Après un trait si noir, devient enfin faiblesse;
Puisque dans son malheur il s'est précipité,
Quoi qu'il souffre, l'ingrat, il l'a bien mérité.

## SCÈNE V.

### LE FILS AINÉ, AZARIAS, MANASSÈS.

#### MANASSÈS.

Nous allions vous chercher, et, sans plus long mystère,
Vous devinez assez ce que nous venons faire.
A la chasse tous deux vous nous voyez tout prêts;
On ne peut voir un temps plus serein et plus frais;
En fait de bons chasseurs, c'est tout ce qu'ils demandent;
Les filets sont tendus, et nos gens nous attendent.
Que vous en dit le cœur? vous êtes de loisir,
Et pouvez avec nous partager ce plaisir.

#### LE FILS.

Hélas! rien ne saurait m'en faire un plus sensible;
Je voudrais le pouvoir; mais il m'est impossible.

#### AZARIAS.

Le pouvoir! comment donc? voilà bien répartir!
On a toujours le temps de se bien divertir,
Et je ne sache point, soit dit sans vous déplaire,
Qu'à notre âge l'on ait de plus pressante affaire.

MANASSÈS.

Oui, voilà justement de vos difficultés,
Je ne vous comprends pas, quand vous vous y mettez.

LE FILS.

Mon Dieu, pour cette fois laissez-moi, je vous prie,
Nous pourrons quelque jour renouer la partie.

MANASSÈS.

Mais quelle affaire encor, quel important souci
Vous dérobe à nos vœux et vous retient ici ?

LE FILS.

Je ne chercherai point à vous donner le change,
Mon père me paraît dans un chagrin étrange,
Et le laisser tout seul pour m'aller divertir,
C'est à quoi je ne puis, ni ne dois consentir.

MANASSÈS.

Voilà pour demeurer cette raison si forte !
Hé faut-il pour cela vous gêner de la sorte ?
Prétendez-vous avec vos assiduités,
Etre comme un enfant toujours à ses côtés ?

AZARIAS.

Le bon homme est chagrin, chose bien merveilleuse !
La vieillesse est toujours rechignée et fâcheuse ;
Et je m'étonnerais qu'elle ne le fût pas,
Quand elle sent la mort s'avancer pas à pas.

LE FILS.

Ce n'est point tout cela.

MANASSÈS.

        Mais quoi donc, quelle affaire?

LE FILS.

Le bruit d'une disgrâce arrivée à mon frère.

AZARIAS.

Quoi cet écervelé, qu'on vit si brusquement
Partir un beau matin de chez vous ?

LE FILS.

                      Justement,
Lui-même.

MANASSÈS.
Beau sujet d'avoir l'âme chagrine !
Et si votre bon homme à s'affliger s'obstine,
Faut-il que vous soyez assez simple, assez bon,
Pour l'approuver aussi dans son chagrin ?
LE FILS.
Moi ? non.
J'aurais tort; mais enfin, à bien prendre la chose,
J'ai beau de sa douleur n'approuver pas la cause,
En souffrira-t-il moins, et contre mon devoir
Dois-je l'abandonner seul à son désespoir ?
Non, non, auprès de lui le devoir me rappelle,
Et vous excuserez facilement mon zèle.
AZARIAS.
Allez, puisqu'il vous plaît, et pleurez avec lui;
Nous n'avons pas le temps de pleurer aujourd'hui.

FIN DU PREMIER ACTE.

# ACTE II.
## SCÈNE I.
### L'ENFANT PRODIGUE, seul.

Après avoir traîné si long-temps ma misère,
Je découvre à la fin la maison de mon père.
Je reconnais ces lieux si beaux et si charmans,
Où je coulai jadis mes plus heureux momens :
Ces collines, ces bois, ces rives fortunées
Qui firent le plaisir de mes tendres années;
Mais qui dans ce retour, lorsque je les revois,
N'ont plus rien que de triste et d'affligeant pour moi.
Tout m'accuse, tout semble ici d'intelligence,
Me reprocher mon crime et demander vengeance.
Chargé d'affronts, errant, et de tous lieux banni,
J'ose le dire, hélas! je suis assez puni.

Dans ma prospérité que d'amis à ma suite !
Au bruit de ma disgrâce ils ont tous pris la fuite ;
De mes bienfaits passés nul ne s'est souvenu,
En riant de mon sort ils m'ont tous méconnu ;
Les traîtres, les ingrats, auteurs de ma ruine,
M'insulter !... Une longue et cruelle famine
Vient encor de surcroît inonder le pays,
Et pour sauver ces jours malheureux est maudits,
Oubliant mon honneur, oubliant ma naissance,
A quelle indignité m'a réduit l'indigence !
A garder des pourceaux !... je rougis d'y penser !
Lâche ! jusqu'à ce point ai-je pu m'abaisser ?
Que dis-je ? c'était peu pour comble d'infamie
Je me suis vu réduit à leur porter envie :
Défait, demi-mourant, de misère épuisé,
Le gland qu'on leur prodigue, à moi m'est refusé,
A moi, qui dans le temps d'une heureuse jeunesse,
Vivais dans l'abondance et la délicatesse !
Frappé de ce cruel et triste souvenir,
Qu'en vain de mon esprit je tâchais de bannir,
Combien de serviteurs, me disais-je à moi-même,
Dans la félicité d'une abondance extrême,
Chez mon père aujourd'hui bénissent leur destin,
Tandis que tout me manque et que je meurs de faim !
Heureux ! si je pouvais entr'eux obtenir place ;
M'y souffrir, ce serait encor me faire grâce,
N'aspirons point plus haut : j'étais fils autrefois ;
Mais mon crime m'en ôte et le rang et les droits.
Ingrat, tu le sens donc ! mais n'importe, j'espère,
Malgré tous mes forfaits, en la bonté d'un père.
Si pour fils désormais il veut me rejeter,
Pour esclave du moins allons nous présenter.
Partons. Sur ce projet en vain mon cœur balance ;
Allons, allons d'un père implorer la clémence :
Oui, je suis, lui dirai-je, embrassant ses genoux,
Coupable envers le Ciel et coupable envers vous.

Le courroux contre moi n'est que trop légitime ;
Désespéré, confus de l'horreur de mon crime,
En qualité de fils je n'ose plus m'offrir ;
Mais pour esclave au moins voudrez-vous me souffrir ?
Je pars dans ce dessein, je me traîne, j'arrive :
A présent je recule, et mon âme craintive
A l'approcher encor n'ose se hasarder ;
Car enfin de quel front le pourrai-je aborder ?
Hélas ! dans ce moment j'ai cru le voir paraître,
Ce n'était que de loin, je me trompais peut-être ;
J'ai fui dans la frayeur, errant de toutes parts ;
Et comment donc de près soutenir ses regards ?
A travers ces haillons peut-il me reconnaître ?
Est-ce là l'équipage où son fils devait être ?
Etais-je en cet état en partant de chez lui ?
Les biens qu'il m'a donnés, où sont-ils aujourd'hui ?
Et.... Mais j'entends quelqu'un qui vers ces lieux
    s'avance.
Un berger vient à moi. C'est un de ceux, je pense,
Qui de mon père ici font paître les troupeaux :
Je sens à son abord renouveler mes maux.
Dans l'état où je suis, leur sort me fait envie ;
Ils coulent doucement les beaux jours de leur vie ;
Ils sont heureux, contens, ces bergers, je le vois ;
Ici rien ne leur manque, et tout me manque à moi.

## SCÈNE II.

### L'ENFANT PRODIGUE, UN BERGER.

#### LE BERGER.

Ami, quelle aventure en ces lieux vous amène !
Seriez-vous égaré ! vous paraissez en peine.
Je vous vois sur vos pas aller et revenir ;
Dites-moi quel chemin vous souhaitez tenir,
Des routes de ce bois je pourrais vous instruire,
Et, si vous le voulez, je m'offre à vous conduire.

L'ENFANT PRODIGUE.

Je vous suis obligé, mais il n'est pas besoin,
Je sais quelle est ma route, et je ne vais pas loin.
Au reste, ami berger, un inconnu qui passe,
Oserait-il ici vous prier d'une grâce ?
Pourrais-je, sans paraître un peu trop curieux,
Vous demander quel est le maître de ces lieux,
A qui sont tous ces bois et les plaines voisines,
Et ce château qu'on voit d'ici sur ces collines ?

LE BERGER.

Celui de qui dépend tout ce qu'on voit ici,
Ce château, ces forêts, et ces troupeaux aussi,
Reçut de ses aïeux tout ce vaste héritage,
Homme de qualité, veuf et déjà sur l'âge,
Puissant par les grands biens dont il est revêtu,
Mais bien plus respectable encor par sa vertu.

L'ENFANT PRODIGUE.

Que je vous trouve heureux de servir un tel maître !

LE BERGER.

De meilleur sous le ciel je crois qu'il n'en peut être.

L'ENFANT PRODIGUE.

Mais est-il sans enfans, n'en a-t-il point quelqu'un ?

LE BERGER.

Hélas ! il en eut deux, mais il n'en a plus qu'un.

L'ENFANT PRODIGUE.

Plus qu'un !

LE BERGER.

C'est sa douleur, et c'est aussi la nôtre.

L'ENFANT PRODIGUE.

La mort apparemment vous aura ravi l'autre ?

LE BERGER.

Ce n'est point elle, ami, vous l'accusez à tort :
Mais un désastre encor plus triste que la mort.
Ce malheureux enfant pour vivre en volontaire
S'est voulu retirer loin des yeux de son père ;
Il l'a même forcé de lui donner son bien,
Et depuis ce temps-là nous n'en apprenons rien.

L'ENFANT PRODIGUE.
Que me dites-vous là ? ce fait est-il croyable ?
Quoi donc d'un trait si noir un fils est-il capable ?
Peut-on contre un tel crime assez se récrier ?
Quel supplice assez grand le pourrait expier ?
Ah, l'horreur !... Après tout, le feu de la jeunesse,
La passion peut-être a séduit sa faiblesse ;
Et s'il ne sent déjà tout ce qu'il doit sentir,
Il est, n'en doutez pas, bien près du repentir.
Mais enfin, dites-moi, qu'a dit, qu'a fait le père !
LE BERGER.
Il a pleuré son fils avec douleur amère.
L'ENFANT PRODIGUE.
O tendresse ! ô bonté d'un cœur tout paternel !
Ces pleurs rendent le fils doublement criminel ;
Il l'a pleuré, quel père !
LE BERGER.
Et le pleure sans cesse.
Loin même que le temps ait calmé sa tristesse,
Ses pleurs ont depuis peu repris un nouveau cours,
Et sa douleur paraît s'augmenter tous les jours.
J'ignore quel sujet redouble ses alarmes,
Mais très-souvent ici je vois couler ses larmes.
L'ENFANT PRODIGUE.
Puisse bientôt le Ciel mettre fin à ses pleurs,
Et vous combler aussi, berger, de ses faveurs !

## SCÈNE III.
### LE BERGER.

PAUVRE jeune homme, hélas, quel état déplorable !
Il paraît mériter un sort plus favorable.
Mon récit l'a touché, je n'en suis pas surpris,
Tous ceux à qui j'en parle en restent attendris.
Mais de mon maître ici j'entends la voix plaintive.
Il ne m'aperçoit point, tant sa douleur est vive ;
Ma présence en ces lieux pourrait l'importuner,
Mon troupeau me rappelle, il faut y retourner.

## SCÈNE IV.
### LE PÈRE.

Hélas! que la douleur est crédule et trompeuse,
Et qu'à se tourmenter elle est ingénieuse!
Un jeune homme a paru, du moins j'ai cru le voir.
Mon cœur à cet objet a semblé s'émouvoir,
Je l'ai pris pour mon fils : et de fait quand j'y pense,
J'y trouvais avec lui beaucoup de ressemblance,
Il avait de son air. J'y suis donc accouru;
Mais en vain, tout d'un coup l'objet a disparu.
J'ai cherché dans le bois sans plus rien voir paraître,
C'est une illusion qui m'a trompé peut-être;
Mais du sort de mon fils quand serai-je éclairci?
Pharès ne revient point, et...

## SCÈNE V.
### LE PÈRE, PHARÈS.

#### PHARÈS.
    Seigneur, me voici.
#### LE PÈRE.
C'est toi, mon cher Pharès : ah! tu me rends la vie,
Eh bien l'as-tu trouvé? dis vite, je te prie,
Revient-il avec toi, me l'as-tu ramené?
Tu ne dis mot : d'où vient ce silence obstiné?
Parle, explique-toi donc, à quoi faut-il m'attendre?
#### PHARÈS.
Je n'ai rien que de triste hélas! à vous apprendre,
Seigneur.
#### LE PÈRE.
    Qu'entends-je là? rien que de triste, ô Ciel!
Tu n'as rien que de triste à m'apprendre, cruel?
C'est assez, c'en est fait, j'entends trop ce langage,
Mon fils, mon fils n'est plus, qu'attends-je davantage?
Et je respire encor? père trop inhumain,
C'est toi qui lui plongeas le poignard dans le sein.

Fallait-il écouter une aveugle jeunesse?
C'est moi qui l'ai perdu par mon trop de mollesse :
Devais-je le livrer à son égarement?
C'était erreur dans lui, c'était aveuglement,
Faiblesse, passion; mais dans moi c'est un crime.
O mon fils! de ma faute innocente victime,
Que ne m'est-il permis, en brisant mes liens,
De racheter tes jours même aux dépens des miens.

PHARÈS.

Mais, seigneur, vous pleurez un malheur que j'ignore :
Je ne vous ai point dit....

LE PÈRE.

    Mon fils vit donc encore?

PHARÈS.

Je n'ai rien sur cela que je puisse assurer,
Mais j'ai lieu de le croire et d'en bien espérer.

LE PÈRE.

Espérer? quoi c'est là tout le fruit de ta course?
Un vain espoir est donc mon unique ressource?
Ah! Pharès, ah! pourquoi par un discours trompeur
Cherches-tu vainement à flatter ma douleur?
Parle, quoi qu'il m'en coûte, explique ce mystère,
Ne crains point d'accabler un trop malheureux père,
En quels lieux est mon fils, dis, ne me cache rien,
J'irai, j'irai moi-même, et le trouverai bien.

PHARÈS.

Hélas! si sur cela, durant ma course entière,
J'avais pu parvenir à la moindre lumière,
Me verriez-vous sans lui de retour en ces lieux?

LE PÈRE.

Comment oses-tu donc te montrer à mes yeux?

PHARÈS.

C'est à regret, seigneur, mais pour vous satisfaire,
Après ce que j'ai fait, que pouvais-je encor faire,
Quels soins n'ai-je pas pris? que n'ai-je pas tenté?
Où mon zèle pour vous ne m'a-t-il point porté?

Je m'informe, et découvre à grand'peine la ville
Où sortant de chez vous il choisit son asile ;
J'y cours, et là j'apprends ses désordres fameux,
Ses prodigalités et son luxe honteux,
De sa déroute enfin la déplorable histoire,
Et l'on m'en dit, seigneur, plus que je n'ose en croire.
Pour surcroît de malheur je ne le trouve plus.
Ce pauvre infortuné, de ce revers confus,
Dans quelque triste coin d'une terre étrangère,
Était allé cacher sa honte et sa misère.
Quelle route a-t-il pris ? c'est ce qu'on ne sait pas.
Je vais pourtant cherchant la trace de ses pas ;
Enfin le désignant par l'âge et la figure,
J'apprends dans le réduit d'une chaumine obscure,
Que depuis quelque temps dans ce canton désert,
Cet enfant à servir s'était lui-même offert ;
Et pressé par la faim, j'ai honte de le dire,
A garder des pourceaux avait pu se réduire.

LE PÈRE.

A quoi donc, cher enfant, étais-tu destiné ?
Pour un pareil emploi mon fils était-il né ?

PHARÈS.

Mais soit que rappelant son nom et sa naissance,
D'un si vil ministère il sentît l'indécence,
Soit quelqu'autre motif, qu'on ne m'a point appris,
Il quitta brusquement l'emploi qu'il avait pris,
Et malgré tous mes soins, mes courses et mon zèle,
N'en ayant pu depuis apprendre de nouvelle,
Désolé de sa perte, et me voyant à bout,
Je suis venu, seigneur, vous informer de tout.

LE PÈRE.

Que deviendrai-je donc, et quel espoir me reste
Dans cette incertitude à mon cœur si funeste ?
Où te chercher, hélas, enfant trop malheureux !
Quel lieu de l'univers te dérobe à mes yeux ?
Pourquoi te défiant de ma bonté facile,
Autre part que chez moi cherches-tu quelque asile ?

Ma tendresse, ma crainte et ton fatal malheur,
Ne t'en ouvrent-ils pas un plus sûr dans mon cœur?
Reviens, mon fils, reviens, ma maison est la tienne,
La honte te retient : que rien ne te retienne;
Ta faute est oubliée, et mon cœur alarmé
Se souvient seulement qu'il t'a toujours aimé.
Reviens, j'excuse tout : ta jeunesse séduite
Voyait-elle les maux où t'engageait la fuite?
Je suis toujours ton père, enfant infortuné,
Retourne seulement, et tout est pardonné.

## SCÈNE VI.
### LE PÈRE, LE FILS AINÉ, PHARÈS.

LE FILS.

Quoi! dans le même état je vous retrouve encore?
Et rien ne peut calmer l'ennui qui vous dévore?

LE PÈRE.

Hélas! ce que j'apprends doit plutôt l'augmenter.
Que n'est-ce encor un mal dont on puisse douter?
Mais il n'est que trop sûr, mon fils...

LE FILS.

                Quoi donc, mon père?

LE PÈRE.

Apprenez de Pharès le sort de votre frère.

LE FILS *à Pharès.*

Dis-moi donc ce que c'est, ne me déguise rien.

PHARÈS.

Après avoir perdu son honneur et son bien,
Moqué, banni du lieu qui causa sa ruine,
Pour comble de malheur, pressé par la famine,
Dans un canton désert où la faim l'a conduit,
A garder des pourceaux il s'est trouvé réduit.
Mais d'un si vil emploi las et confus sans doute,
Il disparut un jour, sans qu'on ait su sa route,
C'est tout ce que j'ai pu connaître de son sort;
Et je ne sais enfin s'il est vivant ou mort.

LE FILS.
Le lâche! s'abaisser à ce vil esclavage!
PHARÈS.
La misère confond le plus noble courage,
Il faut céder, que faire en cet état, seigneur?
LE FILS.
Mourir plutôt cent fois que trahir son honneur.
LE PÈRE.
Hé, mon fils, tout cela doit-il tant vous surprendre.
A ces coups affligeans nous devions nous attendre.
Quand une fois du Ciel on n'entend plus la voix,
Ah! les lois de l'honneur sont de bien faibles lois.
LE FILS.
Calmez donc désormais cette douleur extrême;
Il a voulu périr, s'il s'est perdu lui-même,
Le mal est fait, pourquoi vous affliger en vain?
LE PÈRE.
Il a voulu périr, mais il périt enfin.
LE FILS.
Quelle espérance encore à votre âme est ouverte,
Et que peuvent vos pleurs, pour empêcher sa perte?
LE PÈRE.
Non rien ne peut, mon fils, calmer mon désespoir,
Si la bonté du Ciel ne me le fait revoir.
En quelque lieu qu'il soit, j'irai, quoi qu'il en coûte,
Ma douleur sur ce point est tout ce que j'écoute.
LE FILS.
Après tous les forfaits qu'on peut lui reprocher,
Vous nous parlez encor de le vouloir chercher?
Lui, mon père? excusez le dépit qui m'emporte,
Lui qui mériterait qu'on lui fermât la porte,
Si dans ces mêmes lieux dont il sut se bannir,
Après sa faute indigne il osait revenir.
Eh quoi! vous quitterez un fils soumis, fidèle,
Pour chercher un ingrat, fugitif et rebelle?
Que dirai-je? mais non, mon père, je me rends;
Vous le voulez, hé bien, suivez-le, j'y consens.

Allez, en écoutant vos bontés trop peu sages,
Encourager l'ingrat à de nouveaux outrages.
Mais en quels lieux du monde, au moins en quels climats
Irez-vous au hasard reconnaître ses pas ?

LE PÈRE.

Je ne sais : ma douleur me servira de guide;
Ou du moins sur cela, quoi que le Ciel décide,
Si je ne puis rejoindre un jour ce cher enfant,
Je mourrai dans la peine, et je mourrai content.

LE FILS.

Quel dessein! quel projet! y pensez-vous, mon père?
Avez-vous pu former une telle chimère ?
Faut-il que la douleur vous aveugle à ce point?
Je ne le puis souffrir, vous ne le ferez point;
Non, et quelque soumis qu'à vos lois je veuille être,
Votre amour sur cela ne sera point le maître.

LE PÈRE.

Laisse-moi donc aussi, Pharès, retire-toi,
Je rentre dans ce bois où je ne veux que moi.
En l'état où je suis, ma juste inquiétude
Ne trouve de douceur que dans la solitude.

## SCÈNE VII.

### LE PÈRE, L'ENFANT PRODIGUE.

LE PÈRE.

Enfin, me voilà seul, parlez, mon cœur, parlez,
Et vous, en liberté, tendres larmes, coulez;
Prenez les intérêts d'un enfant misérable
Que tout condamne ici, que tout le monde accable;
Ne l'abandonnez point : il n'a plus aujourd'hui,
Dans son triste malheur, que vous et moi pour lui.
Ah! mon cher fils, pour toi n'est-il plus d'espérance ?
Le Ciel a-t-il pour nous épuisé sa clémence ?
Si mes vœux, si mes pleurs, ne peuvent le toucher,
A ton malheureux sort ne puis-je t'arracher ?

Ne verrai-je jamais le jour qui nous rassemble,
O mon fils!...

(*L'Enfant prodigue paraît et se retire aussitôt.*)

Mais quelqu'un à paru, ce me semble.
Où s'est-il retiré ? quelle confusion !
Ma douleur me fait-elle encor illusion ?
J'ai vu quelqu'un pourtant, juste Ciel que j'implore,
Soutenez.... il revient, il reparaît encore.

(*Il paraît*.)

Qui que tu sois, approche, avance sans frayeur.
Mais quel trouble secret s'élève dans mon cœur ;
Plus il approche, plus je me sens l'âme émue.
Que vois-je ? est-ce mon fils qui vient frapper ma vue ?

L'ENFANT PRODIGUE *aux pieds de son père.*

Coupable envers le Ciel, et coupable envers vous,
Souffrez qu'un malheureux embrasse vos genoux.

LE PÈRE.

Eh quoi ! c'est toi, mon fils ?

L'ENFANT PRODIGUE.

Oui, c'est un infidèle,
Un lâche, un parricide, un perfide, un rebelle,
Digne de noms cent fois encor plus odieux,
Et qui rougit d'oser se montrer à vos yeux.

LE PÈRE.

Ah, mon fils ! mon cher fils !

L'ENFANT PRODIGUE.

Honorez-vous encore
De ce doux nom un fils, si digne qu'on l'abhorre ?
Ah! privez un ingrat de vos bontés confus,
D'un nom que désormais il ne mérite plus.

LE PÈRE.

Non, vous l'êtes toujours, quoi que vous puissiez faire ;
Levez-vous, cher enfant, embrassez votre père,
Je ne puis plus long-temps vous voir en cet état.

L'ENFANT PRODIGUE.

Oubliez-vous si tôt le crime d'un ingrat ?

Ah! quand après avoir erré de ville en ville,
Je suis venu chez vous mendier un asile,
Au nom, au rang de fils je n'ai point prétendu;
Je l'ai par mes forfaits trop justement perdu.
Ne traitez plus de fils qui ne le sut pas être;
Ne me regardez plus qu'en seigneur et qu'en maître.
Trop heureux désormais, hélas! si je me vois
Au rang des serviteurs qui vivent sous vos lois.

### LE PÈRE.

Non, vous serez mon fils, tout autre nom m'outrage,
Et pour vous en donner encor un nouveau gage,
Recevez aujourd'hui cet anneau de ma main.

(*Il lui met un anneau au doigt.*)

### L'ENFANT PRODIGUE.

Mon père, c'en est trop.

### LE PÈRE.

Vous résistez en vain,
Cédez au juste soin qui pour vous m'intéresse;
Ce n'est pas tout, l'état où je vous vois me blesse,
Ces restes de misère offensent trop mes yeux.
Holà quelqu'un, Pharès n'est-il pas dans ces lieux?

### L'ENFANT PRODIGUE.

Mon père.

### LE PÈRE

Ici quelqu'un : ne viendra-t-il personne?

## SCÈNE VIII

### LE PÈRE, L'ENFANT PRODIGUE, PHARÈS.

### LE PÈRE.

Pharès, voilà mon fils, le Ciel me le redonne.
J'en désespérais presque, et le croyais perdu;
Mais le voilà, Pharès, et Dieu me l'a rendu.

### PHARÈS.

O jour trois fois heureux! ô moment plein de charmes,
Qui vous rend votre fils, et finit nos alarmes!

LE PÈRE.

N'arrête point, Pharès, et retourne au logis;
Qu'on prépare au plus tôt des habits pour mon fils,
Et qu'un festin, mêlé de danse et de musique,
Rende mon allégresse éclatante et publique;
Surtout en arrivant fais tuer le veau gras.
Cours vite, nous allons tous deux suivre tes pas.
Et toi, dont le retour me comble enfin de joie,
Toi pour qui tout mon cœur aujourd'hui se déploie,
O mon fils! si long-temps l'objet de mes douleurs,
Mais qui dans ce moment as fait tarir mes pleurs;
Toi qui seul rends la paix à mon âme éperdue,
Viens reprendre chez moi la place qui t'est due;
Partage mon bonheur, surtout songe à bannir
De tes malheurs passés le triste souvenir.
Viens, mon fils, par tes soins consoler ma vieillesse;
Viens goûter dans mon sein, pour toi plein de tendresse,
Un bien que tu voulus en vain ailleurs chercher,
Et que rien désormais ne t'en puisse arracher.

FIN DU SECOND ACTE.

# ACTE III.
## SCÈNE I.
### LE FILS AINÉ, ÉLIAB.

LE FILS.

Oui, c'est le beau dessein qu'il s'est mis dans la tête;
Ni crainte sur cela, ni raison ne l'arrête:
Il veut malgré nous tous de son projet confus,
Aller chercher ce fils, qui peut-être n'est plus.

ÉLIAB.

Ne vous alarmez point de ce nouvel orage,
Il m'a tenu tantôt un semblable langage,

Et dans les noirs transports d'une extrême douleur,
De Pharès trop tardif accusant la lenteur,
Pour recouvrer ce fils, qu'il regrette et qu'il aime,
Il parlait de tenter la chose par lui-même.
J'ai pris soin de calmer ces violens accès,
Et l'ai fait convenir d'attendre encor Pharès.
Il est enfin venu, m'avez-vous fait entendre ?

LE FILS.

Oui.

ÉLIAB.

Quoi ! de votre frère il n'a pu rien apprendre ?

LE FILS.

A l'égard du malheur, il n'est que trop certain ;
Mais de dire en quel lieu l'a conduit son destin,
On l'ignore.

ÉLIAB.

Je sens quelle alarme mortelle
Doit au tendre vieillard causer cette nouvelle.

LE FILS.

Sa douleur désormais est au dernier degré,
Et, pour un tel sujet, excessive à mon gré.

ÉLIAB.

Je le plains, mais aussi je l'excuse ; il est père,
Il voit que de son fils il faut qu'il désespère.
Hélas ! tout est permis dans un si triste sort,
De l'amour paternel c'est un dernier effort ;
Prenons garde surtout d'irriter sa blessure,
Et dans ce tendre cœur ménageons la nature.

LE FILS.

Voyez-le, c'est en vous que je mets mon espoir.

ÉLIAB.

Reposez-vous sur moi, j'y ferai mon devoir.
Cependant il est bon que votre complaisance
Flatte de sa douleur l'extrême violence.
Approuvez son chagrin, imitez son ennui ;
Paraissez, s'il se peut, plus affligé que lui.

## L'ENFANT

S'il parle encor d'aller pour chercher votre frère,
Offrez-vous de le suivre, animez-le à le faire ;
Le temps calmera tout ; je vous promets du moins
Que je vais de ce pas y mettre tous mes soins.

## SCÈNE II.
### LE FILS AINÉ, AZARIAS, MANASSÈS.

MANASSÈS.

Eh bien, encore ici ?

LE FILS.

Vous voyez.

MANASSÈS.

Quelle vie !
Vous auriez bien mieux fait d'être de la partie.
Chasse depuis long-temps n'a fait tant de plaisir ;
Du gibier à foison nous avions à choisir ;
Pas un coup de perdu, nous avons fait merveille.
Une autre fois croyez ce que l'on vous conseille,
Et sans tant de façons sur-le-champ suivez-nous.

AZARIAS.

C'est dommage tout franc, il n'y manquait que vous.
Vous avez tort... Mais quoi ? votre philosophie
Vous fait envisager tout cela sans envie,
Nous vous faisons pitié. Quel plaisir en effet
D'aller se harrasser comme nous avons fait,
Et perçant le taillis, ou courant dans la plaine,
Perdre le plus souvent et ses pas et sa peine ?
Au lieu de demeurer en enfant bien appris,
Auprès du vieux bonhomme à garder le logis,
Ecouter tout au long sa tendre doléance,
Et souvent avec lui pleurer par bienséance !
Bel exemple pour nous ! cela n'est-il pas mieux
Que de courir les bois comme des furieux ?
Allez, de cette humeur quant à moi je vous aime ;
C'est l'entendre cela, faites toujours de même,
Fort bien.

LE FILS.
Que vous avez tous deux peu de raison,
Et que la raillerie est là hors de saison !
Beaux discours à tenir ! je devais pour vous plaire,
A l'ennui qui l'accable abandonner mon père,
Le laisser tout le jour s'affliger à loisir,
Et braver sa douleur, en suivant mon plaisir ?
AZARIAS.
Mais quoi ! si sans raison le bonhomme s'afflige,
A flatter sa douleur quel sujet vous oblige ?
LE FILS.
Qu'il ait raison ou non, puisqu'il est affligé,
En suis-je à l'assister, moi fils, moins obligé ?
Dieu vous garde tous deux d'aventure pareille,
Mais s'il fallait... Quel son vient frapper mon oreille ?
AZARIAS.
Ce son n'a rien de triste, ou je m'y connais mal ;
Apparemment chez vous quelqu'un donne le bal.
Tandis qu'en sage fils, qui craint tout pour son père,
Vous pleurez le bonhomme, et plaignez sa misère,
Lui, je pense, occupé de passe-temps plus doux,
Tâche de son côté de s'égayer pour vous.
LE FILS.
Hé, laissez ces discours, faut-il vous le redire ?
Il est bien temps ici de railler et de rire.
Du mystère pourtant je veux être éclairci ;
Attendez-moi tous deux, et demeurez ici....
Mais je vois un berger qui pourra nous l'apprendre

## SCÈNE III.

LE FILS AINÉ, MANASSÈS, AZARIAS,
UN BERGER.

LE FILS.
Répondez-moi, berger, quel bruit viens-je d'entendre ?
LE BERGER.
Vous ne savez pas ?

LE FILS.

Non, mais encore une fois,
Que veut dire ce bruit d'instrumens et de voix ?

LE BERGER.

Vous me surprenez bien d'en demander la cause,
Et si....

LE FILS.

Veux-tu parler, et m'expliquer la chose ?

LE BERGER.

C'est une joie extrême, et toute la maison....

LE FILS.

Quoi donc, à quel sujet ? quelle en est la raison ?
Mon père n'est-il pas au logis ?

LE BERGER.

Chose sûre,
Je ne le vis jamais si content, je vous jure ;
Il paraît désormais au comble du bonheur,
Et son exemple met tout le monde en humeur.

AZARIAS.

Hé bien, je me trompais ?

LE FILS.

Encor.... songe à m'apprendre
Ce mystère étonnant, que je ne puis comprendre.

LE BERGER.

Très-volontiers.

LE FILS.

Dis donc, et dépêche en deux mots.

LE BERGER.

J'étais dans la campagne à garder mes troupeaux,
Quand le bruit éclatant que vous venez d'entendre
Jusqu'aux lieux où j'étais est venu se répandre.
De ce nouveau miracle émerveillé, surpris,
Je quitte mes troupeaux, je cours droit au logis ;
Je ne trouve partout que chère, que bombance.
Encor plus étonné que je n'étais, j'avance,
Et demande à Pharès, que je trouve en chemin,
Pourquoi ce changement. Il me prend par la main,

Me conduit dans la salle où votre père à table
Se livrait aux transports d'une joie incroyable.
J'approche, et près de lui je vois un jeune enfant,
Qui dans cet endroit même, une heure auparavant,
M'avait, comme en passant, avec douce manière,
Fait mille questions sur vous, sur votre père,
S'intéressant à tout d'un air plein d'amitié,
D'ailleurs si délabré que j'en avais pitié;
Mais tout a bien changé vraiment dans cette fête :
Il est tout couvert d'or des pieds jusqu'à la tête.
Je l'ai pourtant d'abord assez bien reconnu;
Je m'informe du nom de ce nouveau venu,
Alors Pharès m'apprend que c'était votre frère,
Dont on avait pleuré si long-temps la misère,
Et qu'enfin votre père a voulu qu'en ce jour
On tuât le veau gras pour son heureux retour.

LE FILS.

Ce que tu me dis-là, berger, est-il croyable?

LE BERGER.

J'ai vu tout de mes yeux : rien n'est plus véritable.
De revoir ce cher fils il ne peut se lasser;
Presqu'à chaque moment on le voit l'embrasser :
Et dans les doux excès où son cœur se déploie,
Il n'attend plus que vous pour partager sa joie.

LE FILS.

Non, non, après le trait que j'apprends aujourd'hui,
Va, dis-lui que jamais je n'entrerai chez lui.

## SCÈNE IV.

LE FILS AINÉ, MANASSÈS, AZARIAS.

LE FILS.

O Ciel! à mon égard en user de la sorte!

AZARIAS.

A vous dire le vrai, la chose est un peu forte,
Et l'on vous traite là bien cavalièrement,
Mais vous avalerez tout cela doucement.

LE FILS.
Moi, je le souffrirais ?
MANASSÈS.
Ah ! contre un si bon père
Vous ne pourrez jamais tenir votre colère.
LE FILS.
Certes, je la tiendrai, je vous l'assure bien.
MANASSÈS.
Mon Dieu, ne gagez pas, et ne jurez de rien.
Vous, vous feriez le fier, et vous auriez l'audace
D'aller lui reprocher son injustice en face ?
Et moi je gagerais que si dès aujourd'hui
Le bonhomme voulait vous chasser de chez lui,
On vous verrait sortir sans nulle résistance,
Et lui faire peut-être au bout la révérence.
LE FILS.
Oh ! je n'attendrai pas qu'il m'en veuille chasser :
Quand de rentrer lui-même il viendrait me presser,
Il ne gagnerait rien sur mon âme offensée.
MANASSÈS.
Puis-je ici franchement vous dire ma pensée ?
Ce traitement est dur, je ne l'approuve en rien ;
Mais après tout, ami, vous le méritez bien.
LE FILS.
Comment, je le mérite ! en quoi donc, je vous prie ?
Moi, fils zélé, fidèle, et qui, toute ma vie
Pour un père chéri, plein de docilité,
Jamais de mon devoir ne me suis écarté ?
MANASSÈS.
Et voilà justement ce qui vous rend coupable.
A force d'être bon l'on devient méprisable.
Ces respects infinis, ces devoirs assidus
Sont bientôt regardés comme soins qui sont dus.
Un père, qui vous voit soumis, docile et sage,
Sûr de votre sagesse, en rien ne vous ménage ;
Et se prévalant trop d'un esprit simple et doux,
Ne vous fait pas l'honneur de rien craindre de vous.

Vous en voyez l'effet, et ce qu'il vous en coûte.
Votre cadet plus sage a pris une autre route.
Ayant mis sous les pieds tout devoir, tout égard,
Il demande son bien, monte à cheval et part;
Et sans s'inquiéter de vous ni de son père,
Roule dans la débauche et dans la bonne chère;
Le tout si justement et si bien compassé,
Qu'en trois mois bravement il a tout dépensé.
Qu'arrive-t-il ? défait, et se traînant à peine,
Au logis paternel la faim vous le ramène.
L'y souffrir, même après l'avoir long-temps mâté,
Pour lui c'eût été grâce, et dans vous charité.
Bon ! point du tout : à peine a-t-il ouvert la bouche,
Et d'un ton de pleureur fait la sainte nitouche,
Arraché quelques pleurs en se frottant les yeux,
Qu'on rend de son retour mille grâces aux Cieux.
Le bonhomme charmé ne se soutient pas d'aise;
Il lui pardonne tout, il l'embrasse, il le baise,
L'habille richement, fait tuer le veau gras,
Joint, sans rien épargner, un concert au repas.
Avec votre soumise et pleine obéissance.
Quand a-t-on fait pour vous telle magnificence ?

LE FILS.

Ah ! cela me confond, j'en ai le cœur percé.

AZARIAS.

Cependant votre frère à table bien placé,
Jouit tranquillement de son bonheur extrême.
Et doit-être, à mon gré, fort content de lui-même.
Pour vous, assurément vous lui faites pitié;
Du bonhomme il a seul le cœur et l'amitié;
Le soin de le gagner fait toute son étude,
Et vous ne lui causez aucune inquiétude.
Vous direz : Qu'on lui fît un traitement si doux,
On devait bien du moins m'attendre. Comment-vous ?
N'allez pas, s'il vous plaît, vous faire ici de fête,
Et vous mettre à crédit ces vanité en tête;

Il faut baisser le ton de plus de la moitié,
Et vous allez vous voir réduit au petit pié.
Vraiment vous êtes bon, si votre esprit suppose
Qu'on vous compte à présent chez vous pour quelque
 chose.
C'était bon autrefois, passe, mais aujourd'hui,
Votre frère est présent, on n'écoute que lui.
Il tranche, il règle tout, et vous allez connaître
Que son heureux retour vous donne un nouveau maître.
Que deviendrai-je donc? Ah, c'est à vous de voir,
Et le pays est grand, vous pouvez vous pourvoir.

### MANASSÈS.

Comme il a par malheur perdu son héritage,
Vous voudrez bien qu'il rentre avec vous en partage.
N'allez pas avec lui chicaner sur vos droits,
Et qu'il ne faille pas vous le dire deux fois,
Autrement, croyez-moi, vous auriez beau vous plaindre,
Un sort pareil au sien serait pour vous à craindre :
Dépouillé de tous biens et chassé sans retour,
Vous pourriez bien aller gueuser à votre tour.

### LE FILS.

Ah! père trop injuste, est-ce la récompense
Que je me promettais de mon obéisssance!

## SCÈNE V.

### LE FILS AINÉ, MANASSÈS, AZARIAS, PHARÈS.

### PHARÈS.

Mon maître n'est-il point en ces lieux?

### LE FILS.

           Me voici.
Des plaisirs de là-bas on vient m'instruire ici.
Tout va-t-il comme il faut, la joie est-elle pleine?
Je vois bien que de moi l'on se passe sans peine.
Grand repas, beau concert, rien ne doit ennuyer;
Mais on ne m'a pas fait l'honneur de m'en prier :

PRODIGUE.

Je ne mérite pas qu'à ces soins on s'arrête,
Et ma vue importune eût pu troubler la fête.

PHARÈS.

Ah! rejetez, seigneur, un pareil sentiment;
Votre père vous mande avec empressement,
Et lui-même vers vous à ce sujet m'envoie.
Jusqu'ici votre absence a suspendu sa joie ;
Votre frère à vous voir n'est pas moins empressé :
Il aspire au moment qu'ils vous tienne embrassé.
Ah ! ne différez point, et par votre présence,
Venez mettre le comble à la réjouissance.

LE FILS.

Oui, c'est donc pour cela qu'on vous a dépêché,
Et mon frère à son char me veut voir attaché.
Peut-être il manquerait quelque chose à sa gloire,
Si je n'étais encore témoin de sa victoire;
Mais ce serait pour lui trop de gloire en un jour,
Et je n'ai pas dessein d'aller grossir sa cour.

PHARÈS.

Hélas ! à ces soupçons vous laissez-vous surprendre,
Et les écoutez-vous contre un père si tendre?
Ce qu'il fait aujourd'hui doit-il vous alarmer?
Vous-même venez voir si l'on peut l'en blâmer.
Croyez-moi, vous aurez, en voyant votre frère,
Plus de pitié pour lui, seigneur, que de colère ;
Il n'est plus aujourd'hui ce qu'il fut autrefois.
Venez être témoin.....

LE FILS.

Non, Pharès, je vous crois;
Vous pouvez retourner, j'approuve votre zèle,
Mais je crains de troubler une fête si belle.

PHARÈS.

C'est la troubler, seigneur et bien cruellement,
Que de vous obstiner à cet éloignement.
Avec quelle douleur, quelle alarme cruelle,
Votre père entendra cette triste nouvelle!
Mais bientôt sur mes pas, puisqu'il vous plaît ainsi,
Lui-même il se viendra justifier ici.

## SCÈNE VI.

#### LE FILS AINÉ, MANASSÈS, AZARIAS.

###### LE FILS.

Enfin l'on pense à moi, vous voyez qu'on m'invite :
Mais on se passera fort bien de ma visite.

###### AZARIAS.

Voilà, voilà répondre, et parler comme il faut.

###### MANASSÈS.

Attendez-vous d'avoir encor plus d'un assaut ;
Mais sur le même ton soyez ferme à poursuivre,
Et qu'une bonne fois ils apprennent à vivre.

###### AZARIAS.

Ah ! c'est trop en souffrir, et de votre bonté
On abuse chez vous avec indignité.

###### MANASSÈS.

Quoi donc ! avec un fils si zélé pour lui plaire,
Est-ce là comme doit en user un bon père ?
Si contre moi le mien en eût fait la moitié,
Je ne voudrais jamais chez lui mettre le pié.

## SCÈNE VII.

#### LE FILS AINÉ, MANASSÈS, AZARIAS, ÉLIAB.

###### ELIAB.

Allons, ferme, poussez jusques au bout, courage ;
Vous jouez-là tous deux un fort beau personnage.
Quelle fureur vous porte, infidèles amis,
A semer la discorde entre un père et un fils ?

###### MANASSES.

En quoi méritons-nous un reproche semblable ?
La conduite du père est-elle soutenable ?
Nous lui verrons traiter un fils indignement,
Et nous pourrons tous deux l'approuver lâchement ?

###### AZARIAS.

Justifiez-lui donc, si cela peut vous plaire,
L'étrange traitement que l'on vient de lui faire ;

PRODIGUE.

Mais puisque vous blâmez notre sincérité,
Nous allons vous laisser en toute liberté.
Dites-lui vos raisons, et lui faites entendre
Qu'à de semblables traits il doit souvent s'attendre.

## SCÈNE VIII.
### LE FILS AINÉ, ELIAB.

ELIAB.

Hé quoi ! vous vous livrez à des amis pareils,
Au lieu de rejeter leurs perfides conseils ?
A leur zèle indiscret laissez-vous moins surprendre,
Et discernez les gens que vous devez entendre.
Pour un père autrefois aimé si tendrement,
D'où vient que votre cœur aujourd'hui se dément ?
Voulez-vous l'accabler par ce trait qui l'outrage,
Vous toujours si soumis, si modéré, si sage ?
Rentrez dans sa maison, venez vous réunir.

LE FILS.

Lui-même malgré moi me force à m'en bannir.

ELIAB.

Il vous y force, lui ? quelle erreur vous emporte ?
Votre père ?

LE FILS.

Oui, c'est lui qui m'en ferme la porte.

ELIAB.

Vous pouvez le penser ? lui qui jamais sans vous
N'a goûté de plaisir, n'a trouvé rien de doux.

LE FILS.

Mon frère est de retour, il faut lui faire place.

ELIAB.

Le retour de ce frère est donc ce qui vous chasse ?
Et vous trouvez mauvais qu'un père plein d'amour
Ait témoigné sa joie à cet heureux retour ?

LE FILS.

Digne sujet de joie et de réjouissance !

ELIAB.

Et qu'a donc cette joie encor qui vous offense ?

L'ENFANT

Y pensez-vous, hélas! c'est votre frère, et quoi!
LE FILS.
Je n'y pense que trop, et j'en rougis pour moi.

## SCÈNE IX.

LE FILS AINÉ, ÉLIAB, PHARÈS.

PHARÈS.

Votre père en alarme accourt ici lui-même.
LE FILS.
Je quitte....
PHARÈS.
Fuyez-vous un père qui vous aime!
LE FILS, *en voulant s'échapper.*
Laissez.
PHARÈS.
Mais, Seigneur...
LE FILS.
Non....
PHARÈS.
Il vient, vous le voyez.

## SCÈNE X.

LE PÈRE, LE FILS AINÉ, ÉLIAB, PHARÈS.

LE PÈRE.

Hé, mon fils! est-ce moi, mon fils, que vous fuyez?
N'êtes-vous plus mon fils? ne vous suis-je plus père?
Depuis quand ma maison vous est-elle étrangère?
Qui vous force aujourd'hui d'en détourner vos pas?
LE FILS.
Vous-même, malgré moi, ne m'y forcez-vous pas?
LE PÈRE.
Moi, mon fils?
LE FILS.
Je le dis avec peine et contrainte ;
Mais votre procédé m'arrache cette plainte.

Tous les devoirs qu'on peut exiger d'un bon fils,
Avec zèle, avec soin, je les ai tous remplis;
Et cependant, malgré tout ce que j'ai pu faire,
Je n'ai pu parvenir au bonheur de vous plaire.

LE PÈRE.

Ah, mon fils! à ces soins, à ces tendres secours,
Je fus toujours sensible, et le serai toujours.

LE FILS.

Vous, mon père? et comment puis-je aujourd'hui le croire?
Hélas! à vous servir j'ai mis toute ma gloire;
Fidèle, exact, soumis, vigilant, empressé,
A vous plaire dans tout je me suis efforcé,
Sans que le moindre écart, depuis ma tendre enfance,
Ait altéré le cours de mon obéissance;
J'ai cent fois par mes soins, prévenant vos désirs,
Sacrifié pour vous mes plus tendres plaisirs:
Je vous en fais témoin, reprochez-moi vous-même
Si l'on peut faire plus pour un père qu'on aime?
Et cependant jamais m'a-t-il été permis
De tuer un chevreau pour traiter mes amis?
Et je vois qu'aujourd'hui, pour un indigne frère,
Qui devait par son crime armer votre colère,
Oubliant sans raison toutes ses lâchetés,
Vous faites éclater vos plus tendres bontés.
Il faut qu'à son retour une fête publique
Rende ici notre honte et son crime authentique.
Pour lui seul rien ne coûte: il faut à grand fracas
Remplir l'air de concerts, immoler le veau gras;
Et moi, lâche qu'on brave, à qui l'on fait injure,
Je verrai tout cela sans plainte et sans murmure?

LE PÈRE.

Hé, mon fils! mes troupeaux ne sont-ils pas à vous?
Usez comme il vous plaît, et disposez de tous:
Prenez, tuez, donnez, vous en êtes le maître,
Et le serez toujours quand vous le voudrez être.

Tout ce que je possède est à vous comme à moi ;
Et vous pouvez ici donner en tout la loi.
Mais dans une aventure et si douce et si tendre,
De quelqu'excès de joie ai-je pu me défendre ?
Votre frère était mort, et le Ciel l'a sauvé ;
De perdu qu'il était, le voilà retrouvé :
Mais lui-même paraît, souffrez qu'il vous aborde.

## SCÈNE XI.

LE PÈRE, LE FILS AINÉ, L'ENFANT PRODIGUE,
ELIAB, PHARÈS.

L'ENFANT PRODIGUE.

Mon retour, je vois bien, met ici la discorde.
Sous quel astre cruel faut-il que je sois né ?
Au départ, au retour, toujours infortuné :
Le sort qui me ramène, et celui qui me chasse,
De mon mauvais destin laisse partout la trace ;
Et d'un trouble funeste empoisonnant les cœurs,
Semble sur tout le monde étendre mes malheurs.
C'est à moi de céder au destin qui m'accable ;
Je suis et le plus jeune, hélas ! et seul coupable.
La discorde avec moi va s'éloigner de vous ;
Coulez tous deux sans moi des jours heureux et doux ;
Le Ciel, aux malheureux quelquefois secourable,
Peut-être aura pitié de mon sort déplorable.
Ces mains pourront du moins m'aider à l'adoucir ;
La misère au travail a su les endurcir ;
Ou bien la mort enfin, sur mes maux attendrie,
Finira mes malheurs en finissant ma vie.

LE FILS.

Non, non, mon frère...

L'ENFANT PRODIGUE.

Hélas ! autrefois je le fus.
Mais je n'en suis plus digne, et je n'y prétends plus.
Hé quoi donc ? croyez-vous que ma faute passée
Puisse jamais sortir de ma triste pensée ?

PRODIGUE.

Fils ingrat, frère indigne, enfant dénaturé,
Je vous ai fui tous deux, tous deux déshonoré !
J'ai perdu tous les biens que j'eus pour mon partage,
Et j'en aurais perdu mille fois davantage.
A ce qui reste ici je ne prétends plus rien ;
Tout est à vous, ce sont vos droits et votre bien ;
Et toute la faveur, la grâce la plus grande,
Qu'après tous ses forfaits un malheureux demande,
C'est, mon père le sait, je l'en atteste ici,
Lui qui m'ordonne encor de le nommer ainsi,
C'est que vous permettiez que dans la servitude
J'expie auprès de vous ma noire ingratitude :
Heureux d'être souffert dans le plus bas emploi :
Le rang de serviteur est encor trop pour moi.

LE FILS.

Ah ! mon frère, je cède ; il faut rendre les armes.
Oui, vous êtes mon frère, et croyez-en mes larmes ;
Je prétends en ce jour faire encor plus pour vous,
Et veux que tous mes biens soient communs entre nous.

L'ENFANT PRODIGUE.

Ah ! c'en est trop, souffrez qu'à vos genoux de grâce...

LE FILS.

Non, levez-vous, venez qu'un frère vous embrasse,
Et que les doux liens d'une éternelle paix
Unissent nos esprits et nos cœurs à jamais.

LE PÈRE.

O Ciel ! à tes bontés que de grâces à rendre ?
A des succès pareils aurais-je dû m'attendre ?
Tu me rends mes deux fils, et combles mes souhaits.
Je reconnais ta main à ces aimables traits.
Allons, et qu'une sainte et mémorable offrande
Marque le jour heureux d'une faveur si grande,
Et bénissons ce Dieu qui prompt à nous sauver,
En permettant les maux, sait nous en préserver.

FIN.

# LES
# INCOMMODITÉS
## DE
# LA GRANDEUR.

# AVERTISSEMENT.

Il est peu de personnes qui ne connaissent la Comédie suivante, tant de fois représentée par les petits Pensionnaires du collége de Louis-le-Grand. Il suffit de dire ici qu'elle a été jouée une fois devant le Roi d'Angleterre; une autre en présence de Madame Mère de Monseigneur le Duc Régent; et enfin au Louvre, sous les yeux de Sa Majesté Louis XV et de toute la Cour.

# PERSONNAGES.

PHILIPPE, duc de Bourgogne.

CHARLES, fils de Philippe et comte de Charolois.

ORONTE, confident du duc de Bourgogne.

CLÉON, confident du comte.

GRÉGOIRE, paysan, faux duc de Bourgogne.

VALÈRE, officier.

TIMANTE, introducteur des ambassadeurs et trésorier.

FADIUS, savant ridicule.

UN ASTROLOGUE.

DÉPUTÉ D'UNE PROVINCE.

UN MÉDECIN.

CARMAGNOLE, valet de Valère.

LUBIN, paysan, camarade de Grégoire.

Troupe de Courtisans.

Gardes.

# LES INCOMMODITÉS DE LA GRANDEUR.

## ACTE PREMIER.
### SCÈNE PREMIÈRE.
#### VALERE, CARMAGNOLE.

##### VALÈRE.

O Ciel! qu'on a de peine à faire des soldats!
J'ai beau chercher partout, j'y perds enfin mes pas.
Cependant le temps presse; et si ma compagnie
Avant la fin du mois ne se trouve fournie,
C'en est fait, Carmagnole, et me voilà chassé.

##### CARMAGNOLE.

Mais comment faisiez-vous, Monsieur, par le passé?

##### VALÈRE.

Les choses allaient mieux; j'en trouvais; mais tout
    change..
Tu vois que maintenant c'est une peine étrange:
Tu devrais t'employer à grossir le troupeau.

##### CARMAGNOLE.

Que voulez-vous, Monsieur? chacun craint pour sa
    peau.

##### VALÈRE.

Le métier est pourtant d'assez belle apparence;
On vit dans le plaisir, la joie et la licence.

##### CARMAGNOLE.

Belle licence! oh! oui, d'aller dans les combats
Se faire sans raison briser jambes et bras:

Puis le jarret crochu, courbé sur deux potences,
Venir éloquemment faire ses doléances;
Prôner ce qu'on a fait pour le bien de l'état,
Et dire : Ayez pitié du pauvre estropiat.

VALÈRE.

Bon, plaisantes raisons! qu'est-ce que tu m'opposes?
Il faut du bon côté savoir prendre les choses.

CARMAGNOLE.

Monsieur, je crois les prendre aussi du bon côté.

VALÈRE.

Je ris, quand je t'entends, de ta simplicité.
Tu fais le raisonneur; mais réponds, je te prie,
N'est-ce rien de se voir l'appui de sa patrie?
De voir ses intérêts entre nos mains remis,
Pour aller par le fer dompter ses ennemis?

CARMAGNOLE.

Rien n'est plus beau, Monsieur.

VALÈRE.

     Quel honneur, quelle gloire!
De revenir chargé des fruits de la victoire!

CARMAGNOLE.

C'est-à-dire, chargé de coups d'estramaçon.
Encor pour le retour je voudrais caution.
Quand l'ennemi sur vous vient faire une décharge,
Quelque brave qu'on soit, un héros est au large.
De plus hupés que vous, pour ne vous flatter point,
Y laissent bien souvent le moule du pourpoint.

VALÈRE.

Tu crains donc bien la mort? ne meurt-on qu'à la guerre?
Mon pauvre Carmagnole, on meurt par toute terre.
On a beau se choyer pour se mieux conserver,
La mort, lorsqu'il faudra, saura bien nous trouver.

CARMAGNOLE.

Mais elle n'attend pas là que l'on soit malade,
Elle vient brusquement vous faire une incartade :
Lorsqu'on le croit le moins, tout d'un coup, gros et gras,
On passe d'un plein saut de la vie au trépas.

Monsieur, pensez-y bien, cela n'est point commode :
Encore dans un lit on meurt avec méthode ;
On trouve du secours, on s'aide, on se défend ;
On a des médecins, on espère ; on entend
L'un qui dit gravement que le mal est extrême ;
L'autre que le malade ira jusqu'au neuvième.
C'est toujours du répit : enfin s'il faut périr,
On meurt en honnête homme, et l'on se voit mourir ;
L'on voit venir de loin la mort qui nous appelle,
Et l'esprit à la fin s'apprivoise avec elle.

VALÈRE.

C'est en quoi ta raison t'abuse lourdement ;
On ne saurait jamais mourir trop promptement,
Et mourant tout d'un coup, comme on fait à la guerre,
On n'a point le regret d'un homme qui s'enterre ;
Qui, couché dans un lit, malgré de vains secours,
Voit la mort pas à pas venir trancher ses jours ;
Tandis qu'environné d'une triste famille,
Il verra fondre en pleurs femme, enfans, fils et fille,
Spectacle mille fois plus cruel que la mort.
A l'armée, au contraire, on trouve un meilleur sort.

CARMAGNOLE.

Vous dites vrai, Monsieur, c'est à moi de me taire.

VALÈRE.

Oh bien ! tais-toi donc, va, tu ne saurais mieux faire.
Avec tes sots discours tu fais le suffisant,
Et la peur aujourd'hui t'a rendu bien disant :
Travaille seulement à faire ma recrue.

CARMAGNOLE.

Je ferai de mon mieux, j'irai de rue en rue.

VALÈRE.

Si je n'ai dans trois jours mon nombre tout complet,
Il faut bien te résoudre à prendre le mousquet.

CARMAGNOLE.

Prendre le mousquet, moi ! fi, n'avez-vous pas honte ?

VALÈRE.

Certes, tu le prendras.

CARMAGNOLE.

Ce n'est pas là mon compte.
Encor si dans cela l'on risquait un peu moins,
Qu'on en fût quitte enfin pour quelques coups de poings,
Passe, on s'éverturait; mais dire qu'une lance
Vienne vous enferrer et vous cribler la pance,
Ou que sans dire garre un gros vilain boulet
Vous enlève en un coup la tête du collet.
Non, non, ce sont des jeux qui ne sauraient me plaire,
Et je suis résolu tout franc de n'en rien faire.

VALÈRE.

Il est vrai que ta tête est un rare morceau.

CARMAGNOLE.

Telle qu'elle est, elle est l'étui de mon cerveau.
Enfin, quoi qu'il en soit, chacun n'a que la sienne :
En dépit de l'honneur je garderai la mienne,
Monsieur, et si chacun était de mon humeur,
Vous iriez exercer tout seul votre valeur,
Affronter les hasards où l'honneur vous convie.
Pour moi je ne suis point encor las de la vie;
Pour vivre longuement je suis un peu poltron,
Honnête homme du reste et dispos du talon.

VALÈRE.

Tu ne seras jamais qu'un faquin.

CARMAGNOLE.

Hé bien, passe;
Il faut s'en consoler peur de pire disgrâce.
Tous vos dictons sont beaux et bien étudiés;
Mais je vous soutiens, moi, qu'un faquin sur ses piés,
Vaut cent fois mieux, selon ma petite lumière,
Que dix nobles héros couchés sur la poussière.
Mais je vois un gaillard

( Grégoire paraît. )

qui vient tout à propos,
Et dont il me paraît qu'on peut faire un héros.

#### VALÈRE.
Bon, ne le manque pas, je vais ici t'attendre ;
Surtout songe à l'argent qu'il faut lui faire prendre.
#### CARMAGNOLE.
Reposez-vous sur moi, Monsieur, j'en aurai soin ;
A voir l'air dont il marche, il n'ira pas bien loin,
Et je suis bien trompé, s'il n'en a dans la tête.
#### VALÈRE.
Tant mieux ; mais va toujours assurer ta conquête.

## SCÈNE II.
### VALÈRE, ORONTE.
#### VALÈRE.
Vous me voyez, Monsieur, dans un grand embarras,
Je ne puis parvenir à trouver des soldats ;
Et je prévois qu'enfin quelque soin que j'y mette,
Ma compagnie à temps ne sera point complète :
Cependant on nous presse, et même avec rigueur,
Et le prince surtout prend cela fort à cœur.
#### ORONTE.
Valère, je connais assez votre prudence
Pour vous pouvoir ici parler en confidence :
Les choses ne vont pas comme vous présumez,
Et c'est bien vainement que vous vous alarmez.
Laissez tranquillement parler toute la terre,
Et croyez qu'à la cour on ne veut point de guerre.
Le prince, il est bien vrai, bouillant et plein de feu,
A les armes en tête et veut les mettre en jeu ;
Mais si l'on semble ici flatter son espérance,
Ce n'est rien dans le fond qu'une vaine apparence.
Le duc, qui le connaît et veut le ménager,
D'abord à son avis a paru se ranger :
Il feint avec chaleur de presser les levées ;
Mais soyez sûr qu'avant qu'elles soient achevées,
Un accommodement que je sais en bon train,
Nous va faire tomber les armes de la main.

C'est un secret de cour qu'on a grand soin de taire ;
Mais je puis, sans risquer, vous dire le mystère.

VALÈRE.

Vos faveurs, vos bontés, et ce que je vous dois,
Plus que mille sermens répondent de ma foi.

ORONTE.

Ne laissez pas toujours de témoigner grand zèle
A rendre votre troupe et bien complète et belle :
Du prince sur cela vous connaissez l'ardeur ;
Il se plaint tous les jours qu'on a trop de lenteur.
Pour plaire à ses désirs et flatter son courage,
Faites bien l'empressé sans faire grand ouvrage.
Voilà le train, mon cher, qu'il faut suivre à la cour ;
C'est un pays couvert où tout va par détour ;
Il faut cacher sa marche et faire belle montre,
Paraître qu'on est pour, tandis que l'on est contre ;
Ne plaindre point sa peine, et ne dédaigner pas
D'aller, pour revenir aussitôt sur ses pas.

VALÈRE.

De la cour en effet voilà le vrai génie ;
Tout y dépend du tour dont chacun se manie.

ORONTE.

Ami, qui ne sait pas l'art de dissimuler,
Des intrigues de cour ne doit point se mêler.
Mais si dans toute cour il faut se contrefaire,
Surtout cette conduite est ici nécessaire.
Vous savez, comme moi, la carte du pays ;
Vous connaissez le duc et le prince son fils :
Voilà les grands objets, l'un d'eux est notre maître ;
L'autre un jour le sera, peut même bientôt l'être.
Ils demandent tous deux des soins d'autant plus grands,
Qu'ils sont de caractère en tout fort différens.
L'un n'aime que la paix, et l'autre que la guerre :
L'un doux, tranquille, égal; l'autre un foudre, un
 tonnerre
Plaire au père est assez pour déplaire à son fils ;
L'un a ses confidens, l'autre ses favoris ;

Et la faveur du duc où je me vois en passe,
Du prince dans son temps m'annonce la disgrâce.
Heureux, si tous les maux que je crains et prévoi,
Pouvaient, se bornant-là, ne tomber que sur moi!

VALÈRE.

Mais, seigneur, après tout, à vous parler sans feindre,
Je ne vois pas en quoi vous avez tant à craindre :
Le prince, j'en conviens, brusque dans ses humeurs,
Quand il suit son génie a d'étranges hauteurs ;
Il est fier, emporté, prompt à se satisfaire,
Entreprenant, hardi, violent, téméraire ;
Mais enfin ces défauts conviennent à son rang,
Et ce sont des vertus propres d'un conquérant.

ORONTE.

Dangereuses vertus pour un prince, Valère,
Ces vertus, des sujets font souvent la misère :
Croyez-moi, la sagesse et la saine raison,
En quelque rang qu'on soit, sont toujours de saison ;
Mais s'il les faut en ceux qui des autres dépendent,
Il les faut encor plus aux princes qui commandent.

## SCÈNE III.

### VALERE, ORONTE, CARMAGNOLE.

CARMAGNOLE.

Je ne m'en charge plus, adieu, point de quartier....
Et que chacun se mêle aussi de son métier.

VALÈRE.

(*A Oronte.*)

Excusez s'il vous plaît.

(*A Carmagnole.*)
Qu'est-ce que tu veux dire ?

CARMAGNOLE.

Nous n'avons pas, ma foi, Monsieur, sujet de rire,
Et si dorénavant les choses vont ainsi,
Vous aurez des soldats comme il en pleut ici.

VALÈRE.

Là là, tout doucement, calme un peu ta colère,
Et nous explique enfin cet étrange mystère.

CARMAGNOLE.

Monsieur, tout était fait, et notre homme accroché;
Mais le duc est venu fort mal sur mon marché.

ORONTE.

Il ne sait ce qu'il dit, je n'y puis rien comprendre.

VALÈRE.

Parleras-tu plus clair? Veux-tu te faire entendre?

CARMAGNOLE.

Je vous dis donc, Monsieur, pour parler clairement,
Que tout étant conclu pour notre enrôlement,
Comme ce compagnon, qui se nomme Grégoire,
Avait bu quelque peu plus qu'il ne devait boire,
Tout net sur le pavé s'étendant de son long,
Il s'est mis à dormir et ronfler tout de bon.
Je tenais pied à boule et le gardais à vue,
Quand le duc en carrosse a passé dans la rue;
En voyant mon soldat avec un teint vermeil,
Goûter tranquillement les douceurs du sommeil,
Sans me dire pourquoi, sans raison que je sache,
Il l'a fait enlever, Monsieur, sous ma moustache,
Et quatre grands pendarts, dépêchés tout exprès,
Vous l'ont, tout endormi, porté dans le palais.

VALÈRE.

Sans t'en rien dire à toi?

CARMAGNOLE.

Rien.

VALÈRE.

Sur quoi qu'il se fonde,
Le duc a fort grand tort et connaît peu son monde.

CARMAGNOLE.

Si c'eût été tout autre....

VALÈRE.

Ah! l'affront est cruel,
Et tu devrais l'aller appeler en duel.

CARMAGNOLE.

Vous riez, c'est fort bien ; mais qu'il vous en souvienne,
Monsieur ; c'est votre affaire encor plus que la mienne.
Enfin, quoi qu'il en soit, cela n'est pas plaisant.

ORONTE.

Que veut dire ceci ? Je vais dès à présent....

## SCÈNE IV.

LE DUC, ORONTE.

LE DUC, *avant que de paraître.*

Vous mettrez ordre à tout, et vous m'en rendrez compte;
Qu'on me cherche mon fils, et qu'on m'appelle Oronte.
Mais je le vois....

ORONTE *à Valère.*

Adieu, Valère, laissez-nous.
(*Au Duc.*)
Oserais-je le dire ? on se plaignait de vous,
Seigneur : comment, dit-on, votre altesse a l'audace
D'enlever les soldats qui dorment dans la place ?

LE DUC.

Quoi ! c'était un soldat ?

ORONTE.

Un soldat tout frais fait,
Et l'enrôleur de plus n'en est pas satisfait.
Mais à présent, seigneur, peut-on, sans vous déplaire,
Vous demander ici la fin de ce mystère ?

LE DUC.

Je te faisais chercher pour m'en ouvrir à toi.
Rentrant dans mon palais, ma garde autour de moi,
Un homme ivre, je pense, étendu dans la rue,
Est le premier objet qui m'a frappé la vue :
Je veux bien te le dire ici confidemment,
Voyant ce malheureux dormir paisiblement,
Dans la place exposé sans risque pour sa vie.

Je n'ai pu m'empêcher de lui porter envie.
Cet ivrogne, ai-je dit, couché sur le pavé,
Attend tranquillement que son vin soit cuvé,
Et d'un profond sommeil, sans trouble, sans alarmes,
Quand il veut, comme il veut, il peut goûter les charmes.
Et moi, qui règne ici, loin d'un bonheur pareil,
Il faut qu'au poids de l'or j'achète le sommeil ;
Et si la nuit, ma garde autour de moi rangée,
En armes pour moi seul à veiller obligée,
Ne m'assure un repos qu'il trouve à peu de frais,
Je n'ose fermer l'œil au fond de mon palais.
Cette réflexion dans mon âme tracée,
M'a sur ce malheureux fait naître une pensée ;
Je me suis dans le cœur fait un plaisir malin
De troubler un bonheur où j'aspirais en vain :
Je veux, en le chargeant du poids de ma couronne,
Lui faire ressentir les soucis qu'elle donne,
Et pour le rendre enfin misérable à son tour,
Lui prêter ma grandeur et mon nom pour un jour.
Voilà dans quel dessein envisageant cet homme,
Je l'ai fait enlever au plus fort de son somme.
Transporté près d'ici dans mes appartemens,
Je l'ai fait revêtir de pompeux vêtemens,
Voulant qu'à son réveil toute ma cour lui rende
Les devoirs et les soins que ce haut rang demande,
Et que prenant de lui les ordres et la loi,
On ait à le traiter comme si c'était moi.

ORONTE.

Seigneur, on voit en tout briller votre sagesse,
Et jusqu'en vos plaisirs elle vous suit sans cesse.

LE DUC.

Allez mettre ordre à tout, je vous laisse ce soin,
Et vous m'avertirez quand il sera besoin.

## SCÈNE V.

### LE DUC, LE COMTE.

LE COMTE, *avant que de paraître.*

Oui, votre négligence est coupable, Valère,
Et je vais en instruire ici le duc mon père.
LE DUC.
De quoi s'agit il donc ? d'où vient tout ce fracas ?
LE COMTE.
Non, vos ordres, seigneur, ne s'exécutent pas,
Et dans vos officiers c'est une négligence,
Qui mérite un exemple et demande vengeance.
Si vous n'y pourvoyez et ne faites éclat,
Vos troupes de trois mois ne seront en état :
Au lieu d'armer, seigneur, il semble qu'on désarme.
LE DUC.
Voilà donc le sujet, mon fils, qui vous alarme ?
Mais moi, ce n'est pas là ce qui fait mes frayeurs :
Plutôt que de vous voir dans d'indignes fureurs,
Vous livrer aux transports de votre âme enflammée,
J'aimerais mieux, mon fils, perdre toute une armée.
LE COMTE.
Quand de vos volontés on fait si peu de cas,
Peut-on le voir, seigneur, et ne s'emporter pas ?
LE DUC.
Un prince à qui le Ciel destine un diadème,
Doit commencer, mon fils, par régner sur lui-même.
Comment à ses sujets donnera-t-il la loi,
S'il ne sait pas lui-même être maître de soi ?
Mon fils, je vous l'ai dit, des sujets sont à plaindre,
Lorsque le souverain ne sait pas se contraindre ;
Et quand à ses fureurs en esclave livré,
Il suit un vain orgueil dont il est enivré.
Il faut toujours qu'un prince ait la raison pour guide,
Qu'à tous ses mouvemens la justice préside ;

Et si dans ce haut rang il peut tout ce qu'il veut,
Il ne doit pas toujours vouloir tout ce qu'il peut.

LE COMTE.

Pour apprendre à régner, seigneur, j'ai votre exemple ;
C'est lui seul sur cela qu'il faut que je contemple.

LE DUC.

D'autres vous apprendront à donner des combats ;
Mon histoire, mon fils, ne vous l'apprendra pas.
Amateur de la paix, j'ai mis toute ma gloire
A mépriser l'éclat d'une vaine victoire,
A traiter mes sujets comme mes vrais enfans,
A les rendre plutôt heureux que triomphans.
Que ce soin soit toujours celui qui vous occupe ;
D'un chimérique honneur ne soyez point la dupe :
C'est ce que je voudrais pouvoir vous enseigner :
L'art de vaincre n'est pas toujours l'art de régner.

LE COMTE.

Mais après tout, seigneur, défendez-vous aux princes
La noble ambition d'étendre leurs provinces ?
Voulez-vous que bornés aux douceurs de la paix,
Ils languissent obscurs à l'ombre d'un palais,
Et quelquefois, enfin, ne peut-on pas sans blâme
Suivre les mouvemens qu'inspire une grande âme ?

LE DUC.

Cette grande âme un jour est ce qui vous perdra ;
Jamais dans vos desseins rien ne vous retiendra,
Et la moindre lueur d'une conquête offerte
Vous fera tout d'abord courir à votre perte.
Mon fils, la grandeur d'âme est un don précieux ;
Mais c'est sans la prudence un don pernicieux :
Et si sur ses projets la raison ne domine,
Bien souvent d'un état il cause la ruine.

LE COMTE.

On ne peut pas, seigneur, répondre des succès ;
Mais l'honneur pour un prince a de puissans attraits,
Et c'est à ce beau feu, si l'on en croit l'histoire,
Que le grand Alexandre a dû toute sa gloire.

LE DUC.

Oui, je sais que l'histoire a vanté ses exploits ;
Mais, mon fils, son exemple a perdu bien des rois :
Et malgré tout l'éclat de sa gloire immortelle,
Pour un prince Alexandre est un mauvais modèle.

LE COMTE.

Mais quand des ennemis se liguent contre nous,
Il faut bien s'empresser à repousser leurs coups :
Aux fureurs de l'envie on ne peut se soustraire,
Et la guerre est un mal quelquefois nécessaire.

LE DUC.

Vous dites vrai, mon fils, et je ne prétends pas
Qu'on laisse impunément ravager ses états ;
C'est alors qu'à la gloire il faut être sensible,
Et les armes en main rendre son nom terrible.
Et moi-même, mon fils, je vous désavouerais,
Si je vous savais lent à soutenir vos droits ;
Pour un si beau sujet une guerre est permise,
Et le Ciel qui l'approuve et qui vous autorise,
Contre de vains complots prêt à vous protéger,
De tous vos ennemis saura bien vous venger.

LE COMTE.

Je ne suis point surpris avec cette sagesse,
Si de tous vos sujets vous avez la tendresse.

LE DUC.

Et c'est le premier bien que je veux vous laisser :
Puissiez-vous en cela, mon fils, me surpasser !
Le Ciel fait choix de nous pour gouverner des hommes ;
Songeons en gouvernant qu'ils sont ce que nous sommes,
Et mêlant la douceur avec la majesté,
D'une austère grandeur tempérons la fierté.

LE COMTE.

Ah ! seigneur, des conseils si beaux, si salutaires,
Me serviront de règle en toutes mes affaires :
Puisse faire le Ciel, qui prend soin de vos jours,
Que je puisse long-temps jouir d'un tel secours !

LE DUC.

Mon fils, la vie est courte et la mort incertaine ;
Mais la mort est la vraie et seule souveraine :
Elle se rit de nous avec malignité,
Et de notre pouvoir montre la vanité.
Qu'est-ce que ce pouvoir ? Qu'un pompeux esclavage.
Je veux vous en tracer en ce jour une image ;
Et comme le plaisir a pour vous des appas,
Cette leçon, je crois, ne vous déplaira pas.
Allons, pour ce dessein déjà tout se dispose,
Et vous serez bientôt instruit de toute chose.

FIN DU PREMIER ACTE.

## ACTE II.

### SCÈNE I.

#### LE DUC, LE COMTE.

##### LE COMTE.

Tout va s'exécuter, seigneur, dans un moment ;
Pour moi, je suis charmé du divertissement :
L'invention surtout m'en paraît admirable.

##### LE DUC.

Je suis ravi, mon fils, qu'il vous soit agréable.
Au fardeau de l'état qui nous fait succomber,
Sans honte quelquefois on peut se dérober :
Et du suprême rang la majesté sévère
Ne nous interdit point un plaisir nécessaire ;
Mais un prince doit être, en réglant ses désirs,
Et sage et modéré jusque dans ses plaisirs.
Les grands éclats de cour, et les superbes fêtes,
Sont souvent pour cacher de fâcheuses tempêtes ;

Et ces jeux où l'on voit un prince triompher,
Marquent de grands chagrins que l'on veut étouffer.
De ces bruyans fracas la dépense inutile
Ne laisse bien souvent qu'un repentir stérile.
Il faut tirer du fruit d'un plaisir innocent,
Et chercher à s'instruire en se divertissant.
Mais voilà justement notre homme qu'on apporte.

## SCÈNE II.

LE DUC, LE COMTE, ORONTE.

(*On fait une pause, tandis qu'on place la chaise où est Grégoire.*)

LE DUC.

Commençons, et d'abord que tout le monde sorte :
Les acteurs sont-ils prêts ? ne manque-t-il plus rien ?

ORONTE.

Ils sont tous prêts, seigneur, et la scène ira bien.

LE DUC.

Allons, qu'on le réveille, en agitant sa chaise ;
Nous pourrons à deux pas l'écouter à notre aise.
Laissez-le, c'est assez, retirez-vous ici.

## SCÈNE III.

GRÉGOIRE, *en se frottant les yeux.*

Çà, çà, réveillons-nous.... que veut dire ceci ?
Je ne me connais plus : n'est-ce pas toi, Grégoire ?
Plus j'y pense pourtant, plus j'ai peine à le croire.
Après tout, je suis moi, je ne me trompe pas ;
Voilà mes pieds, mon corps, ma tête, mes deux bras.
Ces habits, il est vrai, me donnent quelque peine ;
Cette magnificence est un peu bien soudaine.
Ecoutez, taisons-nous, et ne jurons de rien ;
Cela me plaît pourtant, et me sied assez bien.

Oui-dà, je connais tel qui se mire et se carre,
A qui, sans vanité, lorsque je me compare,
Ce pompeux attirail, ces habits, sur ma foi,
Ne viendraient pas si bien à beaucoup près qu'à moi.
Mais j'aperçois quelqu'un qui me veut quelque chose.

## SCÈNE IV.

### GRÉGOIRE, ORONTE.

ORONTE.

Seigneur, toute la cour à venir se dispose,
Et je viens recevoir vos ordres des premiers ;
Vos officiers sont prêts.

GRÉGOIRE.

       Comment, mes officiers ?

ORONTE.

Oui, seigneur.

GRÉGOIRE.

       Ah ! vraiment, en voici bien d'un autre,
Ou ma tête, monsieur, est fêlée, ou la vôtre.
Que venez-vous chanter ? Je ne me reconnais
Point d'autres officiers pour moi que ces dix doigts.

ORONTE.

J'aurais honte, seigneur, que l'on pût vous entendre,
Dans cet égarement que je ne puis comprendre.
Un prince comme vous !

GRÉGOIRE.

       Un prince !

ORONTE.

                Eh ! oui, seigneur,
Un prince environné de gloire et de grandeur.

GRÉGOIRE.

Je ne sais si je dors, je ne sais si je veille,
Et l'on n'a jamais vu, je crois, chose pareille.
Certes, mon compagnon, nous rêvons vous ou moi.

ORONTE.

Seigneur, que dites-vous ?

GRÉGOIRE.
Je dis ce que je doi.
ORONTE.
Votre altesse peut elle....
GRÉGOIRE, riant.
Encore, votre altesse !
ORONTE.
Seigneur, cet accident m'accable de tristesse.
O douleur !
GRÉGOIRE, bas.
Il faut voir qui des deux a raison.
( Haut. )
Ecoutez, dites-moi, comment me nomme-t-on ?
ORONTE.
Philippe.
GRÉGOIRE.
Et d'un, c'est faux, je m'appelle Grégoire.
ORONTE.
De votre nom, seigneur, vous perdez la mémoire ;
Hélas ! en quel état vous vois-je ici réduit !
GRÉGOIRE.
De mon nom et de moi serais-je mal instruit ?
A votre compte donc je suis quelque grand prince.
ORONTE.
Oui certes, et seigneur de plus d'une province,
Et pour tout dire, enfin duc de Bourgogne.
GRÉGOIRE.
Oh ! oui ?
ORONTE.
Oui, seigneur.
GRÉGOIRE.
Ah ! j'en suis vraiment fort réjoui.
Fais-je bien mon métier ?
ORONTE.
Fort bien.

## GRÉGOIRE.

Est-il possible !

## ORONTE.

Oui, seigneur.

## GRÉGOIRE.

Ce métier est-il beaucoup pénible ?
Dites au juste à quoi tout cela se réduit.

## ORONTE.

Cela dépend de l'air dont chacun se conduit.
L'un se plaît à la paix, un autre aime la guerre,
Et mettra tout en sang pour deux pouces de terre.

## GRÉGOIRE.

Cette démangeaison ne me prendra jamais.
Supposez donc d'abord que j'aime fort la paix :
Je suis né, Dieu merci, sans rancune et sans bile.

## ORONTE.

Avec cela, seigneur, le métier est facile.
On vit dans la splendeur, on est exempt des lois ;
On étend comme on veut son pouvoir et ses droits.
Vous commandez à tous sans qu'aucun vous commande ;
Il n'est si grand seigneur qui de vous ne dépende :
Courtisé d'un chacun, logé dans un palais,
Vous voyez tout rouler au gré de vos souhaits.

## GRÉGOIRE.

Retirez-vous un peu, j'ai quelqu'affaire en tête....
Refuser ce parti, je serais une bête.
Pourquoi délibérer ? que risquai-je à cela ?
Je ne puis être enfin qu'heureux sur ce pied-là.
Soyons, puisqu'on le veut, soyons duc de Bourgogne ;
J'ai, pour l'être, ce me semble, une assez digne trogne :
J'ai le port en effet assez majestueux,
La démarche assez fière et le bras vigoureux.
Mais comment gouverner mes peuples ! bon, lanterne ;
Tout comme il l'entendra, que chacun se gouverne.
Plusieurs s'en sont mêlés, lesquels, comme je croi,
N'étaient pas en cela bien plus grands clercs que moi.

Si les choses vont mal, ce n'est pas mon affaire ;
Enfin, j'en veux tâter, et vogue la galère.
Camarade, approchez : j'avais tort, j'en conviens,
Je suis duc de Bourgogne, et je m'en ressouviens.

ORONTE.

Seigneur, je suis ravi, comme sujet fidèle....

GRÉGOIRE.

Quelque vapeur m'avait barbouillé la cervelle.
Mais qui sont ces gens-là ?

ORONTE.

Ce sont vos officiers.

GRÉGOIRE.

Quoi ! tous deux ?

ORONTE.

Oui, seigneur, et même des premiers,
L'un chambellan ; pour l'autre, il commande vos gardes.

GRÉGOIRE.

Ah ! de ces grands escrocs avec des hallebardes.
Bon....

## SCÈNE V.

GRÉGOIRE, LE DUC, LE COMTE, ORONTE.

LE DUC.

Nous venons, seigneur, vous rendre nos respects.

GRÉGOIRE.

Oui, vous faites fort bien, et comme bons sujets.

LE COMTE.

Nous savons trop à quoi le devoir nous oblige,
Pour manquer....

GRÉGOIRE.

Oui, c'est bien, j'en suis content, vous dis-je ;
Pargoi, ces drôles-là ne sont pas mal tournés ;
Mais vous, mon chambrelan, vous me riez au nez.
Hon !

ORONTE.
Un ambassadeur vous demande audience.
GRÉGOIRE.
D'où vient-il ?
ORONTE.
De la Chine.
GRÉGOIRE.
Eh bien, bien, qu'il s'avance.

# SCÈNE VI.

LES MÊMES, CLÉON, AMBASSADEUR DE LA CHINE.

GRÉGOIRE.
Soyez le bien venu, monsieur l'ambassadeur,
Je suis votre valet, et c'est de tout mon cœur.
Allons, boutez dessus, point de cérémonie,
Et nous dites la fin de votre litanie.

L'AMBASSADEUR.
Mon maitre, qui vous parle en ces lieux par ma voix,
Contraint de maintenir sa puissance et ses droits,
M'envoie ici, seigneur, vous déclarer la guerre.

GRÉGOIRE.
Déclarez-lui que moi je ne veux point la faire.

LE DUC.
Mais il viendra, seigneur, fondre sur vos états,
Soit que vous le vouliez ou ne le vouliez pas.
Ainsi vous feriez mal de vous laisser surprendre ;
Puisque l'on vous attaque, il faut bien vous défendre.

GRÉGOIRE, *à l'ambassadeur.*
Compère, votre prince est par trop querelleur,
Et vous êtes aussi pour vous un grand brailleur ;
Mais enfin, dites-moi, quelle mouche le pique,
De venir brusquement troubler la paix publique ?
Quelle démangeaison lui prend de ferrailler,
Et pourquoi sans raison sur rien nous chamailler ?

## DE LA GRANDEUR.

L'AMBASSADEUR.

Mon maître voudrait bien ne point prendre les armes,
Les troubles de la guerre ont pour lui peu de charmes ;
Mais des raisons d'état l'y forcent malgré lui.

GRÉGOIRE.

Belles raisons d'état, d'incommoder autrui !

L'AMBASSADEUR.

Mon maître étant en guerre avec le roi de Perse,
Apprend qu'avec ce roi vous êtes en commerce ;
Que pour le secourir d'hommes et de chevaux,
Vous avez sur la mer fait un pont de bateaux ;
Que, près de l'Arménie, où son monde s'assemble,
Vous devez contre lui vous réunir ensemble ;
C'est une indignité, c'est une trahison,
Dont les armes en main il veut tirer raison.

GRÉGOIRE, *à ses officiers.*

Pargoi, je crois qu'il rêve.

(*A l'ambassadeur.*)
Est-ce là tout, compère ?

L'AMBASSADEUR.

Oui, seigneur.

GRÉGOIRE.

Je m'en vais répondre à votre affaire.
Vous appelez ce prince avec qui l'on me joint ?

L'AMBASSADEUR.

Roi de Perse.

GRÉGOIRE.

Ma foi, je ne le connais point.

L'AMBASSADEUR.

Mais, croirai-je, seigneur....

GRÉGOIRE.

Tenez, je suis sincère.
Je ne le connais lui, ni son fils, ni son père,
L'Armonie encor moins.

L'AMBASSADEUR.

Votre altesse sait bien....

GRÉGOIRE.

Je reviens de ma vigne, et ne sait rien de rien.

Si le roi votre maître en veut au roi de Perse,
Je n'irai pas, ma foi, me mettre à la traverse :
Ils auront bien le temps tous deux de se bourrer,
S'ils attendent qu'enfin j'aille les séparer.
###### L'AMBASSADEUR.
Mais vos travaux sur mer annoncent quelque chose,
Et ce pont de bateaux ne s'est point fait sans cause.
Car enfin....
###### GRÉGOIRE.
Car enfin, finissons, s'il vous plaît :
Vous me parlez d'un pont, je ne sais ce que c'est.
Quand j'en aurais fait un, prenez la chose au pire,
Votre maître a-t-il droit d'y trouver à redire ?
Va-t-on contrecarrer les gens sur ce qu'ils font ?
Et faut-il, s'il vous plaît, tant de bruit pour un pont ?
###### L'AMBASSADEUR.
Mais c'est aux ennemis ménager un passage.
###### GRÉGOIRE.
Ecoutez, si ce pont vous donne tant d'ombrage,
Si c'est le seul sujet qui peut vous alarmer,
Baste, il n'est pas besoin de vous tant gendarmer,
Le pont et les bateaux, votre roi peut les prendre,
Et je lui quitte tout ce que j'y puis prétendre.
###### L'AMBASSADEUR.
Tous ces discours, seigneur, ne sont qu'un vain appas,
Qui contre vos desseins ne nous rassure pas;
Et malgré tous les soins dont votre politique
A les tenir cachés depuis long-temps s'applique,
Nous avons au travers de vos vastes apprêts
Démêlé sagement le but de vos projets.
###### GRÉGOIRE.
Vous en savez donc plus sur cela que moi-même.
Tenez, quand vous m'auriez prêché tout un Carême,
Monsieur l'ambassadeur, vous n'en aurez pas plus,
Et vous perdez le temps en discours superflus.
Je ne me cache point de ce que je veux faire,
Je marche rondement et ne sais point surfaire;

Mon petit chambrelan dira si j'ai menti,
Et voilà palsangué comme je suis bâti.
### L'AMBASSADEUR.
Je le crois. Mais enfin on sait ce qui se passe.
### GRÉGOIRE.
Ah! c'est trop babiller, à la fin je me lasse.
Vous êtes un jaseur, et je vous connais bien;
Vous croyez savoir tout, et vous ne savez rien.
Allez quelqu'autre part débiter vos sornettes,
Ou quand vous reviendrez, mettez mieux vos lunettes.

## SCÈNE VII.

### GRÉGOIRE, LE DUC, LE COMTE, ORONTE.

#### LE DUC.
Vous l'avez là, seigneur, repassé comme il faut.
#### GRÉGOIRE.
Il me prenait, je pense, ici pour un nigaud!
Dame, ça part de là; vous en verrez bien d'autres,
Et je savons un peu plus que nos patenôtres.
#### LE DUC.
On le voit bien, seigneur, vous en savez beaucoup.
#### GRÉGOIRE.
S'il ne m'eût pas fâché, je l'eus fait boire un coup.
Oui certes, du meilleur, et vous pouvez m'en croire,
On sait vivre entre amis; mais à propos de boire,
Compère, dites-moi, là ne pourrait-on pas,
Attendant le dîner, humecter le lampas?
#### LE DUC.
Seigneur, y pensez-vous?
#### GRÉGOIRE.
          Comment donc, si j'y pense!
#### LE DUC.
Est-il de votre rang, et de la bienséance?
#### GRÉGOIRE.
La bienséance! oh! bon, vraiment nous y voilà.

## SCÈNE VIII.

### LES MÊMES.

ORONTE.

Voici des députés.

GRÉGOIRE.

Que veulent ces gens-là ?

ORONTE.

Ils voudraient bien, seigneur, haranguer votre altesse.

GRÉGOIRE.

Haranguer !

ORONTE.

Oui, seigneur.

GRÉGOIRE.

Allons donc, qu'on se presse. Qu'ils viennent.

## SCÈNE IX.

### DÉPUTÉS, ORONTE, etc.

ORONTE.

Les voilà, qui s'avancent, seigneur.

GRÉGOIRE.

Hé bien, haranguez donc, puisqu'il faut, harangueur.

DÉPUTÉ.

Monseigneur, nous apportons aux pieds de votre altesse les cœurs de toute une province....

GRÉGOIRE.

Où sont-ils ? je ne sais, ma foi, ce qu'il veut dire.

(*Au comte.*)

Mais vous, jeune cadet, vous aimez bien à rire.

DÉPUTÉ.

« Les cœurs de toute une province pénétrée d'une
« vive reconnaissance pour tous les biens dont vous
« l'avez comblée, et dont vous continuez de la combler
« tous les jours. C'est une suite des grâces et des bien-

« faits qu'elle a reçus de vos aïeux, que vous ne sur-
« passez pas moins en libéralité et en magnificence,
« qu'en valeur et en courage.

GRÉGOIRE.

Je ne me pique point autrement de valeur.

DÉPUTÉ.

« Elle a paru, monseigneur, dans bien des occasions,
« où l'on vous a vu à la tête d'une armée encore plus
« formidable par votre présence que par la multitude
« de ceux qui la composaient; où l'on vous a vu, dis-je,
« défaire des ennemis également considérables par
« leurs forces et par celles de leurs alliés, et les con-
« traindre à venir vous demander la paix, après avoir
« entièrement dissipé leur armée, et tué de votre
« propre main les principaux chefs.

GRÉGOIRE.

Vous mentez bien serré, monsieur le harangueur.
Apprenez que jamais je n'ai tué personne :
Je ne suis pas brigand, et j'ai l'âme trop bonne.

DÉPUTÉ.

« Puis donc que votre altesse s'offense des louanges
« que j'osais lui donner, et que se renfermant dans sa
« modestie, elle refuse un tribut si légitime, elle me
« me permettra du moins....

GRÉGOIRE.

Ce que je vous permets, c'est de finir bientôt.
Çà que prétendez-vous, terminons en deux mots.

DÉPUTÉ.

« Il n'est pas aisé, Monseigneur, de terminer en si
« peu de mots, quand on est sur une si riche matière.
« L'éloquence trouve trop d'avantages dans un si beau
« champ, pour ne pas s'y arrêter; et se voyant au mi-
« lieu d'une mer si vaste et si étendue, elle prend plaisir
« à déployer ses voiles. Alexandre-le-Grand..... »

GRÉGOIRE.

Monsieur le député, vous êtes une bête ;
Si vous ne vous taisez, je vous casse la tête.

THÉAT. DE DU CERCEAU. 4

LE DUC.
Mais, seigneur, il fallait l'entendre jusqu'au bout.
GRÉGOIRE.
Oui, l'entendre brailler, voyez le beau ragoût !
Que voulait-il avec son benêt d'Alexandre ?
LE COMTE.
On aurait vu, seigneur, et vous deviez attendre.
ORONTE.
Cela prenait bon train.
GRÉGOIRE.
Non, non, j'ai fort bien fait
De lui rabattre ainsi tout d'un coup le caquet.

## SCÈNE X.

GRÉGOIRE, LE DUC, LE COMTE, ORONTE, VALÈRE, CARMAGNOLE.

VALÈRE.
Seigneur, je viens ici vous demander justice
Contre un coquin qu'il faut condamner au supplice.
GRÉGOIRE.
A-t-il tué quelqu'un ?
VALÈRE.
Non, il a déserté;
C'est un crime à punir avec sévérité.
Il est d'autant plus grand, que par mer et par terre,
La Chine dans ce jour vous déclare la guerre.
GRÉGOIRE.
Il a donc déserté, dites-vous ?
CARMAGNOLE.
Oui, seigneur,
J'en suis témoin moi-même, et j'étais l'enrôleur.
GRÉGOIRE.
Hé bien, mon chambrelan, qu'est-ce qu'il faut lui faire ?
Parlez.
LE DUC.
Un déserteur ! on les pend d'ordinaire.

GRÉGOIRE.

Hé! qu'on le pende donc.

CARMAGNOLE.

Il le mérite bien.

VALÈRE.

Je vous le garantis pour être un franc vaurien.

CARMAGNOLE.

Un ivrogne parfait, et toujours prêt à boire.

GRÉGOIRE.

Et, comment, s'il vous plaît, le nommez-vous?

CARMAGNOLE.

Grégoire.

GRÉGOIRE, *bas*.

Ah! ah! c'est moi, cela mérite d'y penser.

VALÈRE.

C'est un fripon, il faut vous en débarrasser.

GRÉGOIRE.

Attendez, je vous prie.....

(*Bas.*)

Avec toute ma gloire,
Je puis peut-être un jour redevenir Grégoire,
Et je serais fâché d'aller danser sur rien.

VALÈRE.

On le pendra, seigneur, et vous le voulez bien?

GRÉGOIRE.

Écoutez, je suis bon, et j'aime la clémence;
Il faut avec les gens avoir quelque indulgence.

VALÈRE.

Mais, seigneur, vos soldats s'en vont tous déserter.

GRÉGOIRE.

Ah! vous m'importunez, et c'est trop caqueter.

VALÈRE.

Qu'on lui coupe le nez pour le moins.

GRÉGOIRE, *bas*.

Je n'ai garde.
Mais d'où vient que toujours ce drôle me regarde?

CARMAGNOLE.
De ce Grégoire en vous je crois voir le tableau,
Et vous lui ressemblez comme deux gouttes d'eau.

GRÉGOIRE.
Tais-tois, tu m'étourdis.

CARMAGNOLE.
Deux grisons à la foire
N'ont pas plus de rapport que vous et ce Grégoire.

GRÉGOIRE, *bas.*
Tout ceci ne vaut rien.... Voyez le petit fat;
Tais-toi, je te ferai mon ministre d'état.

CARMAGNOLE.
Ah, Monseigueur! je suis tout à votre service,
Et reçois de bon cœur cet honorable office.

GRÉGOIRE.
Allons dîner.

LE DUC.
Seigneur, il faut auparavant
Faire un tour par la ville.

GRÉGOIRE.
Hé, vivrai-je de vent?
Allons, mais qu'au plus tôt je trouve nappe mise;
Je n'en dirai plus mot, et que cela suffise.

CARMAGNOLE.
J'y soignerai, seigneur, je prends cela sur moi;
C'est par-là que je veux commencer mon emploi.

FIN DU SECOND ACTE.

## ACTE III.
### SCÈNE I.
#### LE COMTE DE CHAROLOIS, CLÉON.

CLÉON.

Etes-vous satisfait ? qu'en dites-vous, seigneur ?
N'ai-je pas aujourd'hui bien fait l'ambassadeur ?

LE COMTE.

On ne saurait mieux faire, et je t'en félicite.
Notre homme avait d'abord l'âme toute interdite ;
Ton fâcheux compliment l'embarrassait un peu :
Enfin, sur ce chapitre il ne veut point de jeu.

CLÉON.

Non, certes,

LE COMTE.

    Il s'est mis tout de bon en colère,
Et familièrement t'a traité de compère.

CLÉON.

Il vous a, comme à moi, donné votre paquet,
En vous traitant aussi vous de jeune cadet.
Vous le méritez bien, puisqu'il faut vous le dire ;
On a presque éclaté quand on vous a vu rire.
C'était pour gâter tout.

LE COMTE.

    Comment s'en empêcher ?

CLÉON.

Mais au moins en riant fallait-il vous cacher.
Ce drôle-là n'est pas si bête qu'on le pense,
Et paraît assez bien garder sa contenance.

LE COMTE.

Sa nouvelle grandeur ne l'embarrasse point ;
Il est assez traitable, excepté sur un point.

Il n'aime point les coups, et ne veut point de guerre:
Il se verrait, je crois, seul maître de la terre,
Qu'il quitterait tout là s'il fallait batailler.

CLÉON.

Il s'en déclare assez, et craint de ferrailler.

LE COMTE.

Je m'efforçais en vain d'exciter son courage,
Il ne se rendait point : la guerre est un langage
Sur lequel on ne peut jamais l'apprivoiser ;
Du reste il parle franc et sans rien déguiser.
Il écorche souvent et les noms et les verbes,
Et dans tous ses propos il est riche en proverbes ;
Mais dans ses quolibets qu'il prodigue à foison,
L'on découvre toujours certain fond de raison.

CLÉON.

Je vais tout de nouveau, par une autre ambassade,
Lui faire une plus rude et plus triste incartade ;
Lui déclarant tout net que mon maître aujourd'hui
Voudrait bien se couper la gorge avecque lui.

LE COMTE.

Je l'attends au conseil.

CLÉON.

Carmagnole est un drôle.
Je l'ai stylé.... comptez qu'il jouera bien son rôle.
Il est allé devant pour l'amener ici,
Et comme il est adroit il aura réussi.
Le duc est averti.... je les entends, je pense....
Justement, cachons-nous tous deux en diligence.

## SCÈNE II.

### GRÉGOIRE, CARMAGNOLE.

CARMAGNOLE.

Dans le sublime rang où m'a mis votre choix,
Je viens ici, seigneur, pour recevoir vos lois.

DE LA GRANDEUR. 79

GRÉGOIRE.

Ah! c'est toi, Carmagnole.

CARMAGNOLE.

Oui, moi-même, en personne.
Qui chargé des soucis que mon emploi me donne,
Viens apprendre de vous, en ministre zélé,
Comment dans vos états tout doit être réglé.

GRÉGOIRE.

Réglé! de quels soucis ton esprit se consume?
Hé! pargoi tout ira comme il a de coutume.

CARMAGNOLE.

Oui, mais la coutume est, à ne vous rien céler,
Que tout va bien plus mal qu'il ne devrait aller.

GRÉGOIRE.

Hé bien, si tout va mal, que veux-tu que j'y fasse?

CARMAGNOLE.

Comment! ce que doit faire un prince à votre place.
Par exemple, il est bon quelquefois de savoir
Si chaque gouverneur remplit bien son devoir,
Si tout est bien garni dans vos places frontières.
Quand l'ennemi viendra pour forcer vos barrières,
Il sera, s'il vous plaît, un peu tard d'y songer;
Il faut avant le temps prévenir le danger.

GRÉGOIRE.

Oh! oui, j'y penserai, va, va, laisse-moi faire.

CARMAGNOLE.

Je m'en lave les mains, seigneur, c'est votre affaire.
Et puis, dans le conseil qui se doit assembler,
Je crois que vous pourrez en entendre parler.

GRÉGOIRE.

Dans le conseil, dis-tu, qu'est-ce que cette chose?

CARMAGNOLE.

C'est là qu'examinant tout ce qui se propose,
Chacun dit son avis dégagé d'intérêt,
Et puis vous décidez du tout comme il vous plaît.

GRÉGOIRE.

Et qui, chacun?

CARMAGNOLE.

Ce sont tous gens plein de prudence,
De raison, de bon sens, d'esprit, d'expérience,
Distingués dans l'état par d'importans emplois,
Zélés à soutenir le bon ordre et les lois.
Moi, par exemple, j'ai cet honneur que d'en être;
Pour les autres, dans peu vous les verrez paraître.

GRÉGOIRE.

Mais, nomme-m'en quelqu'un.

CARMAGNOLE.

Vous les connaissez tous.
C'est votre chambellan des plus zélés chez vous.

GRÉGOIRE.

Oh! oui, mon chambrelan, je le crois un bon homme,
Bon vivant, sans façon; et les autres en somme!

CARMAGNOLE.

Le chef de votre garde.

GRÉGOIRE.

Ah! ce jeune égrillard!

CARMAGNOLE.

Jeune, mais cependant brave comme un César.

GRÉGOIRE, *en riant.*

Lui brave!

CARMAGNOLE.

Oui, sans doute, il est plein de courage,
Et ses fameux exploits en sont garants.

GRÉGOIRE.

J'enrage.
Lorsque j'entends mentir.

CARMAGNOLE.

Seigneur, je ne ments pas.

GRÉGOIRE.

Morgoi d'un coup de poing je le mettrais à bas.

CARMAGNOLE.

Oui, mais quand on combat on s'y prend d'autre sorte....
Voici pour le conseil la table qu'on apporte.

GRÉGOIRE.

C'est bon signe, j'en suis.

CARMAGNOLE.

Messieurs, approchez tous.

GRÉGOIRE.

Et qui ?

CARMAGNOLE.

Vos conseillers. Ce fauteuil est pour vous.

## SCÈNE III.

### GRÉGOIRE, CARMAGNOLE, LE DUC, LE COMTE, ORONTE, LE TRÉSORIER.

GRÉGOIRE, *se retournant pour aller à son fauteuil, et n'apercevant qu'un tapis sur la table.*

Pour moi, j'en suis content ; et la nappe, compère,
Que ne la met-on donc !

CARMAGNOLE.

La nappe ! et pourquoi faire ?

GRÉGOIRE.

Pourquoi ? belle demande ! et dis-moi, pauvre oison,
Quand sur table la nappe est mise, que fait-on ?

CARMAGNOLE.

Oui, mais si vous souffrez, seigneur, que je le dise,
Ce n'est pas pour dîner que cette table est mise.

GRÉGOIRE.

De quoi sert-elle donc ?

CARMAGNOLE.

C'est pour tenir conseil.

GRÉGOIRE.

Ne le peut-on tenir sans ce vain appareil ?
A toutes ces façons je ne peux rien comprendre ;
Je vois dans ma maison des tables à revendre.
Chaque chambre a sa table, et souvent même plus.
Partout de beaux... et... là... ce que l'on met dessus,

\* 4

Comment les nommez-vous? car je veux qu'on m'en tende.
### CARMAGNOLE.
Des tapis.
### GRÉGOIRE.
Justement, c'est ce que je demande.
Or, sur ces tables donc je vois de grands tapis,
Je les trouve fort beaux et même de haut prix;
Mais ce qui me ferait maugréer ma fortune,
C'est de ne voir jamais de nappe sur aucune.
### LE COMTE.
Voudriez-vous, seigneur, que dans votre palais
On convertît partout les tables en buffets?
### GRÉGOIRE.
Et pourquoi non? Voilà comme il faudrait s'y prendre.
### LE DUC.
Mais, seigneur....
### GRÉGOIRE.
Vous croyez vous autres bien l'entendre,
Avec ces affiquets d'or, d'argent, de cristal,
Ces petits marmousets de bois ou de métal,
Tous ces brinborions, ces machines dorées,
Dont je vois qu'en ce lieu mes tables sont parées,
Tandis qu'au lieu d'y voir ces petits godenots,
J'y voudrais pour tout bien des verres et des pots.
Qu'en dis-tu, Carmagnole?
### CARMAGNOLE.
Hé! vous êtes le maître.
En suivant votre avis, on ferait mieux peut-être.
### GRÉGOIRE.
Dans le bon sens, cela ne vaudrait-il pas mieux
Que ces colifichets qui me blessent les yeux?
Par exemple, je vois partout mes cheminées,
Qui de tasses de terre avec soin sont ornées:
C'est d'une terre blanche et d'un grand prix, dit-on;
Je le veux, j'y consens, et je le trouve bon.
Mais ces tasses enfin si rares et si belles,
Quel usage en fait-on et de quoi servent-elles?

A contenter les yeux de tous les regardans;
On peut les admirer, mais non boire dedans.
Enfin, pour en venir au but de mon histoire,
J'ai des tasses chez moi, mais ce n'est pas pour boire.
### LE DUC.
Dans un palais, seigneur, on veut ces ornemens;
Cela donne du lustre à vos appartemens.
Il faut que l'or y brille, et que tout s'y ressente
De cet air de grandeur qui dans vous nous enchante.
### GRÉGOIRE.
Quoi! ce vain attirail fait toute ma grandeur?
Mais puisque vous voulez faire le raisonneur,
Dites, mon chambrelan, savant comme vous êtes,
De quoi peuvent servir vingt petites cassettes,
Où l'on voit en dehors les heures par écrit?
Apprenez-moi de quoi tout cela me guérit.
### LE DUC.
Pour régler votre temps selon l'heure qu'appelle
Le son sûr et précis d'une horloge fidèle.
### GRÉGOIRE.
Il suffirait donc d'une, et d'ailleurs, s'il vous plaît,
Ne voit-on pas assez au jour quelle heure il est?
Bref, je vous parle franc, et je ne puis m'en taire,
Toutes choses ici dont je n'ai point affaire,
Je les trouve à foison; celles dont j'ai besoin,
Serviteur, c'est de quoi l'on n'a pas pris grand soin.
### CARMAGNOLE.
Mais le temps du conseil s'écoule, et votre altesse
Sait qu'il faut agiter une affaire qui presse.

## SCÈNE IV.

### LES MÊMES.

(*On se place autour de la table, et Grégoire dit en allant à son fauteuil:*)

Allons donc, quelle est-elle?

ORONTE.
On va vous l'exposer.
GRÉGOIRE.
Parlez donc, puisqu'il faut vous entendre jaser.
ORONTE.
Nous sommes menacés d'une guerre cruelle ;
Seigneur, un roi voisin nous fait une querelle.
GRÉGOIRE.
C'est très-mal fait à lui, car je ne lui dis mot.
LE COMTE.
Mais, seigneur....
GRÉGOIRE.
Taisez-vous, parlez à votre écot.
ORONTE.
Vous dites vrai, seigneur, et sur quoi qu'il se fonde.
Ce prince a, selon moi, le plus grand tort du monde ;
Mais, quelque tort qu'il ait, s'il vient tomber sur nous,
Je crains pour vos états, et peut-être pour vous.
GRÉGOIRE.
Oui, je vois l'importance et le nœud de l'affaire.
Oh çà, mon chambrelan, qu'est-ce qu'il faudrait faire,
Dites, que pensez-vous ?
LE DUC.
Mon avis est, seigneur,
D'envoyer à ce prince un sage ambassadeur,
Qui, de ce démêlé, sondant les justes causes,
Puisse tout doucement pacifier les choses.
GRÉGOIRE.
C'est fort bien dit.
(*Au comte.*)
Et vous qui grillez de parler ?
LE COMTE.
Je le dirai, seigneur, sans rien dissimuler,
Le parti qu'on propose est le moins sage à prendre,
Et c'est le vrai moyen de vous laisser surprendre.
Ne faisons point ici les choses à demi ;
Le plus sûr est d'aller d'abord à l'ennemi :

## DE LA GRANDEUR.

Ce parti convient mieux d'ailleurs à votre gloire.
Dès que vous paraîtrez, vous aurez la victoire,
Et vous le renverrez bien honni, bien battu,
Plus promptement chez lui qu'il n'en sera venu.

GRÉGOIRE.

Il a raison pourtant, je crois qu'il faut combattre.

LE DUC.

Oui ; mais s'il s'avisait cependant de nous battre.

GRÉGOIRE.

Voilà le *Tu autem*, je le comprends fort bien.

CLÉON.

Que faire donc, seigneur ?

GRÉGOIRE.

Ma foi je n'en sais rien.
Çà, Carmagnole, et toi, dis-nous donc quelque chose.

CARMAGNOLE.

Je suis de votre avis sur tout ce qu'on propose.

GRÉGOIRE.

Je ne sais pas moi-même encor ce que je veux.

CARMAGNOLE.

Oh ! j'en suis par avance, et c'est toujours le mieux.
Déterminez, seigneur ; c'est à vous de résoudre
S'il faut pacifier ou s'il faut en découdre.

GRÉGOIRE *après avoir rêvé*.

Je cherche des moyens ; je n'en trouve pas un.
Tiens, je n'ai point d'esprit lorsque je suis à jeun.
Avec vos conseils secs, dans mon âme j'enrage ;
Savez-vous qu'on l'entend cent fois mieux au village.
Dès que sur une affaire on veut délibérer,
Pour éveiller l'esprit et le corroborer,
On apporte du vin, avant tout, c'est l'usage,
Et puis en grignottant la poire et le fromage,
Le coude sur la table avec un verre en main,
A toi, voisin Colas, je te pleige, Lubin ;
Tape-là, je ne veux de rien qui t'appartienne.
Il plaque dans ma main, je plaque dans la sienne ;

Et puis d'entrechoquer les verres en trinquant ;
Quand le pot est vidé, chacun s'en va content ;
Bons amis, bons voisins, unis comme bons frères,
Et voilà comme il faut consulter les affaires.

CLÉON.

Votre génie heureux se fait connaître en tout.

GRÉGOIRE.

Et laissez-moi venir, vous n'êtes pas au bout.

LE DUC.

Vous n'ignorez de rien.

GRÉGOIRE.

J'en sais bien davantage.

LE COMTE.

Mais comment savez-vous ce qu'on fait au village ;

CARMAGNOLE.

Mais cependant, seigneur, vous ne décidez rien.

GRÉGOIRE.

Quand j'aurai bien dîné, nous parlerons d'affaire ;
J'aurai l'esprit plus net et la raison plus claire.
Finissons.

## SCÈNE V.

LES MÊMES, *et plusieurs courtisans qui ne parlent pas.*

ORONTE.

Vous pouvez, Messieurs, vous en aller ;
Le duc est en affaire, et ne saurait parler.

GRÉGOIRE.

Ne serait-ce point là ce braillard de la Chine,
Avec sa grand'jaquette et sa piteuse mine ?

ORONTE.

Non, ce sont seulement plusieurs de vos sujets
Qui vous voudraient, seigneur, présenter des placets.

GRÉGOIRE.

Des placets !

ORONTE.
Oui, seigneur.
GRÉGOIRE.
Et que veulent-ils dire?
ORONTE.
Vous allez voir, je vais les prendre et vous les lire.
GRÉGOIRE.
Bon, voilà de nouveau de quoi m'embarrasser.
ORONTE.
Les voilà tous, seigneur, que je viens d'amasser.
GRÉGOIRE.
J'entendrai tout cela! voilà bien des grimoires;
Dites-moi ce que c'est que toutes ces histoires.
ORONTE.
Seigneur, pour ne vous point fatiguer vainement,
Tous ces grimoires-là demandent de l'argent:
Chacun dans ces papiers expose ses services,
Demande en récompense emplois ou bénéfices,
Charges ou pensions: enfin, tous ces placets
Vont à tirer de vous, seigneur, quelques bienfaits.
GRÉGOIRE.
Peut-être viennent-ils compter des fariboles.
LE DUC.
On peut examiner, et peser leurs paroles;
Et pour pouvoir juger plus sainement de tout,
Il vous les faut, seigneur, lire jusques au bout.
GRÉGOIRE.
Entendre ce fatras et m'en rompre la tête?
Vous me prenez, je pense, ici pour une bête.
Donnez-moi ces papiers, que je les voie un peu;
Ils seront toujours bons pour allumer le feu.
LE COMTE.
Mais vous allez, seigneur, faire gronder le monde.
GRÉGOIRE.
Et qu'y ferai-je, moi? que m'importe qu'on gronde.
Je suis tout cousu d'or, et je n'ai pas deux sous.
LE DUC.
Vous avez des trésors, seigneur, y pensez-vous?

GRÉGOIRE.

Des trésors!

LE COMTE.

Oui, sans doute.

GRÉGOIRE.

Ah! que je les contemple.
Sont-ils grands? font-ils bien cent florins, par exemple?

LE DUC.

Que dites-vous, seigneur? cent florins! ce n'est rien.

GRÉGOIRE.

Hon! cent florins sont bons, et je m'y tiendrais bien.
Voilà le coffre-fort, encor c'est quelque chose.

## SCÈNE VI.

LE DUC, LE COMTE, GRÉGOIRE, ORONTE,
LE TRÉSORIER, TROUPE D'OFFICIERS.

LE DUC.

Il faut que maintenant votre altesse en dispose;
Et vous devez d'abord, comme c'est la raison,
Payer les officiers qui font votre maison.

GRÉGOIRE.

Tout doux; songeons d'abord à garnir l'escarcelle,
Car j'ai toujours fait cas de cette pimprenelle.

LE DUC.

Ah! c'est au trésorier, seigneur, à prendre soin
De payer tout pour vous quand il en est besoin.

GRÉGOIRE.

Qu'ils se tienne en repos, je le prendrai moi-même.

LE DUC.

Non, c'est déshonorer la dignité suprême.

LE TRÉSORIER.

Tout cet argent déjà, seigneur, est employé;
Il en restera peu, tout le monde payé.
Ainsi donc, pour venir à faire les partages,
D'abord au chambellan il faut payer ses gages;

## DE LA GRANDEUR.

On commence par lui, comme étant le plus grand,
Ensuite on va payer chacun selon son rang.

GRÉGOIRE, *pendant qu'on paie.*

Pargoi, mon chambrelan n'a pas la main mal prompte :
Courage, bon ; fort bien, les drôles font leur compte.

(*Au trésorier.*)

Vous n'êtes pas, compère, homme à vous oublier;
Vous prendrez votre part sans vous faire prier.

LE TRÉSORIER.

Vous le voyez, la somme est presque consommée ;
Le reste, ou peut s'en faut, est pour payer l'armée.
Vous voyez bien, seigneur, sur ce que je reçoi,
Qu'à peine reste-t-il quelque chose pour moi.

GRÉGOIRE.

Et moi, qu'aurai-je donc ?

LE TRÉSORIER.

Tout est à votre altesse;
Ce sont là ses trésors, elle en est la maîtresse.

GRÉGOIRE.

J'en suis maître, j'entends ; tout cela va fort bien :
Mes gens ont tout pourtant, et pour moi je n'ai rien.

LE TRÉSORIER.

Mais, seigneur, il faut bien satisfaire aux dépenses ;
Les charges de l'état épuisent vos finances.

GRÉGOIRE.

Si tout va de la sorte, un prince est malheureux,
Et de tous ses sujets se trouve le plus gueux :
Il a de grands trésors, mais ils sont au pillage.
Oh! je veux cependant mieux régler mon ménage.
Je suis votre valet, et je prétends d'abord
Garder à l'avenir la clé du coffre-fort.

LE DUC.

Mais, seigneur, votre altesse....

GRÉGOIRE.

Ah ! point tant de paroles,
Belle altesse, pargoi, qui n'a pas deux oboles !

## SCÈNE VII.

LE DUC, LE COMTE, GRÉGOIRE, ORONTE, FADIUS.

GRÉGOIRE.

Où va ce faquin-là ?

FADIUS.

Fadius un faquin !
Fadius, qui ferait leçon à Calepin !
Voilà comme à la cour on traite la science ;
Un savant n'y saurait obtenir audience :
Un fou fait sa fortune et devient grand seigneur,
Tandis que Fadius, digne de tout honneur,
Moqué des courtisans, et bourré par les gardes,
N'est pour tout son savoir payé que de nasardes.

GRÉGOIRE.

Viens donc, casaquin noir, dis, qu'est-ce que tu veux ?

FADIUS.

Je viens me plaindre ici du destin malheureux
Où l'on voit les savans réduits dans la province,
Eloignés de la cour et des bienfaits du prince.
J'ai lu d'un bout à l'autre Aristote et Platon,
Euripide, Pindare, Homère et Lycophron ;
Car je ne parle point de Virgile et d'Horace,
Tous ces auteurs latins sont des grimauds de classe.
Je sais le syriaque, et l'arabe et l'hébreu,
Le caldéen, le copte....

GRÉGOIRE.

Oh ! ne jurez pas Dieu.

FADIUS.

J'ai fait, depuis vingt ans, plus de vingt commentaires ;
De mes livres fameux j'accable les libraires.
Il ne s'est rien passé de grand dans tout l'état
Qui n'ait reçu de moi quelque nouvel éclat,
Et le prince jamais n'a gagné de victoire
Dont ma plume aussitôt n'ait célébré la gloire.

Je ne dis rien de faux, et pour en faire foi,
Voici les vers encor que je porte sur moi.
Ce n'est pas comme on voit, sur rien que je me fonde,
Et je les donne à faire aux plus savans du monde;
Et lorsque pour le fruit de mes productions,
On devrait voir sur moi pleuvoir les pensions,
La cour, l'ingrate cour, pour prix de ma science,
Me laisse injustement languir dans l'indigence.

GRÉGOIRE.

Ecoute, jette au feu ce vain tas de papier,
Et si tu veux m'en croire, apprends un bon métier;
Avec ton hébrieu, je te dirai qu'en somme
Un métier ne vaut rien, s'il ne nourrit son homme.
Retiens bien cet avis, et du reste bon soir.

FADIUS.

Ah, Ciel! traiter ainsi des gens de mon savoir!
O trop ingrate cour! séjour de l'ignorance,
Voilà quels sont les fruits de ta reconnaissance!
Va, tu ressentiras mon indignation;
Je te donne aujourd'hui ma malédiction :
Et pour me bien venger, et par un trait célèbre,
Puisse-tu ne savoir ni l'hébreu, ni l'algèbre.

GRÉGOIRE.

Il est fou, le bonhomme, ou du moins peu s'en faut.

LE DUC.

Il ne me paraît pas trop content.

GRÉGOIRE.

Peu m'en chault.

# SCÈNE VIII.

LES MÊMES, UN ASTROLOGUE PERSAN.

GRÉGOIRE.

Bon, autre dudit jour, dans sa robe de chambre,
Et qui s'en vient fourré comme au mois de décembre :
Il n'a pas eu, je crois, le temps de s'habiller.

L'ASTROLOGUE.

Sabahenes haerola Sultanem ne var ne ioe
Effendem Sultanum.

GRÉGOIRE.

*Effendem Sultanum!* Que veut-il babiller?

L'ASTROLOGUE.

Sagh Olassis, Muhamer Olassis Padechaum

GRÉGOIRE.

Mal peste quel langage! on n'y peut rien comprendre.
Le harangueur du moins se faisait bien entendre.

ORONTE.

Seigneur, c'est un Persan, astrologue fameux,
Qui sait de l'avenir les secrets merveilleux.
Rien n'est caché pour lui dans toute la nature;
Il vous dira, seigneur, votre bonne aventure.

GRÉGOIRE.

Oui dà, je le veux bien; mais qu'il change de ton,
Je ne veux point ici de son vilain jargon,
Qu'il parle bien français, ou trêve de harangue.

L'ASTROLOGUE.

Très-volontiers, signor, je sais plus d'une langue;
Mais souffrez, s'il vous plaît, que je contemple un peu
Cet air noble et brillant, ces yeux pleins d'un beau feu.
... Ah! que vois-je, signor?

GRÉGOIRE.

Hé! tu vois mon visage.

L'ASTROLOGUE.

Quels traits!

GRÉGOIRE.

Te fais-je peur?

L'ASTROLOGUE.

Quel funeste présage!

GRÉGOIRE.

Ma foi, je n'entends rien à son galimatias :
Ou parle clairement, ou bien ne parle pas.

L'ASTROLOGUE.

La vérité pourra peut-être vous déplaire,
Et je crains d'éclaircir ce dangereux mystère.

Tremblez, signor, tremblez, je vois des trahisons,
Des glaives tout sanglans, des cordes, des prisons :
Que de maux rigoureux, quelle affreuse tempête,
Dans ce superbe rang menacent votre tête !

GRÉGOIRE.

Veux-tu te taire donc, astrologue maudit !

L'ASTROLOGUE.

C'est assez, je n'en ai peut-être que trop dit.
Quel destin ! quelle horreur !

GRÉGOIRE.

                Mon Dieu, miséricorde !

LE DUC.

Ne craignez rien, seigneur.

GRÉGOIRE.

                Il a parlé de corde...

LE DUC.

Non, non, rassurez-vous et calmez vos frayeurs ;
Ces astrologues-là sont tous des imposteurs.
Un concert délicat, qu'on va vous faire entendre,
Charmera les chagrins que vous aurez pu prendre.

GRÉGOIRE.

Mais s'il avait dit vrai pourtant.

LE DUC.

                Ne craignez rien ;
Nous sommes tout à vous, et vous défendrons bien.

GRÉGOIRE.

Ma foi, je ne crains rien, pourvu qu'on me défende,

LE DUC.

Commencez, violons, Monseigneur le commande.

## CONCERT.

PREMIER MUSICIEN.

Heureux qui sur un trône, et craint et révéré,
Dans le sein des grandeurs peut voir couler sa vie.

SECOND MUSICIEN.

Heureux qui, loin du monde et des yeux de l'envie,
Dans le sein du repos peut vivre retiré.

PREMIER.
Quelle solitude!
SECOND.
Quel embarras!
PREMIER.
A vivre dans l'oubli, trouvez-vous des appas?
SECOND.
En trouvez-vous à vivre avec inquiétude?
PREMIER.
Peut-on en cet état contenter ses désirs?
SECOND.
On est toujours exempt de désirs et de crainte.
PREMIER.
On vit sans plaisirs.
SECOND.
On vit sans contrainte.
TOUS DEUX.
Non, non, la grandeur
Ne { peut trop nous plaire;
{ doit point nous plaire;
Non, non, la grandeur
Doit toucher }
Peut troubler } un cœur.
PREMIER.
Elle sait nous faire
Un parfait bonheur.
SECOND.
Elle ne peut faire
Un parfait bonheur.
TOUS DEUX.
Non, non, la grandeur, etc.
PREMIER.
Son charme est vainqueur :
Qui peut s'y soustraire?
SECOND.
Son charme est trompeur;
Il faut s'y soustraire.

TOUS DEUX.

Non, non, la grandeur, etc.

PREMIER.

La fortune qui nous engage,
Nous vend bien cher
Un brillant esclavage.
Sa faveur volage
Passe comme un éclair;
Un caprice léger
Lui fait détruire son ouvrage.
Chez elle le jour le plus clair
N'est point sans nuage.
Toujours quelque retour amer
Trouble le plus fier,
Alarme le plus sage,
Son empire est une mer
Sujette à l'orage.

SECOND.

La fortune est inconstante;
Mais on a beau craindre ses traits,
Elle plaît, elle enchante,
Et plus elle est changeante,
Plus il semble qu'elle a d'attraits.
En vain l'on nous vante
Les charmes secrets
D'une vie indolente;
J'aime mieux la tourmente
Que le calme et la paix
D'une âme indifférente,
Que la gloire la plus brillante
Ne flatte jamais.

TOUS DEUX.

Non, non, la grandeur
Ne { peut trop nous plaire;
{ doit point nous plaire;

Non, non, la grandeur.
Doit toucher ⎫
Peut troubler ⎬ un cœur.

(*Le concert fini, Grégoire parle.*)

GRÉGOIRE.

Là, là, mon chambrelan, quelque petite danse.
(*Après que le duc a dansé.*)
Pargoi, ce compagnon entend bien la cadence.
(*Au comte.*)
Et vous, jeune cadet, ne danserez-vous pas ?

LE COMTE.

Puisque vous l'ordonnez, je ferai quelques pas.
(*Après qu'il a dansé.*)

GRÉGOIRE.

Pas mal ; mais maintenant dansez tous deux ensemble.
(*Après qu'ils ont dansé tous deux.*)
Pargoi, j'en ferais bien autant comme il me semble.
Oh ! vous ne savez pas y bailler les façons :
Voyez comme ça va quand je nous trémoussons.
(*Il danse.*)
Mais c'est assez danser, maintenant allons boire ;
Car je n'ai pas dîné, si j'ai bonne mémoire.

LE COMTE.

Tout ce concert, seigneur, n'était-il pas divin ?

GRÉGOIRE.

Il y manquait encor un cornet à bouquin :
Du reste, la musique était assez moelleuse.
Compères, après tout, ce n'est que viande creuse ;
Au solide, dînons.

LE DUC.

Seigneur, dans un moment.

GRÉGOIRE.

Non, non, tout de ce pas, point de raisonnement.

FIN DU TROISIÈME ACTE.

## ACTE IV.
### SCÈNE I.
#### GRÉGOIRE seul.

Enfin, me voilà seul; ne vois-je là personne?
Non. Oh! pargoi, Messieurs, vous me la baillez bonne!
Ils m'avaient plus promis de beurre que de pain.
Je suis altesse et duc, et si je meurs de faim.
Peste soit du métier! et le moyen d'y vivre?
Je ne puis faire un pas qu'ils ne viennent me suivre;
Il me faut sauver d'eux pour être en liberté;
Et j'ai toujours cent gens pendus à mon côté.
Ils me font essuyer un harangueur maussade,
Et ce vilain braillard avec son ambassade.
Je vois un coffre-fort plein d'argent : c'est fort beau;
Mais les drôles entr'eux partagent le gâteau.
Chacun d'eux, sans façon, se nantit à sa guise,
Et je me trouve, moi, gueux comme un rat d'église.
Au lieu d'un bon dîner, dont j'aurais grand besoin,
A de vaines chansons ils bornent tout leur soin.
Ma foi, l'on ne vit pas de danse et de musique;
A mener ce beau train, on deviendrait étique.
Si c'est être là duc, pargoi, point de quartier;
Je m'en déclare net, je renonce au métier.
Comment! j'aimerais mieux cent fois être à la chaîne.

### SCÈNE II.
#### GRÉGOIRE, LE DUC.

LE DUC.

Seigneur, toute la cour était de vous en peine;
Je vous cherchais.

GRÉGOIRE.

Et moi, je ne vous cherchais pas.
Est-ce donc que sans vous je ne puis faire un pas ?
Je me lasse bientôt de tout ce tripotage,
Et je ne prétends pas qu'il dure davantage.

LE DUC.

Mais vous êtes le maître, et pouvez ordonner.

GRÉGOIRE.

Hé bien ! j'ordonne donc qu'on me fasse dîner.
Voyez-vous ? je me sens les dents longues d'une aune ;
J'en reviens toujours là, c'est le but de mon prône.

LE DUC.

On est après, et si l'on semble reculer,
Ce n'est qu'afin, seigneur, de vous mieux régaler.

GRÉGOIRE.

Mon Dieu, je ne veux point tant de cérémonie,
Pourvu que j'aie enfin la panse bien remplie,
Que m'importe comment. Un bon flacon de vin,
Quelque morceau de lard, du fromage et du pain,
C'est tout ce qu'il me faut.

LE DUC.

Mais un repas si mince
Ne paraît pas, seigneur, assez digne d'un prince ;
Il faut avoir égard à votre dignité.

GRÉGOIRE.

Compère, ayons égard à la nécessité.

LE DUC.

Seigneur, tout ira bien, un peu de patience ;
On va, des officiers, presser la diligence.
Il est juste que tout se fasse avec éclat ;
Mais je vois approcher le ministre d'état.
Les choses vont fort bien, si j'en juge à sa mine ;
Comme il s'est bien voulu charger de la cuisine,
Il vous en rendra compte.

## SCÈNE III.

GRÉGOIRE, CARMAGNOLE, ORONTE.

GRÉGOIRE.

Hé bien ! dînerons-nous ?

CARMAGNOLE.

Seigneur, on est aux mains, on travaille pour vous.
Et j'ai voulu donner les ordres par moi-même,
Pour vous montrer par-là quel est mon zèle extrême,
Je ne veux qu'un moment, et je vous ferai voir
Si, quand vous m'employez, je fais bien mon devoir.

GRÉGOIRE.

Voilà se comporter en ministre fidèle,
Et je veux sur-le-champ reconnaître ton zèle.
Çà, que veux-tu de moi ? que te faut-il ?

CARMAGNOLE.

Seigneur,
Je vous dirai tout franc que mon faible est l'honneur :
Je n'ai, pour exposer la chose en trois paroles,
Qu'une terre au pays qu'on nomme Carmagnoles,
Et je serais content, dans mon petit état,
Si vous vouliez, seigneur, en faire un marquisat.

GRÉGOIRE.

Oui-dà, de marquisats je ne suis point si chiche,
Je te ferai marquis plus aisément que riche :
Je le veux, soit marquis ; mais ne t'y trompe pas,
Et pour être marquis on n'en est pas plus gras.

CARMAGNOLE.

Seigneur, je suis content, et je vous en rends grace ;
Au marquis Carmagnole, allons qu'on fasse place,

## SCÈNE IV.

GRÉGOIRE, VALÈRE, CARMAGNOLE, LE COMTE.

VALÈRE,

Seigneur, tout est perdu ! on va vous attaquer ;
Déjà les ennemis viennent de débarquer.

GRÉGOIRE.

Les ennemis ! et qui ?

VALÈRE.

Les Chinois en campagne,
Je viens de les laisser campés sur la montagne,
D'où, dans fort peu de temps, ils viendront fondre ici.
Seigneur, pensez à vous.

GRÉGOIRE.

Pargoi, nous y voici.
Tiens, va-t'en de ce pas dire à cette canaille....

VALÈRE.

Que dirai-je seigneur ?

GRÉGOIRE.

Dis-lui qu'elle s'en aille.

VALÈRE.

Croyez-vous donc qu'ils sont venus jusques ici
Pour vouloir, sans butin, s'en retourner ainsi ?
Je vous avertis bien qu'ils sont plus de dix mille,
Et que dans moins d'une heure ils fondront sur la ville.
Ils ne sont pas d'humeur à se laisser chasser ;
J'ai vu de gros canons qu'ils faisaient avancer.
Je crains pour vous, seigneur, quelque destin tragique,
Et vous allez entendre une étrange musique.

GRÉGOIRE.

Encor de la musique ! elle ne me plaît pas.

VALÈRE.

Seigneur, il faut songer à sauver vos états,

GRÉGOIRE,

Hé bien ! que faire donc ?

VALÈRE.

Seigneur, il faut combattre.

GRÉGOIRE.

Comment? à coups de poing? je suis fort comme quatre.
Oh! je ne les crains pas, tu peux les amener.

VALÈRE.

Mais, seigneur, il s'agit ici de dégaîner.
Les coups de poing chez eux ne sont point à la mode;
Il faut, pour les dompter, prendre une autre méthode.
Allons, allons laver leur crime dans leur sang,
Et, l'épée à la main, les forcer dans leur camp.
Venez, seigneur, l'armée est déjà toute prête;
Elle n'attend que vous pour vous mettre à la tête.

GRÉGOIRE.

A la tête!

VALÈRE.

Oui, seigneur.

GRÉGOIRE.

Oh! l'on ne m'y tient pas;
Vois-tu, je n'aime point le bruit et le tracas;
Vas-y toi-même, va, je t'en donne la charge:
Fais-les gagner au pied, et qu'ils prennent le large.
Cours vite.

VALÈRE.

Cet honneur a de quoi m'éblouir;
Mais vos troupes, seigneur, refusent d'obéir,
Vous les pouvez vous seul commander en personne,
Et c'est un de ces droits qui suivent la couronne.

GRÉGOIRE.

Voilà de vilains droits : tiens, sans tant de débat,
Je vais leur envoyer mon ministre d'état.

CARMAGNOLE.

Seigneur, tout de ce pas je m'en vais à l'office
Donner ordre au dîner, et presser le service;
C'est à quoi maintenant se réduit mon emploi;
Que chacun pour le sien en fasse comme moi.

GRÉGOIRE.
Le coquin craint les coups, il manque de courage.
VALÈRE.
Mais songez donc, seigneur, à détourner l'orage.
GRÉGOIRE.
Pourquoi tant de bruit là?
LE COMTE.
C'est un ambassadeur;
L'ennemi vous l'envoie.
GRÉGOIRE.
Ah! ah! le drôle a peur.

## SCÈNE V.

GRÉGOIRE, LE DUC, LE COMTE, CLÉON, AMBASSADEUR DE LA CHINE, ORONTE.

L'AMBASSADEUR.
Mon maître en vos états, seigneur, vient de descendre,
Prêt à tout ravager, à tout réduire en cendre ;
Mais comme il a compris qu'en ces combats sanglans,
Les petits bien souvent sont punis par les grands,
Par un trait qui sied bien aux âmes magnanimes,
Il voudrait épargner le nombre des victimes,
Et je viens de sa part vous offrir un parti,
Dont il ne craindra pas de se voir démenti ;
C'est que vous choisissiez l'une de ces épées,
Pour être dans le sang l'un de l'autre trempées.
Il voudrait bien avoir, éprouvant de vos coups,
L'honneur de se couper la gorge avecque vous.
GRÉGOIRE.
Quel chien de compliment celui-là vient-il faire ?
Il faut m'aller couper la gorge pour lui plaire.
Peste du compliment, voyez le bel honneur !
L'AMBASSADEUR.
Il vous a toujours pris pour un prince de cœur.
GRÉGOIRE.
Non, non, je n'en ai point.

DE LA GRANDEUR.

LE DUC.
                    Mais, seigneur, quelle honte!
Quoi donc! souffrirez-vous que ce roi vous affronte?
Considérez-vous bien tout ce qu'on en dira?
            GRÉGOIRE.
Pargoi, l'on en dira tout ce que l'on voudra;
Entre nous, c'est de quoi fort peu je me soucie.
            ORONTE.
Mais la gloire, l'honneur, l'amour de la patrie,
Quoi! tout cela, seigneur, ne vous touche-t-il pas?
            GRÉGOIRE.
Oui, quand je serai mort, j'en serai bien plus gras.
            L'AMBASSADEUR.
Ah! seigneur, sur le bruit de votre renommée,
Qui s'était répandu jusque dans notre armée,
J'avais toujours dans vous conçu plus de valeur;
Votre nom dans le camp avait mis la terreur.
Plein d'estime pour vous, un des plus grands monarques,
Eût bien voulu, seigneur, vous en donner des marques.
            GRÉGOIRE.
Belles marques d'estime!
            L'AMBASSADEUR.
                        Il m'envoyait exprès;
Désirant avec vous se mesurer de près.
            GRÉGOIRE.
De si près qu'il voudra; mais pour cette mesure,
            (*En montrant les épées.*)
Ami, je n'en serai jamais, je vous le jure.
            LE COMTE.
Seigneur, au nom du Ciel, daignez nous secourir.
            LE DUC.
D'un opprobre éternel voulez-vous nous flétrir?
Tout est perdu sans vous.
            GRÉGOIRE.
                    Messieurs, ne vous déplaise,
Vous en parlez ici tous deux fort à votre aise;

Enfin, les volontés sont libres que je croi.

(*A l'ambassadeur.*)

Votre roi veut se battre, et je ne veux pas moi.

L'AMBASSADEUR.

Puisque vous refusez un parti si louable,
Du sang qu'on répandra vous serez responsable.
Jusqu'ici de nos gens, pleins d'une noble ardeur,
Avec peine on avait suspendu la fureur.
Quand vous serez témoin des effets de leur rage,
Que vous verrez partout le meurtre et le carnage,
Songez que vous pouviez aisément prévenir
Des maux que votre mort pourra seule finir.

GRÉGOIRE.

Ce maudit envoyé vient d'échauffer ma bile;
Au moins, qu'on ferme bien les portes de la ville.
Pargoi, je ne vis pas, peste soit du métier;
Il commence déjà bien fort à m'ennuyer.

LE DUC.

Le danger est pressant, il est bon d'observer....

## SCÈNE VI.

LE DUC, LE COMTE, GRÉGOIRE, ORONTE,
UN MÉDECIN.

ORONTE.

Servira-t-on, seigneur?

GRÉGOIRE.

Vite, vite, qu'on serve.

LE DUC.

Mais, seigneur, l'ennemi contre nous déchaîné....

GRÉGOIRE.

L'ennemi! l'ennemi peut-être a bien dîné.
Dînons à notre tour, point de cérémonie;
Tout en va beaucoup mieux, quand la panse est garnie

Après tant attendu nous dînerons enfin:
Quel est cet homme-là ?

ORONTE.

C'est votre médecin.

GRÉGOIRE.

Mon médecin ! pourquoi ? je ne suis pas malade.
Çà, çà, donnons d'abord dessus cette salade ;
Compère, pourquoi donc est-ce que vous l'ôtez ?

LE MÉDECIN, *avec une baguette dont il touche les plats pour les faire ôter.*

Les herbes, monseigneur, causent des crudités,
Et comme mon devoir veut que je m'intéresse
A conserver toujours en santé votre altesse,
Je ne dois point du tout souffrir qu'on serve ici
Aucuns mets malfaisans et tels que celui-ci.

GRÉGOIRE.

Ces canards que je vois ont assez bonne mine,
Et me feront grand bien gités dans ma poitrine.

(*On ôte le plat.*)

Encore ! est-ce pour rire et me faire enrager ?

LE MÉDECIN.

Monseigneur, cette viande est un mauvais manger.
Nous avons condamné toutes ces chairs noirâtres,
Dures à l'estomac et trop opiniâtres,
Car ce n'est pas le tout, monseigneur, d'ingérer,
Il faut encor songer à pouvoir digérer.
Je vous interdis donc ces oiseaux aquatiques,
Lesquels rendent d'ailleurs les gens mélancoliques.

GRÉGOIRE.

J'aperçois un ragoût là-bas de bonne odeur ;
Essayons-en.

LE MÉDECIN.

Non pas, s'il vous plaît, monseigneur.

GRÉGOIRE.

Hé pourquoi ?

LE MÉDECIN.

Monseigneur, toutes les fricassées,
Tous ces mets de haut goût, ces viandes épicées,
Mettent dans l'estomac un feu tout dévorant,
Irritent trop la soif par ce feu consumant.
Or, qui boit trop éteint cette humeur radicale,
Qui seule soutient l'homme et la vie animale.

GRÉGOIRE.

Les fruits du moins, ami, pourront me rafraîchir,
Et....

LE MÉDECIN.

Non pas, monseigneur, je ne le puis souffrir ;
Je sais trop mon devoir, il y va de ma vie.

GRÉGOIRE.

Ils me semblent fort beaux, et me font grande envie.

LE MÉDECIN.

Réfrénez, monseigneur, cette cupidité ;
Ces fruits sont dangereux et pleins d'humidité ;
C'est un suc flatueux, triste, fluxionnaire.
Hippocrate, en cent lieux, que j'ai pris soin d'extraire,
Par de fortes raisons le prouve évidemment,
Et je suis en cela fort de son sentiment.

GRÉGOIRE.

Mais que voulez-vous donc, s'il vous plaît, que je mange ?

LE MÉDECIN.

Vous prendrez, monseigneur, cette écorce d'orange,
Avec une douzaine environ de cornets ;
Vous pourriez prendre encore une couple d'œufs frais,
Et, si vous le voulez, cette petite pêche,
Mettant sur tout cela deux grands verres d'eau fraîche.

GRÉGOIRE.

Ah ! traître, empoisonneur, scélérat, inhumain,
Tu me veux donc ainsi faire mourir de faim ?
Le coquin a bien fait d'éviter ma vengeance.
Il faut chasser d'ici cette maudite engeance.
Or, mangeons maintenant, je suis en liberté ;
Vengeons-nous en donnant d'abord sur le pâté.

## SCÈNE VII.

GRÉGOIRE, LE DUC, LE COMTE, ORONTE.

ORONTE.

Recevez, monseigneur, et lisez cette lettre,
Que pour vous dans les mains on vient de me remettre.

GRÉGOIRE.

Tantôt.

ORONTE.

L'avis importe à votre sûreté.

GRÉGOIRE.

Ah! Dieu, que je suis las de la principauté.
Lisez donc, puisqu'il faut.

LETTRE.

« Comme il est de la fidélité d'un sujet de donner avis
« à son prince des mauvais desseins qu'il sait qu'on
» trame contre sa personne, je me suis cru obligé de
« vous avertir qu'on en veut à votre vie, et que pour
« se défaire de vous avec plus de sûreté et moins de
« peine, on a empoisonné toutes les viandes qu'on a
« servies sur la table de votre altesse. »

GRÉGOIRE.

Ah! foin soit de l'altesse.

ORONTE.

Vous voyez bien, seigneur, quels piéges on vous dresse :
Ne vous alarmez point et calmez vos frayeurs,
Nous en aurons bientôt découvert les auteurs.
Publiez un édit par toute la province.

GRÉGOIRE.

Et de quoi me guérit tout ce tracas de prince,
Ces honneurs, ces respects et cet éclat nouveau,
S'il ne m'est pas permis de manger un morceau?

## SCÈNE VIII.

### VALÈRE, LE DUC, GRÉGOIRE.

#### VALÈRE.

Je viens ici, seigneur, vous témoigner mon zèle,
En vous avertissant, comme sujet fidèle,
Que votre chambellan conspire contre vous,
Que vous ne sauriez trop vous garder de ses coups.

#### LE DUC.

Conspirer contre vous ! ah ! l'on me fait injure,
Et je saurai, seigneur, confondre l'imposture.

#### VALÈRE.

Seigneur, il faut punir un si grand attentat.

## SCÈNE IX.

### GRÉGOIRE, CARMAGNOLE.

#### CARMAGNOLE.

Rangez-vous, faites place au ministre d'état.
Qu'avez-vous, Monseigneur, d'où vient que votre altesse
S'abandonne aux excès d'une sombre tristesse ?

#### GRÉGOIRE.

C'en est trop... c'en est trop, et j'y cède à la fin.
Quoi ! toujours en danger du fer et de la faim ?
Parlons sans barguigner, je m'appelle Grégoire,
Et ne suis point né duc, si j'ai bonne mémoire.
A mon réveil, tantôt je me le suis trouvé,
Et je pense, à mon dam ; mais Dieu m'a préservé.
Voilà donc cet état et ce bonheur de vie ;
Voilà ce qu'on regarde avec des yeux d'envie,
Et pourquoi l'on s'expose à cent sortes de maux !
Hélas ! par la morgoi, les hommes sont bien sots !
J'en ai tâté, je sais un peu ce qu'en vaut l'aune ;
J'aimerais mieux gueuser et demander l'aumône.

J'abandonne la place au premier qui viendra ;
Je redeviens Grégoire, et soit duc qui voudra.

CARMAGNOLE.

Hé ! monseigneur Grégoire, arrêtez, je vous prie,
La perte est pour celui qui quitte la partie.

## SCÈNE X.

LE DUC, LE COMTE, ORONTE, VALÈRE, CARMAGNOLE.

LE DUC.

Oronte, exécutez ce que je vous ai dit ;
Guérissez ses frayeurs et calmez son esprit.
Après, pour l'endormir, donnez-lui le breuvage ;
Et lui rendez enfin son premier personnage.

CARMAGNOLE.

Voilà, je le vois bien, ma grandeur à vau-l'eau.
Chut ! qu'est-ce que j'y perds ? quelques coups de chapeau.
Adieu tous mes projets, adieu le ministère ;
J'en étais déjà las, et c'est une misère.

VALÈRE.

Carmagnole, suis-moi, sans avoir de regret.
Je veux bien te reprendre encor pour mon valet.

## SCÈNE XI.

LE DUC, LE COMTE.

LE DUC.

Que voulez-vous de plus, mon fils, pour nous instruire ?
Cet exemple nous dit tout ce qu'il nous faut dire.

LE DUC.

Je le comprends, seigneur, je le sens et je vois,
Que de notre grandeur nous sentons mal le poids.
L'habitude nous trompe et la rend supportable ;
L'agrément en est vain, la peine véritable,

Et sans un fort grand art en ce poste orageux,
Dans le sein de la gloire on se voit malheureux.

LE DUC.

Oui, mon fils, notre rang est plein d'inquiétude ;
L'état d'un souverain est une servitude.
Avec ce grand pouvoir dont on est si jaloux,
Nous dépendons de ceux qui dépendent de nous.
Le divertissement que vous venez de prendre,
Mieux que mille leçons aura pu vous l'apprendre ;
Mais allons jusqu'au bout, je veux à ce portrait,
Pour votre instruction, donner le dernier trait.

FIN DU QUATRIÈME ACTE.

# ACTE V.

## SCÈNE I.

ORONTE, VALÈRE, CARMAGNOLE, et GRÉGOIRE, *qu'on apporte endormi.*

ORONTE.

Arrêtez, il suffit, étendons là notre homme ;
Je crois qu'il est bientôt sur la fin de son somme.
Le voilà justement tel que l'on l'avait pris.

VALÈRE.

Le pauvre malheureux, il sera bien surpris,
Quand tombé tout d'un coup du faîte de la gloire,
A son réveil il va se retrouver Grégoire !

ORONTE.

La scène sera bonne, et son étonnement
Peut nous donner encor du divertissement.

VALÈRE.

Je le ferai veiller de peur qu'il ne s'évade ;
Car je lui garde encore une nouvelle aubade.

Dès qu'il sera sur pied, tout d'abord mon valet
Va, comme déserteur, le saisir au collet,
Et je viendrai moi-même après lui faire entendre
Que par ordre du duc on va le faire pendre.
Je vous laisse à penser de quel air et comment
Il pourra recevoir ce fâcheux compliment.

ORONTE.

Le compliment est rude et ne doit point lui plaire;
Enfin voilà pour moi ce que j'avais à faire.
La chose a, Dieu merci, réussi jusqu'au bout,
Et je m'en vais au duc rendre compte de tout.

VALÈRE.

Carmagnole, demeure à deux pas dans la rue,
Et sans t'en éloigner, garde notre homme à vue;
Puis, quand il sera temps, fais ce que je t'ai dit.

CARMAGNOLE.

Je me charge de tout, Monsieur, cela suffit.

## SCÈNE II.

### LUBIN, GREGOIRE.

LUBIN.

Je ne sais, par mon âme, où s'est fourré Grégoire;
Peut-être le gaillard est quelque part à boire.
Mais, que vois-je? C'est lui, je pense, ici qui dort.
Justement. Allons donc, camarade, es-tu mort?

GRÉGOIRE, *à demi-endormi*.

Qu'est-ce donc là? pargoi, je dormais d'un bon somme.

LUBIN.

Veux-tu donc t'éveiller, et faut-il qu'on t'assomme?

GRÉGOIRE.

Tout doux mon chamberlan.

LUBIN.

Bon nous voilà pas mal;
Et que me veux-tu donc chanter, gros animal,
Avec ton chamberlan?

GRÉGOIRE.

Qu'on a de peine à vivre !
Où sont mes officiers ?

LUBIN.

Je pense qu'il est ivre.

GRÉGOIRE, *tout éveillé.*

Hé ! comme me voilà ! me trompé-je, est-ce moi ?

LUBIN.

Eh ! non, non, c'est quelqu'autre.

GRÉGOIRE.

Ah, ah ! Lubin, c'est toi.

LUBIN.

Eh ! oui vraiment, c'est moi ; qui pourrait-ce donc être ?

GRÉGOIRE.

Laisse-moi, je te prie, un peu me reconnaître.

LUBIN.

Je te cherchais partout, et te croyais fondu.

GRÉGOIRE.

Si tu savais Lubin, tout ce que j'ai perdu !...

LUBIN.

La cervelle, je crois.

GRÉGOIRE.

Donne-moi patience.
J'ai fait le plus beau rêve !.... Ah ! Lubin, quand j'y pense.....
J'avais de biaux monsieurs qui ne me quittaient pas,
Et tous, jusqu'aux plus grands, me parlaient chapeau bas.
Dame, c'est que j'étais maître d'un grand empire.

LUBIN.

Ma foi, je n'entends rien à ce que tu veux dire.

GRÉGOIRE.

Oh bien ! écoute donc ; tiens, prend que tu sois moi,
Que tu te vois couvert tout fin d'or, comme un roi,
Logé dans un palais avec grande bombance,
Et qu'un chacun te vient faire la révérence :
Du Monseigneur par-ci, du Monseigneur par-là,
Dame, je me suis vu, Lubin, comme cela.

LUBIN.

Es-tu fou?

GRÉGOIRE.

Pas tant fou; faut-il que je te dise
Comment tout s'est passé? çà que je me ravise.
Je m'étais réveillé, ce me semble, en sursaut,
Et j'ai pensé d'abord tomber tout de mon haut,
Lorsque jetant les yeux sur toute ma figure,
J'ai cru voir que j'étais bigarré de dorure.
Dame, Dieu sait, Lubin, avec quelle fierté
J'allais en me carrant les poings sur le côté.
Or, tandis qu'à part moi sur cela je rumine,
Un homme est survenu, bien mis, de bonne mine,
Lequel, en m'abordant avec un grand respect,
M'a traité de seigneur, et s'est dit mon sujet.
Dans le commencement je n'en voulais rien croire,
Et soutenais toujours, moi, que j'étais Grégoire;
Mais le gaillard a su si bien m'affriander,
Qu'à la fin je me suis laissé persuader,
Que, comme il le disait, j'étais duc de Bourgogne.
Ce n'est pas tout, voici bien une autre besogne :
Deux autres sont venus, c'étaient des courtisans;
L'un était chamberlan, officier des plus grands;
Puis un ambassadeur, arrivé de la Chine,
M'est venu menacer d'une entière ruine;
Mais il faut voir comment je vous l'ai rembarré,
Si bien qu'il a fallu qu'il se soit retiré.
Tiens, c'est que je parlais tout fin droit comme un livre.

LUBIN.

Auras-tu bientôt dit?

GRÉGOIRE.

Oh! laisse-moi poursuivre.
Attends. Peste de toi, tu m'as fait perdre tout;
J'allais te dégoiser la chose jusqu'au bout.
Enfin, on me rendait, pour abréger le conte,
Et tant et tant d'honneurs, que moi j'en avais honte;

Mais ce qui me fâchait, c'est qu'avec tout ce train,
Ils me faisaient mourir et de soif et de faim.
####### LUBIN.
Fi du métier; encor faut-il avoir sa vie.
####### GRÉGOIRE.
J'avais pourtant, Lubin, ma table bien servie,
Grand festin.
####### LUBIN.
   Et qui donc t'empêchait de gruger?
####### GRÉGOIRE.
Pargoi j'étais à même et ne pouvais manger;
Un certain escogrife avec noire jaquette:
Et qui tenait toujours en main une baguette,
Se plantait devant moi droit comme un échalas,
Et lorsque je voulais toucher à l'un des plats,
Tac, il vous le faisait enlever sans rien dire.
####### LUBIN.
Est-il vrai?
####### GRÉGOIRE.
   Je croyais d'abord qu'il voulait rire;
Mais, pargoi, quand j'ai vu que c'était tout de bon,
Je l'ai fait détaler de la bonne façon.
Oh! je l'allais, ma foi, mettre en capilotade.

## SCÈNE III.

### CARMAGNOLE, LUBIN, GRÉGOIRE.

####### CARMAGNOLE, *à Grégoire.*
Ah! Ah! vous voilà donc ici, mon camarade?
####### GRÉGOIRE.
Tiens, Lubin, c'était là mon ministre d'état,
A qui même j'ai fait présent d'un marquisat.
####### CARMAGNOLE.
Vous sentez donc déjà que le harnois vous blesse:
Çà, marchons en prison et de par son altesse.
Marchons, j'ai hâte.

GRÉGOIRE.
Eh bien, allez toujours devant,
Pour moi, rien ne me presse.
CARMAGNOLE.
Ah! Monsieur le croquant,
Vous prenez de l'argent et quittez le service :
Venez, l'on vous fera courte et bonne justice.
LUBIN.
Ma foi, Monsieur le duc, tout ceci ne vaut rien.
GRÉGOIRE.
Monsieur de Carmagnole, hé! l'on vous connaît bien.
CARMAGNOLE.
Il n'est, par la margoi, Carmagnole qui tienne;
Il faut marcher, compère, et qu'il vous en souvienne,
Vous êtes enrôlé, vous avez déserté.
GRÉGOIRE.
Hé! Monsieur le marquis, hélas! par charité....
CARMAGNOLE.
Non, non, n'espérez pas ainsi que j'en démorde.
LUBIN.
Pargoi, Monsieur le duc, tout ceci sent la corde.
GRÉGOIRE.
Tenez, je n'entends point toutes ces farces-là;
Si vous voulez m'en croire, et Lubin que voilà,
Vous êtes Carmagnole, et moi je suis Grégoire,
Sans nous embarbouiller dans toute cette histoire,
Nous irons à deux pas nous rafraîchir un peu;
Suivez-moi seulement, et vous verrez beau jeu :
Je vais toujours devant, et gagnons la guérite.

## SCÈNE IV.

VALÈRE, LUBIN, GRÉGOIRE, CARMAGNOLE.

VALÈRE.

Tout doux, mon camarade, où courez-vous si vite?
CARMAGNOLE.
Ah! Monsieur, le voilà.

VALÈRE.
Qui?
CARMAGNOLE.
Notre déserteur,
Celui que nous cherchons.
VALÈRE.
C'est vous, homme d'honneur,
Vous vous enrôlez donc, et vous tirez de presse.
On a déjà parlé de vous à son altesse;
Nous allons vous apprendre à vous faire chercher,
Et dans une heure ou deux vous vous verrez brancher.
GRÉGOIRE.
Je ne suis pas pressé, Monsieur, l'on peut attendre.
LUBIN.
Adieu, Monsieur le duc, puisque l'on va vous pendre.
GRÉGOIRE.
Ah! Lubin, qui l'eût cru....
LUBIN.
Grégoire, qui l'eût dit....
GRÉGOIRE.
Qu'à ce terme fatal ma grandeur aboutît?
LUBIN.
J'en ai la larme à l'œil.
GRÉGOIRE.
J'en dépite ma vie.
LUBIN.
Va, j'y serai présent.
GRÉGOIRE.
Juste ciel!
LUBIN.
O douleur!
GRÉGOIRE.
Tu me quittes.
LUBIN.
Adieu, tu me perces le cœur.
GRÉGOIRE.
Tu perds un bon ami. Monsieur le capitaine,
Si vous vouliez pourtant m'épargner cette peine.

VALÈRE.

Il faut un bon exemple.

GRÉGOIRE.

Hélas ! Monsieur, jamais
Vous n'en pourrez de moi, que faire un fort mauvais.
Enfin, je n'entends rien à tout votre enrôlage,
Et si vous me pendiez ce serait grand dommage.

VALÈRE.

Il faut un châtiment qui puisse intimider :
Son altesse s'avance, et va le décider.

## SCÈNE V.

LE DUC, LE COMTE, ORONTE, VALÈRE,
CARMAGNOLE, GRÉGOIRE.

VALÈRE.

Voilà le déserteur que l'on vient de surprendre ;
Vous avez ordonné, seigneur, qu'on le fît pendre ;

GRÉGOIRE, *bas.*

Voilà mon chamberlan lui-même tout craché.

LE COMTE.

Mais il faudrait déjà que l'on l'eût dépêché.

GRÉGOIRE.

Hé ! mon jeune cadet, tout beau, miséricorde.

VALÈRE.

Oui, c'est bien à des gens comme vous qu'on l'accorde ;
Vous êtes déserteur, et le fait est certain.

GRÉGOIRE.

Je n'ai point déserté.

VALÈRE.

Vous le niez en vain :
Il me semble, en effet, si j'ai bonne mémoire,
Que vous êtes mon homme ; et vous nommez Grégoire.

GRÉGOIRE.

Comme vous bien long-temps je l'ai cru tout de bon ;
Mais l'on m'a dit depuis que Philippe est mon nom.

Or prenez, s'il vous plaît, qu'on me nomme Philippe,
L'un vaut bien l'autre enfin.

#### VALÈRE.

Fort bien, sur ce principe.
Mais ce n'est pas de quoi maintenant il s'agit,
Et l'on ne change pas de nom comme d'habit.

#### LE DUC.

Enfin, mon pauvre ami, le crime est manifeste;
Vous avez déserté, tout le monde l'atteste :
Vous savez sur cela ce qu'ordonnent les lois.

#### GRÉGOIRE.

Hé bien! posez le cas, c'est la première fois.

#### CARMAGNOLE.

Pour la première fois aussi l'on va te pendre.

#### GRÉGOIRE.

Hé! Monsieur le marquis, Dieu veuille vous le rendre;
Vous êtes bien cruel aux pauvres malheureux.
Avec mon rêve, hélas! me voilà bien chanceux;
Je croyais être duc; et fiez-vous aux songes.
Pargoi, l'on dit bien vrai que ce sont des mensonges.

#### LE COMTE.

Que veux-tu donc nous dire avec ces songes-là ?

#### GRÉGOIRE.

Enfin, je m'entends bien, et tel que me voilà,
J'ai vu que j'étais duc, j'en dirais bien l'histoire,
Et je ne sais encor, sur mon âme, qu'en croire.
Tel que je vois ici faire le gros chalan,
Tenait à grand honneur d'être mon chambrelan;
Maintenant le voilà qui veut me faire pendre.
Hélas! à ce malheur je devais bien m'attendre;
Un astrologue alors me l'avait bien prédit;
Il n'a dit que trop vrai, l'astrologue maudit.

#### LE DUC.

Mais quoi, mon pauvre ami, que veux-tu que je fasse ?
Dis-moi, que ferais-tu, toi-même, dans ma place ?

GRÉGOIRE.
Morgoi, je ferais grâce, et je l'ai faite aussi,
Sans que pour tout cela l'on m'ait dit grand merci.
L'on m'est venu parler, puisqu'il faut vous l'apprendre,
D'un certain déserteur qu'on voulait faire pendre;
J'étais duc, et j'ai dit que je n'en voulais rien.
Dites donc comme moi, Monsieur, vous ferez bien.
ORONTE.
Seigneur, il faut ici montrer votre clémence;
Il n'est peut-être pas si coupable qu'on pense.
LE DUC.
Hé bien! soit, je le veux, je te pardonne enfin;
Mais désormais sois sage, et surtout plus de vin.
VALÈRE.
Pour l'exemple du moins qu'on lui coupe une oreille.
GRÉGOIRE.
Hé! non pas.

(*Au duc.*)
Grand merci, Monsieur, à la pareille;
Grégoire est tout à vous, vous n'avez qu'à frapper.
(*A Valère.*)
Mais pour vous, qui voulez une oreille à couper,
Vous en avez, ce semble une assez belle paire :
Coupez, tranchez, rognez, si cela peut vous plaire,
Il ne tiendra qu'à vous d'en avoir le plaisir;
Vous êtes tout à même, et vous pouvez choisir.
LE DUC.
Je veux que désormais tu sois à mon service.
GRÉGOIRE.
Pargoi, si vous voulez, j'aurai soin de l'office.
LE COMTE.
Il ne s'entend pas mal à choisir son emploi.
LE DUC.
Adieu, Grégoire, adieu, l'on aura soin de toi.

## SCÈNE VI.

### LE DUC, LE COMTE.

#### LE COMTE.

Il est divertissant et d'une humeur plaisante.

#### LE DUC.

Dans son état, mon fils, il a l'âme contente;
Sa grandeur, il est vrai, n'a pas duré long-temps,
Mais de même en est-il du destin des plus grands.
Le rang que nous tenons paraît digne d'envie.
Mais il le faut, mon fils, quitter avec la vie.
Cette vaine grandeur ne doit point nous enfler;
C'est un torrent qui passe et qu'on voit s'écouler;
Nous qui sommes ici les princes et les maîtres,
Quand la mort nous aura rejoint à nos ancêtres,
Nous paraîtrons, mon fils, avec tous nos défauts,
Et nos derniers sujets deviendront nos égaux.
De nos fameux exploits il faudra rendre compte;
Notre gloire fera peut-être notre honte.
Pour éviter, mon fils, un si cruel retour,
Régnez en souverain qui doit mourir un jour :
Honorez la vertu, cultivez la justice,
Punissez les méchans, et réprimez le vice;
Chérissez vos sujets pour être chéri d'eux,
Et mettez votre gloire à faire des heureux.

### FIN.

# L'ÉCOLE DES PÈRES.

# PERSONNAGES
## DU PROLOGUE.

GASCON.
PORTIER.
GENTILHOMME.
PREMIER ACTEUR.
SECOND ACTEUR.

# PROLOGUE.

GASCON, *derrière la porte.*

Homme dé la porte, entrérai-je ?

PORTIER.

Attendez un moment.

GASCON.

Qué dites-vous là-bas ?
Pour une pièce de collége,
Il faut rendre bien des combats?
J'ai moins souffert à plus d'un siége.
Baste j'y suis pourtant.

GENTILHOMME.

Quoi ! Monsieur, c'était vous ?

GASCON.

Moi-même, cap de bious.

GENTILHOMME.

Mille pardons, Monsieur, excusez, je vous prie;
Mais vous voyez tout l'embarras :
Les gardes ne connaissent pas,
Comme moi, votre seigneurie.

GASCON.

Cadédis, jé m'en suis douté ;
Mais n'importe, ma gloire en brille davantage,
Ayant gagné par mon courage
Cé qu'on doit à ma qualité.

### GENTILHOMME.

Monsieur, à l'un et l'autre on doit partout l'hommage,

### GASCON.

Quoi qu'il en soit, tout a fort bien été ;
Et malgré les efforts dé toute la brigade,
Aux travers d'eux m'étant précipité,
J'ai, comme un vrai César, forcé la barricade.

### GENTILHOMME.

Je crains qu'on ne vous ait, peut-être, maltraité.

### GASCON.

J'aime qu'on mé résiste, et pour quelque bourrade,
Jé né m'émeus jamais plus qu'il né faut :
C'est lé fort, la coutume, ou même lé défaut
Du marquis de Roquetaillade,
Dé vouloir emporter toute place d'assaut.

### GENTILHOMME.

Vous voilà donc, Monsieur, en pays de conquête ?
Voyez où vous pourrez à présent vous placer ;
Car pour la pièce tout s'apprête,
Et les acteurs vont bientôt commencer.

### GASCON.

Hé ! jé démeure ici.

### GENTILHOMME.

Mais, Monsieur, le théâtre...

### GASCON.

Hé bien, quoi ! lé théâtre est-il trop bon pour moi ?

### GENTILHOMME.

D'accord, mais....

### GASCON.

Cadédis, je suis opiniâtre,
Et né cède qué pour lé roi.

# PROLOGUE.

GENTILHOMME.

Ah ! Monsieur, c'est une autre affaire.

GASCON.

Sachez qu'à l'Opéra c'est ma place ordinaire :
Lé parterre est si fait à m'y voir figurer,
  Que quand jé manque d'y paraître,
Dé la pièce, où l'on sait qué jé puis mé connaître,
Il né manque pas lui dé bien mal augurer.

GENTILHOMME.

Fort bien, mais j'aurais cru, pour moi, que le parterre
  Pourrait ne pas trouver fort bon...

GASCON.

Eh ! qué m'importe à moi qu'il y consente ou non ?
Dans les loges tout vif veut-on qué l'on m'enterre ?
Cadédis, il est vrai qu'en quelqu'occasion
Nous nous sommes tous deux fait la pétite guerre ;
Lé parterre insolent m'insulta du haut ton,
Et moi, d'un ton plus haut, j'insultai lé parterre.

GENTILHOMME.

Cette guerre, Monsieur, dut troubler les acteurs ;
Ici c'est autre chose, et c'est le privilége
  De toute pièce de collége,
 D'être à couvert du bruit et des clameurs.

GASCON.

J'ai droit dé parler haut, jé né saurais mé taire ;
Et ma langue est mon arme à l'égard dé l'acteur,
Arme offensive, ainsi qu'à l'égard dé l'auteur ;
Défensive en un cas, c'est contre lé parterre.

GENTILHOMME.

Sans prétendre, Monsieur, faire tort à vos droits,
Qui sont fort bien fondés, et bóns, comme je crois,
Pour nos jeunes acteurs je vous demande grâce.
  Leur âge veut qu'on leur en passe.

Vous vous exposeriez d'ailleurs en les troublant ;
Et malgré tout l'éclat
De votre autorité suprême,
On pourrait vous prier, et vous contraindre même....

GASCON.

Contraindre, moi !...

PREMIER ACTEUR.

Messieurs, nous allons commencer.

GASCON.

Qué faut-il, un louis ?

PREMIER ACTEUR.

Non ; mais la compagnie,
Messieurs, humblement vous supplie
De sortir du théâtre, et le débarrasser.

GASCON.

Jé t'appelle en duel, mon petit camarade ;
Vîte, l'épée au poing....

(*L'acteur se sauve.*)

Il fait très-prudemment.
Fit-on jamais tel compliment
Au marquis dé Roquetaillade ?

GENTILHOMME.

Pour moi, qui crains quelqu'algarade,
Je sors : ces jeunes gens n'entendent point raison.

GASCON.

Il faudra, cadédis, améner lé canon,
Avant qué jé sois prêt à battre la chamade.

SECOND ACTEUR, *l'épée à la main.*

Monsieur, vous plairait-il de décamper d'ici ?
Car je vous fais savoir qu'il nous le plaît ainsi.

## PROLOGUE.

GASCON.

J'aime en lui cette noble audace.

SECOND ACTEUR.

Çà, dénichons bien vite, et sans façon.

GASCON.

Ah! foi dé gentilhomme, il est joli garçon,
Et pour l'amour dé lui jé veux quitter la place.

FIN DU PROLOGUE.

# PERSONNAGES
## DE LA PIÈCE.

ORONTE, père de Néophile.
POLÉMON, homme de qualité, ami d'Oronte.
ARISTE, autre ami d'Oronte.
NÉOPHILE, fils d'Oronte.
ACASTE,
LÉANDRE, } Petits-Maîtres.
ALASTOR,
EUDOXE, gouverneur de Mélithon.
MÉLITHON, jeune enfant de qualité.
CRITON, valet de Néophile.
PREST-A-TOUT, valet d'Acaste.
GROS-JEAN, traiteur.

*La Scène est à Paris.*

# L'ÉCOLE DES PÈRES.

## ACTE PREMIER.
### SCÈNE PREMIÈRE.
CRITON, PREST-A-TOUT.

CRITON.

Non, tu n'entreras pas.

PREST-A-TOUT.

Mais...

CRITON.

Non, pour un royaume.

PREST-A-TOUT.

Ah! de grâce, tout doux, Monsieur le majordôme.

CRITON.

Va!

PREST-A-TOUT.

Je sais bien qu'ici vous avez tout pouvoir;
Mais vous me permettrez, s'il vous plaît, de le voir.

CRITON.

Non, du tout ce matin il ne peut voir personne.

PREST-A-TOUT.

Mais pourquoi? car enfin j'aime quand on raisonne.

CRITON.

Et moi, je n'aime pas les raisonneurs.

PREST-A-TOUT.

Ma foi,
Il faut pourtant que j'entre, ou vous direz pourquoi.

CRITON.

Tu veux savoir pourquoi?

PREST-A-TOUT.
Oui, car j'aime à m'instruire.
CRITON.
Eh bien! puisqu'il le faut, je m'en vais te le dire :
C'est qu'un méchant pendard, un mauvais garnement,
Tel que je le connais, ( soit dit sans compliment )
N'est propre qu'à corrompre et gâter la jeunesse ;
Et qu'à ses bonnes mœurs quiconque s'intéresse,
Doit avec un grand soin éloigner tes pareils,
Dont elle écoute et suit un peu trop les conseils.
M'entends-tu bien?
PREST-A-TOUT.
Oh! oh! vous êtes pathétique,
Oui, dans votre morale, et même un peu caustique,
Monsieur Criton.
CRITON.
Au moins je ne sais pas flatter.
PREST-A-TOUT.
La peste, non.
CRITON.
Tu ris, et tu veux plaisanter.
( *Prest-à-tout le montre au doigt.* )
Hé....
PREST-A-TOUT.
Mais qu'avez-vous donc?
CRITON.
Ce que j'ai! dis-moi, traître,
Depuis que tu le suis, quel train mène mon maître?
PREST-A-TOUT.
Fort bon train, sur ma foi ; les choses vont gaîment.
( *Prest-à-tout fait ici une inclination en forme de révérence.* )
Et nous ne perdons pas un seul petit moment.
Eh ! point d'oisiveté, c'est la source du vice.
CRITON.
Courir toutes les nuits?
PREST-A-TOUT.
C'est pour faire exercice.

CRITON.
Ne rentrer qu'au grand jour ?
PREST-A-TOUT.
Il se rend tôt ou tard.
CRITON.
Et se coucher, alors qu'on se lève autre part ?
PREST-A-TOUT.
Que diantre ! voulez-vous toujours aussi qu'il veille ?
Encor faut-il dormir; et tandis qu'il sommeille,
Au moins il ne court pas.
CRITON.
Eh puis, en quel état
Rentre-t-il ? l'on dirait qu'il revient du sabat,
Toujours ivre.
PREST-A-TOUT.
Toujours ?
CRITON.
Il se soutient à peine.
PREST-A-TOUT.
Pour toujours, c'est trop dire, et dans cette semaine....
Attendez que je compte un moment par mes doigts....
Il s'est grisé, peut-être au plus, quatre ou cinq fois.
Mais aussi c'est un charme : il faut le voir à table ;
Il a le vin joli, cela n'est pas croyable.
Avec cela, ma foi, brave comme un César :
Il ne lui faudrait pas marcher sur le pied ; car....
Vous m'entendez.
CRITON.
J'entends, et c'est chose assez claire,
Qu'il pourra s'attirer quelque mauvaise affaire :
Si peut-êre déjà....
PREST-A-TOUT.
Comment donc, s'il vous plaît ?
Expliquez-vous, de grâce, et sachons ce que c'est.
CRITON.
Cette nuit....

## L'ÉCOLE

PREST-A-TOUT.

Je ne sais ma foi rien, que je meure ;
Hier, je le quittai, je ne sais pas trop l'heure.
Qu'est-il donc au pupille arrivé de nouveau ?

CRITON.

Rien, sinon qu'il revint effaré, sans chapeau,
Son épée en morceaux ; cela sent la bataille,
Peut-être pis encore, et ne sent rien qui vaille.

PREST-A-TOUT.

Diantre ! ceci pourtant peut être sérieux ;
Il faut que je lui parle, au plus tôt, pour le mieux.

CRITON.

Va-t-en.

PREST-A-TOUT.

Mais, savez-vous qu'à la fin je me lasse ?
Si vous ne le voulez faire de bonne grâce,
Je suis, vous le savez, homme à vous y forcer.

CRITON.

Un pendart, comme toi, m'ose ici menacer !

PREST-A-TOUT.

Sors de-là, c'en est trop....

CRITON.

Au meurtre ! à moi, main-forte.

## SCÈNE II.

CRITON, PREST-A-TOUT, NÉOPHILE.

NÉOPHILE.

D'où vient donc tout ce bruit que l'on fait à ma porte ?
Qu'est-ce donc ?

PREST-A-TOUT.

Avec lui l'on ne peut parvenir
Au bonheur de vous voir et vous entretenir.
Depuis une heure, au moins, que je suis las d'attendre,
Je n'ai, par mes raisons, pu lui faire comprendre
Qu'il fallait m'introduire : à cela près ; comptez
Qu'il m'a dit fort au long, et bien mes vérités.

Vous-même du sermon pouvez, sans flatterie,
Mettre sur votre compte au moins une partie.

NÉOPHILE.

Ne le voilà-t-il pas ! peste soit du censeur !
Je n'ai jamais ouï plus ennuyeux prôneur.
Il veut gloser sur tout, et ne dit rien qui vaille ;
Mais il est plus content qu'un roi, pourvu qu'il braille.

CRITON.

Oui, je braille, monsieur, vous le dites fort bien ;
Mais j'aurai beau brailler, je n'y gagnerai rien.
Vous ne suivez en tout que votre seul caprice.
Depuis que j'ai l'honneur d'être à votre service....

NÉOPHILE, *en bâillant.*

Laisse-nous, tu serais dix ans à babiller ;
Ta figure m'ennuie, et tu me fais bâiller.

CRITON, *en s'en allant.*

Ma figure ! eh ! rentrez à bonne heure bourgeoise,
Sans battre le pavé, sans aller chercher noise :
Vous ne bâillerez point.

## SCÈNE III.

### NÉOPHILE, PREST-A-TOUT.

NÉOPHILE.

Bon, voilà bien parlé.
Quelle croix que d'avoir un valet trop zélé !

PREST-A-TOUT.

Mais il devrait songer, en personne discrète,
Qu'à votre âge on n'est plus, me semble, à la bavette.

NÉOPHILE.

Oui, parbleu, c'en est trop ; et s'il s'avise encor
D'étaler sa morale, et faire le Mentor,
Je perdrai patience, et je l'enverrai paître.

PREST-A-TOUT.

Il oublie en effet que vous êtes son maître.

NÉOPHILE.

Qu'il n'y revienne pas. Pour faire mieux, il faut
Que je trouve moyen d'écarter ce maraud.
Il n'est pas trop sûr, non, et pourrait aller faire
Sur mes déportemens des contes à mon père.

PREST-A-TOUT.

Je le crois comme vous.

NÉOPHILE.
(*Il répond d'un air de petit maître.*)
Donne-moi ce fauteuil :
Sais-tu que de la nuit je n'ai pu fermer l'œil ?

PREST-A-TOUT.

Il y paraît : mais quoi ! n'est-ce que lassitude ?
N'auriez-vous sur le cœur aucune inquiétude ?

NÉOPHILE.

Inquiétude, moi ! tu perds l'esprit.

PREST-A-TOUT.

Tout beau :
Par exemple, l'on perd quelquefois son chapeau ;
Cela peut mettre en peine, et je me le figure....

NÉOPHILE.

Oh, oh ! diantre, tu sais déjà notre aventure ?
Tu nous as bien, ma foi, fait faute cette nuit.
Parle-t-on de l'affaire, et fait-elle du bruit ?

PREST-A-TOUT.

Je ne le sais qu'en gros, et n'ai pu rien comprendre
A tout ce qu'on m'a dit ; mais daignez me l'apprendre.

NÉOPHILE.

Je m'endors : cette nuit étant dans le café,
Nombre de bons enfans, et le timbre échauffé,
On a, pour s'amuser, fait un peu de tapage,
Et tout au plus pour quinze ou vingt francs de dommage.

PREST-A-TOUT.

Bagatelle...

NÉOPHILE.

Le maître a fait de l'entendu.
Jurant.... on aurait dit que tout était perdu.

Son ton rauque n'a fait qu'augmenter la tempête ;
Six tasses ont volé tout d'abord à sa tête.
PREST-A-TOUT.
Tasses de porcelaine ?...
NÉOPHILE.
Et fines. A ce débris
La femme et les garçons ont jeté les hauts cris,
Sont sortis dans la rue en demandant main-forte.
Le guet passait, il vient, se saisit de la porte :
On se met en défense, et l'épée à la main,
On fait face ; la mienne, en chamaillant, soudain,
Se rompt près de la garde, et me laisse sans arme,
Hors de combat. Alors, profitant de l'alarme,
Je sors, à la faveur du trouble et de la nuit,
Par une fausse porte, et m'évade sans bruit ;
Bien fâché de quitter, tandis que l'on ferraille,
Et laissant mon chapeau sur le champ de bataille.
PREST-A-TOUT.
Tant pis....
NÉOPHILE.
Tant pis, tant, mieux, c'est un chapeau perdu.
Voilà l'histoire enfin. Mais de qui la sais-tu ?
PREST-A-TOUT.
D'un homme fort zélé, comme il m'a fait comprendre,
Mais qui pourrait peut-être à quelqu'autre l'apprendre.
Vous devinez assez qui c'est ?
NÉOPHILE.
Non, pas encor.
PREST-A-TOUT.
C'est votre discret sage, et fidèle Mentor,
Monsieur Criton.
NÉOPHILE, *se levant en colère.*
Criton ! d'où sait-il donc l'affaire ?
Morbleu, ce maraud-là fera bien de se taire.
PREST-A-TOUT.
Oui, s'il peut, c'est bien dit.

NÉOPHILE, *en baillant.*

Il me gâtera tout.....
Ma foi, je n'en puis plus, et je dors tout de bout.

PREST-A-TOUT.

Prenez quelque liqueur qui pique et qui réveille ;
Vous avez de certaine eau-de-vie.

NÉOPHILE.

A merveillle.

Criton.

## SCÈNE IV.

NÉOPHILE, CRITON, PREST-A-TOUT.

CRITON.

Plaît-il, Monsieur ?

NÉOPHILE.

Donne-moi du Dantzick.

CRITON.

Du Dantzick ? hé ! Monsieur prenez de l'arsenic ;
Autant vaut, sur ma foi, dans l'état où vous êtes.
Vous vous brûlez le corps avec vos fenouillettes ;
C'est le fatal poison de tous nos jeunes-gens.

NÉOPHILE.

Et si je veux crever, sot, est-ce à tes dépens ?

CRITON.

Souffrez, pour votre bien, que l'on vous représente.....

NÉOPHILE.

De quoi te mêles-tu, cervelle impertinente ?

(*Il se lève ici.*)

Savez-vous, s'il vous plaît, Monsieur le contrôleur,
Qui raisonnez sur tout, et me chantez malheur,
Que je suis las enfin de tout ce tripotage,
Et que vous n'êtes vous ici, pour tout potage,
Qu'un faquin de valet qui vous faites haïr,
Et que je saurai bien forcer à m'obéir ?

CRITON.

O juste Ciel !

NÉOPHILE, *à Prest-à-tout.*

Laissons ce vieux fou.)

## SCÈNE V.

CRITON.

Quel outrage !
Ah ! quel coup ! me traiter de la sorte à mon âge !

## SCÈNE VI.

ORONTE, CRITON.

ORONTE.

Mon fils est-il chez lui, dis ?.... Tu pleures, je pense ?
Qu'as-tu ?

CRITON.

Monsieur....

ORONTE.

Eh bien !

CRITON.

Pour toute récompense
Des services rendus et des soins que j'ai pris,
Depuis dix ans, auprès de Monsieur votre fils,
Et je puis même dire avec assez de zèle,
J'ose vous demander une grâce....

ORONTE.

Qu'est-elle ?

CRITON.

C'est mon congé, Monsieur.

ORONTE.

Comment donc, ton congé ?

CRITON.

Quand vous saurez, Monsieur, les raisons que j'en ai,
Vous serez, je suis sûr, le premier à me dire
Qu'il est temps que je quitte et que je me retire.

ORONTE.

Ce sera de mon fils quelque mauvaise humeur.
Va, Criton, ne prends point les choses tant à cœur :
Mon fils t'aime, après tout, et j'en réponds.

CRITON.

Il m'aime ?
Il m'a bien détrompé sur ce point-là lui-même.
Parce que j'ai voulu, pour son bien seulement,
Lui remontrer un peu les choses doucement,
Comment m'a-t-il traité ? Le dernier misérable
N'a jamais essuyé de traitement semblable.
Et moi, qui tout petit le menant par la main.....
Ah ! Monsieur, il m'a mis le poignard dans le sein.

ORONTE.

Que diantre ! aussi de quoi faut-il que tu t'avises ?
Tu sermones toujours, toujours tu dogmatises ;
Tu le fais, je le sais, à bonne intention,
Et je rends fort justice à ton affection :
Mais ce n'est pas ton fait, puisqu'il faut te le dire,
Et tes beaux documens moi-même me font rire.
Tu ne sais bien souvent, ma foi, ce que tu dis ;
Et puis, mon fils n'a plus besoin de tes avis.

CRITON.

Il s'est toujours, Monsieur, bien trouvé de les suivre ;
Mais à d'autres conseils désormais il se livre.
Vous en verrez la fin, je l'appréhende fort,
Et vous direz un jour : Criton n'avait pas tort.

ORONTE.

Finissons : de ceci je vois ce qui peut être ;
Je veux faire au plus tôt ta paix avec ton maître.
Je t'aime, et te connais pour fidèle et zélé.
Suis-moi, tout ira bien dès que j'aurai parlé.

FIN DU PREMIER ACTE.

## ACTE II.
### SCÈNE I.
#### ORONTE, NÉOPHILE.

ORONTE.

Je suis ravi, mon fils de vous voir raisonnable,
Criton, à l'avenir, se rendra plus traitable.
Allons, cela n'est rien, il avait tort aussi ;
Mais que devenez-vous ? dînerez-vous ici ?

NÉOPHILE.

Si vous le souhaitez, vous n'avez qu'à le dire.

ORONTE.

Moi ? point ; je ne veux rien sur cela vous prescrire :
Je vous laisse, mon fils, entière liberté.

NÉOPHILE.

Pour aujourd'hui, Monsieur, je n'ai rien d'arrêté ;
Mais souvent un ami, lorsque le moins j'y pense,
Vient m'enlever : il faut suivre par complaisance.

ORONTE.

C'est fort bien fait, mon fils : à votre âge je voi
Qu'il faut souvent compter de n'être point à soi,
Et le plus complaisant est souvent le plus sage.
Mais vous me paraissez avoir mauvais visage.
Qu'avez-vous ?

NÉOPHILE.

Je ne sais, j'ai mal dormi la nuit.

ORONTE.

Peut-être que quelqu'un vous aura fait du bruit.

NÉOPHILE.

Ce n'est point cela ; mais quelle qu'en soit la cause ;
Il faut se consoler et c'est fort peu de chose.

Pour me remettre un peu, si vous le trouvez bon;
Je m'en vais prendre l'air.
ORONTE.
Oui, vous avez raison.
Allez.

SCÈNE II.

ORONTE, seul.

Cela me plaît, j'aime ce caractère :
Le soin de sa santé ne l'inquiète guère ;
Il n'est pas de ces gens qu'on voit incessamment
Se tâter, s'écouter sur leur tempérament ;
Ces damoiseaux fluets, nourris d'eau rose et d'ambre,
Qui pour avoir toussé deux fois gardent la chambre,
Qui craignent les brouillards, et pour s'en garantir,
Consultent l'almanach avant que de sortir.
Je pourrais en nommer, et plus d'un dans la ville...

SCÈNE III.

ORONTE, ARISTE.

ARISTE.
Je viens de rencontrer votre fils Néophile :
L'avez-vous vu ?
ORONTE.
Pourquoi ?
ARISTE.
Si j'en ai bien jugé,
Il n'est point bien du tout, et paraît fort changé :
Prenez-y garde.
ORONTE.
Bon ! c'est une bagatelle.
ARISTE.
Passe ; mais je n'ai pu refuser à mon zèle
De vous en avertir, et je ne suis monté
Qu'à ce dessein : veillez, veillez à sa santé.

ORONTE.
N'est-il pas assez grand pour y veiller lui-même ?
ARISTE.
Il est vrai; mais enfin pour un fils que l'on aime....
ORONTE.
Bon! parce que je l'aime, et que je n'ai que lui,
Il faut que je le garde enfin dans un étui,
Et le gouverne ainsi que vous faites le vôtre ?
Ma foi, vous me prenez pour vous ou pour quelqu'autre.
Je ne veux point, en père inquiet et fâcheux,
A force de l'aimer, le rendre malheureux.
ARISTE.
Vous croyez pour le mien que j'en fais trop peut-être ?
Avouez-le ?
ORONTE.
Il n'est rien qui n'y puisse paraître.
Je ne sais de quel œil il voit tout cela ; mais
Vous lui tenez un peu la lisière de près.
ARISTE.
Ah! quant à le veiller quelque peu, je l'accorde;
Mais puisqu'ici, mon cher, vous touchez cette corde,
Ma foi, sur votre fils vous ne feriez que bien,
Plus pour votre repos encor que pour le sien,
Quoi que vous en disiez, d'imiter ma manière,
Et de le retenir un peu par la lisière.
ORONTE.
Je suis votre valet : le temps en est passé,
Et de tous ces soins-là je suis débarrassé.
Je n'ai rien épargné pour former sa jeunesse;
Et quoique je l'aimasse avec grande tendresse,
Que je n'eusse d'ailleurs que lui pour tout enfant,
Je le mis au collége à l'âge de sept ans.
C'est là qu'il a, ma foi, rempli toute justice ;
Et par tous les degrés enfin de la milice
J'ai voulu qu'il passât, et m'en suis bien trouvé ;
Car on n'a guère vu d'enfant mieux élevé.

ARISTE.

Et vous croyez que tout est fait?

ORONTE.

Il me le semble.

ARISTE.

Nous sommes donc bien loin d'être d'accord ensemble;
Mon fils, comme le vôtre, et tous nos jeunes gens,
A fait, tant bien que mal, au collége son temps.
Sur sa conduite alors j'étais assez tranquille,
Et le regardais là comme dans un asile
Veillé, soigné, prêché du matin jusqu'au soir,
Il ne se pouvait pas qu'il ne fît son devoir.
Je hais de ces parens la bizarre sagesse,
Qui se plaignent pour rien, qui s'alarment sans cesse,
Et voudraient que leurs fils, sans étude, sans art,
Sans mérite, aux honneurs eussent le plus de part.
Pourquoi se distinguer par un nouvel usage?
Si l'enfant leur est cher, qu'ils le mettent en cage;
Mais s'écrier, pester, calomnier les gens,
Marque un petit esprit et très-peu de bon sens.
Pour moi, sur ce qui touche ou les mœurs ou l'étude,
Jamais, durant ce temps, je n'eus d'inquiétude;
Je pouvais de ces soins me fier sur autrui.
Mais, diantre, ce n'est plus même chose aujourd'hui,
Je suis chargé de tout : il faut, quoi que je fasse,
Que de vingt surveillans je remplisse la place.

ORONTE.

Un père aura toujours son fils à son côté?

ARISTE.

Non pas : pour une honnête et sage liberté,
On la lui doit ; mais même en lui lâchant la bride,
Il est bon que de loin il l'observe et le guide.
Mon fils est avec moi libre, autant qu'il convient;
Mais je veux, après tout, savoir ce qu'il devient.
Car on ne compte point les fautes du collége;
Tout s'efface en sortant; c'en est le privilége :

Mais dès que dans le monde un jeune homme est entré,
Soit en bien, soit en mal, tout est enregistré.
On fait son horoscope, et de son caractère
On forme un jugement dont on ne revient guère.
Combien de jeunes-gens, au collége accomplis,
En sont sortis savans, civilisés, polis,
Qui, malheureusement, donnant ensuite à gauche,
Livrés à la crapule, au luxe, à la débauche,
Des vertus que dix ans à peine avaient produit,
En trois mois bien souvent ont perdu tout le fruit?
Décriés à tel point, qu'avec de la naissance,
De l'esprit, des amis, des biens en abondance,
Et tout ce qui pouvait les élever plus haut,
Ils n'ont pu cependant s'établir comme il faut.

ORONTE.

Mais est-ce sur mon fils que tombent ces maximes?
Je ne vois pas qu'il ait encor fait de grands crimes;
Sa réputation se soutient jusqu'ici,
Et chez les gens d'honneur il est....

ARISTE.

     Coussi, coussi.
Sa réputation, qui fut d'abord si belle,
Dans le monde aujourd'hui ne bat plus que d'une aile
En qualité d'ami, mon cher, et de parent,
Je crois que sur cela je dois vous parler franc.

ORONTE.

Avez-vous contre lui des faits?

ARISTE.

     Je me contente
De vous faire observer qui sont les gens qu'il hante :
Un tas de jeunes fous, petits-maîtres fameux,
Qui parviendront bientôt à le rendre comme eux.
Si mon fils fréquentait des gens de cette clique....

ORONTE.

Gardez-le donc chez vous, ainsi qu'une relique.

ARISTE, *en s'en allant.*

Il me fait grand pitié dans son aveuglement!

## SCÈNE IV.

### ORONTE, POLÉMON.

ORONTE, *seul d'abord.*

De ces moraliseurs voilà l'entêtement ;
Si l'on ne fait comme eux, l'on ne fait rien qui vaille.
Malgré tous ses avis, je ne vois pas qu'il faille
Tant m'alarmer. Que vois-je ! est-ce vous, Polémon ?

POLÉMON.

Vous ne m'attendiez pas aujourd'hui ?

ORONTE.

Vraiment non.
Depuis plus de quatre ans, que, loin de cette ville,
Vous voulûtes chercher un asile tranquille,
Vous n'aviez point encor reparu dans ces lieux.
A peine, en vous voyant, j'ose croire mes yeux.
Mais quel est le sujet enfin qui vous ramène ?

POLÉMON.

Vous le saurez bientôt, mais je viens avec peine.
Ici tout me désole, et tout ce que je voi
Me retrace.... Paris n'est plus Paris pour moi.
Ah ! mon fils !

ORONTE.

Je sais trop quelle fut cette perte ;
Et la plaie à l'aspect de ces lieux s'est rouverte :
C'était un fils unique, et même encor quel fils ?
Cent vertus relevaient son éclat et son prix.

POLÉMON.

Ah ! vous ne savez pas ce qui me désespère.
Plaignez ici le sort d'un infortuné père.
Hélas ! c'est d'avoir vu cet enfant malheureux,
Mourir trop tard encor pour mourir vertueux.
Ah ! si rien peut calmer le souci qui m'obsède,
De vous seul aujourd'hui j'en attends le remède.

ORONTE.

Comment, de moi? que puis-je, hélas! et quel secours?...

POLÉMON.

Oui, ce n'est qu'à vous seul que j'ai tout mon recours.
Après mon fils perdu, de ma triste famille
Il ne me reste plus désormais qu'une fille.
Si je respire encor, malgré tout mon malheur,
Je ne le dois, hélas! qu'aux soins de son bon cœur.
Je pense à reconnaître une amitié si tendre,
Et je veux l'établir; mais il me faut un gendre
Propre à me remplacer, par des liens si doux,
Le fils que je n'ai plus; et je m'adresse à vous.
Vous êtes plus au fait que je ne le puis être.
Faites ce choix pour moi, je vous en fais le maître.

ORONTE.

De la commission je me tiens honoré,
Et voudrais vous pouvoir servir à votre gré.
Votre nom, vos grands biens, votre illustre naissance,
Votre rang, vos exploits, sont connus dans la France.
Voyez de quel côté vous souhaitez viser;
Pour un parti, j'en ai vingt à vous proposer.

POLÉMON.

Je vous devrai beaucoup; mais avant toute chose,
Il en est un qu'il faut qu'ici je vous propose.
A ma campagne même, où je suis confiné,
On m'a fait cent récits d'un jeune homme bien né :
Tout ce qu'on m'en a dit, son air, sa politesse,
Ses talens, ses succès, sa douceur, sa sagesse,
M'ont retracé ce fils, hélas! que je n'ai plus,
Mais ce fils encor sage et plein de ses vertus.
Qui peut mieux dans ce fils, ce fils que je regrette,
Aujourd'hui remplacer la perte que j'ai faite?

ORONTE.

Certes, vous ne sauriez faire un plus digne choix;
Moi-même, s'il le faut, j'y donne aussi ma voix;

Mais, quel est ce sujet? son nom, peut-on l'apprendre?

POLÉMON.

C'est votre fils, c'est lui que je voudrais pour gendre.

ORONTE.

Mon fils!... c'est un jeune homme encor trop peu
 connu;
Et quand en sa faveur on vous a prévenu,
On l'a flatté sans doute.

POLÉMON.

      Un semblable langage
Sied toujours dans un père aussi poli que sage;
Mais j'ai fixé mon choix, vous pouvez y rêver.
Je sors, et reviendrai ce soir vous retrouver.
Si le parti vous plaît, d'une âme libre et franche,
Réglez tout, je vous laisse ici la carte blanche.

## SCÈNE V.

### ORONTE.

Je n'aurai pas long-temps à rêver là-dessus;
De ses offres je suis moi-même encor confus.
Une riche héritière, une grande alliance,
Parti, de tous côtés, illustre et d'importance,
Où même, pour mon fils, je n'osais aspirer!
Je ne le lui veux point encore déclarer,
Demain il sera temps.

## SCÈNE VI.

### NÉOPHILE, ACASTE, LÉANDRE, ALASTOR, PREST-A-TOUT.

#### PREST-A-TOUT.

      Venez, il se retire....

#### ACASTE.

Peste soit des barbons. Qu'avaient-ils tant à dire?
Çà, raisonnons: eh bien, mon brave, cette nuit,
Dans le café, dit-on, on a fait quelque bruit?

NÉOPHILE.
Vous nous avez, ma foi, bien manqué.
ACASTE.
J'en enrage !
Si j'avais été là, morbleu, j'aurais fait rage.
NÉOPHILE.
Je me sens, quant à moi, grande démangeaison
D'en avoir ma revanche, et d'en tirer raison.
Oh ! parbleu, nous verrons, Messieurs du guet.
ACASTE.
Je gage
Que ces marauds croiront avoir eu l'avantage.
NÉOPHILE.
Du moins quand cette nuit j'aurai su les frotter,
Je ne crois pas qu'après ils aillent s'en vanter.
ALASTOR.
A trois heures du soir il faut ici nous rendre
Pour régler tout, et voir la route qu'il faut prendre.
NÉOPHILE.
Donnez-nous donc au moins parole de venir,
Et, mieux que cette nuit, songez à la tenir.
ACASTE.
Fort bien ; mais pour régler notre marche il me semble
Qu'il serait bon pourtant que l'on soupât ensemble.
De vous dire aux dépens de qui, je n'en sais rien ;
Mais il faudra pourtant souper ensemble, et bien.

PREST-A-TOUT, *au traiteur qui veut entrer.*
Attendez un moment, Monsieur est en affaire.
NÉOPHILE.
Qu'est-ce ?...
PREST-A-TOUT.
Votre traiteur.
NÉOPHILE.
J'enrage.
ACASTE.
Laissez faire.
Qu'il entre : il est venu, je pense, tout exprès
Pour nous tirer d'affaire et pour payer les frais.

C'est de l'argent qu'il vient chercher, comme on peut
 croire ;
Offrez-lui sur-le-champ d'acquitter son mémoire :
Il ne compte pas trop sur un paiement si prompt,
Et vous verrez beau jeu, si la corde ne rompt.
Dis-lui qu'il peut entrer.

NÉOPHILE.

Mais vous n'êtes pas sage :
Que faites-vous ?

ACASTE.

Pensez à votre personnage,
Et faites-vous tenir à quatre pour payer.
Pour vous, Monsieur, songez à me bien appuyer.

LÉANDRE.

Nous saurons, s'il le faut, nous prêter à la scène.
Il entre.

## SCÈNE VII.

NÉOPHILE, ACASTE, LÉANDRE, ALASTOR, PREST-A-TOUT, M. GROS-JEAN, *traiteur.*

NÉOPHILE.

Ah, ah ! c'est vous ! quel bon vent vous amène,
Monsieur Gros-Jean ? Venez.

GROS-JEAN.

Ah ! Monsieur, trop d'honneur.
Messieurs, je suis à tous très-humble serviteur.

NÉOPHILE.

Laissons les complimens.

GROS-JEAN.

C'est pour un petit compte....

NÉOPHILE.

Pas tant petit : voyons à quoi tout cela monte.
 ( *Après avoir lu.* )
Oh ! oh !

GROS-JEAN.

Je veux tout perdre, et quitter le métier,
Si seulement l'on trouve à rabattre un denier.

NÉOPHILE.

Vous m'en répondez donc?

GROS-JEAN.

Oui, Monsieur, sur la vie.
Jamais de vous tromper je n'eus aucune envie;
Et j'aurais grand regret qu'on pût me reprocher....

NÉOPHILE.

Tout doux : ce que j'en dis n'est pas pour vous fâcher.
Vous me garantissez le tout en honnête homme?

GROS-JEAN.

Oui, Monsieur.

NÉOPHILE.

Prest-à-tout, qu'on acquitte la somme.
Allez.

ACASTE.

Morbleu, peut-on être dupe à ce point?
Je ne le puis souffrir, cela ne sera point.
Reste là, toi.

PREST-A-TOUT.

Monsieur, j'obéis à mon maître.

ACASTE.

Comment, par la jarni, tu me raisonnes, traître!

GROS-JEAN *à Acaste.*

Quoi! vous vous opposez, Monsieur, au paiement?

LÉANDRE.

Mon Dieu! ne dites mot, Monsieur Gros-Jean.

GROS-JEAN.

Comment?
Que je ne dise mot! et d'où vient qu'il s'oppose?...

ALASTOR.

Eh! morbleu, taisez-vous, vous allez être cause
De quelque grand malheur.

ACASTE.

Je veux qu'il parle, moi.
Parlez donc, honnête homme, homme à la bonne foi :
Montrez-moi ce mémoire. Oh! oh! la main vous trem-
    ble.

GROS-JEAN.

Monsieur, nous n'avons rien à démêler ensemble.

ACASTE.

Vous allez voir que si. Parlez, homme d'honneur.
Du moins, répondez-moi : N'êtes-vous pas traiteur ?

GROS-JEAN.

Oui, Monsieur.

ACASTE.

Poursuivons d'un esprit pacifique.
Qui vous a de Monsieur procuré la pratique ?
N'est-ce pas moi ? plaît-il ?

GROS-JEAN.

Oui, Monsieur, ce fut vous.

ACASTE.

Préférence, ajoutez, qui fit bien des jaloux.

GROS-JEAN.

Tout ce qu'il vous plaira....

ACASTE.

Fort bien, il sait son monde.
Il faut donc que de tout ce soit moi qui réponde ;
Et si l'on se trompait par un compte épicé,
Mon honneur y serait sans-doute intéressé.

GROS-JEAN.

Pardonnez-moi, Monsieur, je ne trompe personne.
Et si...

ACASTE.

Comment, morbleu, que je vous le pardonne !
Votre mémoire en main, vous me menez battant ;
Vous voulez qu'on vous paie en bel argent comptant ;
Et quand on va chez vous, vous ne servez sur table
Rien qui ne soit, morbleu, du dernier détestable,
Jamais rien qui soit fin, rien de cuit à propos.

GROS-JEAN.

Parbleu, vous mangez tout, souvent jusques aux os.

ACASTE.

Bon ou mauvais, que diantre, il faut bien que l'on mange.
Et du vin ! mais quel vin ! Dieu sait, et quel mélange !

GROS-JEAN.

Eh! Monsieur, pas plus loin que la dernière fois,
Vous en fîtes encor l'éloge à pleine voix.

ACASTE.

J'en fis l'éloge, moi! parbleu, j'étais donc ivre?

GROS-JEAN.

Je ne sais plus comment avec vous il faut vivre.
On fait tout de son mieux à vous régaler bien,
Et puis,....

ACASTE.

C'est que, morbleu, votre mieux ne vaut rien.

GROS-JEAN.

Et ce dernier Carême encor, que l'on demande
Si je ne pensai pas à être mis à l'amende
Pour vous avoir servi, contre la règle, en gras?

ACASTE.

Et c'est mon grand regret que l'on ne t'y mit pas.
Morbleu, ces coquins-là, que l'avarice enflamme,
Pour gagner de l'argent, vendraient jusqu'à leur âme.
Et ces règles, qu'ici vous faites tant valoir,
Vous ont-elles prescrit, contre votre devoir,
De nous donner du vin d'Anjou pour du Champagne?
Et de faire passer, sous nom de vin d'Espagne,
Des vins faits à Paris? Vous savez la façon,
Et s'il était besoin, vous m'en feriez leçon.

GROS-JEAN.

Parbleu, je n'entends rien à tout ce que vous dites;
Le dernier jour encor, Monsieur, quand vous sortîtes,
Vous étiez très-content; Messieurs en sont témoins.
Pardi, souvenez-vous des poulardes du moins :
Vous-même, de grand cœur, vous m'en rendîtes grâces.

AGASTE.

Tes poulardes! fi....

GROS-JEAN.

Mais....

AGASTE.

Elles étaient trop grasses.

GROS-JEAN.

Et comment voulez-vous qu'elles soient donc ?

ACASTE.

Je veux ?
Je veux qu'elles soient, mais qu'elles soient entre deux,
Pleines de suc, ni trop petites, ni trop grosses.
Et vos ragoûts, les plus abominables sauces !
Ah ! ne m'en parlez pas, sel et poivre à foison ;
Vous faites bien pour vous, et vous avez raison :
C'est votre compte.

GROS-JEAN.

Enfin, je ne saurais mieux faire ;
Pour finir, c'est Monsieur qui doit me satisfaire.

ACASTE.

Non, il n'en fera rien....

NÉOPHILE.

Pourquoi donc, s'il vous plaît ?

AGASTE.

C'est que je dois avoir soin de votre intérêt.

NÉOPHILE.

Je vous suis obligé, Monsieur, de votre zèle ;
Mais comme il ne s'agit que d'une bagatelle,
Je crois être assez grand pour juger dans le cas
De ce qui me convient, ou ne me convient pas.
Prest-à-tout, qu'on le paie.

ACASTE.

Arrête là, demeure ;
Si tu fais un seul pas, je te tue, ou je meurs.

NÉOPHILE.

Quoi ! je ne serai pas maître ici de mon bien ?

ACASTE.

(*Tirant à demi son épée.*)
Ou plutôt....

LÉANDRE à *Acaste*.

Ah ! Monsieur, que faites-vous ?

NÉOPHILE.

      J'enrage....

  ALASTOR *à Néophile.*

Eh ! de grâce, Monsieur.

    NÉOPHILE.

    Comment donc ! on m'outrage.

   ALASTOR.

C'est votre ami, Monsieur.

    NÉOPHILE.

      Il se fait mon tyran.

   PREST-A-TOUT.

Quel vacarme, mon Dieu ! sortez, monsieur Gros-Jean.

   GROS-JEAN.

J'ai bien affaire ici des contes qu'on me forge.

   PREST-A-TOUT.

Voulez-vous que pour vous ils se coupent la gorge ?

   GROS-JEAN.

Je veux être payé....

   PREST-A-TOUT.

     Vous le serez aussi.

   LÉANDRE.

Messieurs, ne peut-on pas accommoder ceci ?

   ALASTOR *à Acaste.*

Vous lui tenez aussi la bride un peu bien haute.
Eh bien ! s'il a mal fait, qu'il répare la faute ;
Donnons-lui sa revanche au moins pour essayer.

   NÉOPHILE.

Fort bien ; mais je vous dis, moi, que je veux payer.

   ALASTOR.

Eh ! oui, vous payerez, qui vous dit le contraire ?
Attendez à demain.

   GROS-JEAN.

    Mais, quoi !....

   ALASTOR.

      Veux-tu te taire ?

Voyez-moi ce sot-là, je m'éventre pour lui.
Çà, point de bruit : chez vous nous soupons aujourd'hui ;

Que tout soit bien, morbleu, ne donnez point de prises.
Nous nous y rendrons tous à dix heures précises.

GROS-JEAN.

Mais, Monsieur....

ALASTOR.

Je l'ai dit, ne m'en dédites pas ;
Allons, monsieur Gros-Jean, donnez ordre au repas.

GROS-JEAN.

Mais enfin, mon mémoire....

ALASTOR.

Ah ! que l'on le lui rende ;
Rien n'est plus juste.

GROS-JEAN.

Oui ; mais....

ALASTOR.

Eh bien ! quoi ?

GROS-JEAN.

J'appréhende.

ALASTOR, *en l'emmenant.*

Laissez-moi, j'aurai soin.....

NÉOPHILE.

Prest-à-tout, dis-lui bien
Que ce n'est pas ma faute, et qu'il n'y perdra rien.

ACASTE.

Qu'il prenne garde au moins que le Champagne mousse.
Il vient, ma foi, d'avoir une rude secousse

## SCÈNE VIII.

NÉOPHILE, ACASTE, LÉANDRE, PREST-A-TOUT.

LÉANDRE.

EH BIEN ! est-il dehors ?....

PREST-A-TOUT.

Oui, du moins autant vaut ;
Alastor l'accompagne, et l'instruit comme il faut.

NÉOPHILE.

Il consent donc ?

PREST-A-TOUT.
Coussi.... l'âme fort mécontente.
ACASTE.
Il faut bien, malgré lui, parbleu, qu'il y consente.
NÉOPHILE.
Mais pourtant si ce soir.
ACASTE.
Je voudrais bien, pour voir,
Qu'il manquât là-dessus à faire son devoir.
A propos de devoir, j'ai certaine querelle....
NÉOPHILE.
Ma foi, je suis à vous....
ACASTE.
C'est une bagatelle;
Il s'agit d'un maraud, et sans tant de façon,
Ma canne, à petit bruit, lui fera sa leçon.
NÉOPHILE.
A tantôt, s'il vous plaît....
ACASTE.
Je réponds de me rendre.
LÉANDRE.
Comptez aussi sur moi.
NÉOPHILE.
Vous le suivez, Léandre?
LÉANDRE.
Non, je vais autre part ; mais je promets aussi
Que j'aurai soin tantôt de me trouver ici.

## SCÈNE IX.

### NÉOPHILE, PREST-A-TOUT.

PREST-A-TOUT.
Mais à propos j'ai vu notre homme à limonade ;
Vous devez deux cents francs.
NÉOPHILE.
Le voilà bien malade.

L'ÉCOLE
PREST-A-TOUT.

Vous savez qu'il est dur, homme âpre à s'enrichir;
Il tempête, il s'échauffe.

NÉOPHILE.

Il peut se rafraîchir,
Il est à même.

PREST-A-TOUT.

Mais il fait du bruit, il gronde.

NÉOPHILE.

Tant pis pour lui....

PREST-A-TOUT.

Voilà qui va le mieux du monde;
Mais songez-vous du moins à votre bijoutier,
Monsieur Bagatelle?....

NÉOPHILE.

Pour lui, point de quartier;
Il ne m'en fait jamais, et me vend tout au double.
De ce que je lui dois, s'il peut tirer un double,
Il sera bien adroit; mais, dois-je à tant de gens?

PREST-A-TOUT.

Monsieur, je ne sais pas; mais à ce que j'entends,
Cela peut bien aller, selon ma connaissance,
A quelques quatre ou cinq mille livres, je pense.

NÉOPHILE.

Peste! que diantre aussi vient-il nous lanterner!
Tous ces détours ne sont propres qu'à chagriner.
Je consens à payer; mais non pas qu'on m'ennuie.

PREST-A-TOUT.

C'est votre affaire.

NÉOPHILE.

Qu'est-ce? il me vient compagnie.

## SCÈNE X.

NÉOPHILE, PREST-A-TOUT, EUDOXE,
MÉLITHON.

NÉOPHILE.

Que cherchez-vous, Messieurs?

EUDOXE.
Le seigneur Polémon.
NÉOPHILE.
Je ne connais ici personne de ce nom.
EUDOXE.
Lui-même en ce logis nous a dit de nous rendre.
NÉOPHILE.
S'il est ainsi, Monsieur, vous l'y pouvez attendre.
EUDOXE.
Si vous le permettez, nous venons tout exprès :
Cet enfant a l'honneur de lui toucher de près.
NÉOPHILE.
Ah! fort bien : on l'élève au collége, sans doute ?
NÉOPHILE.
Oui, monsieur.
EUDOXE.
J'ai suivi jadis la même route.
EUDOXE.
On s'y souvient de vous avec distinction.
NÉOPHILE.
Je m'y suis fait un peu de réputation,
En apprenant à force, et comme grands mystères,
Beaucoup de rogatons qui ne me servent guères :
Je n'en ai, par ma foi, pas beaucoup mieux fait....
Ce jeune gentilhomme est poli tout-à-fait.
MÉLITHON.
Monsieur, c'est trop d'honneur.
NÉOPHILE.
Eh bien ! en quelle classe ?
MÉLITHON.
Monsieur, c'est en cinquième.
NÉOPHILE.
Avez-vous bonne place ?
Dites.
MÉLITHON.
Pour cette fois, monsieur, je suis préteur,
Et sans un temps pour temps, je serais empereur;
Mais je provoquerai.

NÉOPHILE.

C'est bien fait, bonne guerre;
Courage, faites-vous craindre comme un tonnerre.
Morbleu, point de quartier.

MÉLITHON.

Eh!

NÉOPHILE.

Quoi donc, mon mignon,
Qu'avez-vous?...

MÉLITHON.

Vous jurez, vraiment, monsieur.

NÉOPHILE.

Moi! non.

MÉLITHON.

Fi, fi.

NÉOPHILE.

Comment! il a déjà de grands scrupules.
Prenez garde, Monsieur, ce sont des particules....

MÉLITHON.

Des particules!....

NÉOPHILE.

Oui....

MÉLITHON.

Je ne sais point cela :
On ne nous apprend point ces particules-là.

NÉOPHILE.

Je le crois bien vraiment, ce n'est qu'en rhétorique,
Tout au plus, qu'on commence à les mettre en pratique.

MÉLITHON.

C'est là qu'apparemment vous les avez appris.

EUDOXE.

De votre rhétorique il est un peu surpris :
Au collége....

NÉOPHILE.

Au collége! oui, peu de chose étonne.

EUDOXE.

E ce ne sont pas là les leçons qu'on leur donne.

NÉOPHILE.

On leur donne, ma foi, de fort belles leçons;
Tout ce qu'on leur apprend, c'est autant de chansons.

EUDOXE.

On tâche à leur donner pourtant de bons principes.

NÉOPHILE.

Oui, j'en ai rapporté, ma foi, de belles nippes:
Du latin et du grec, du grec et du latin,
Du matin jusqu'au soir, du soir jusqu'au matin.
De mon temps, j'en savais à peu près comme un autre.

EUDOXE.

Mais votre temps, monsieur, est à peu près le nôtre.
Depuis quatre ou cinq mois rien n'a si fort changé.

NÉOPHILE.

De grec et de latin je m'étais fort chargé :
Je croyais que sans grec on ne pouvait pas vivre;
Mais je n'ai ma foi pas, depuis, ouvert un livre,
Et quoique pour le grec j'eusse un fort grand respect,
Je donnerais, ma foi, le latin et le grec,
Et prose et vers, et tout ce qui les accompagne,
Pour du vin de Bourgogne ou du vin de Champagne.
Qu'en dis-tu, Prest-à-tout?

PREST-A-TOUT.

     Eh! vous avez raison,
Monsieur, et le bon vin est toujours de saison.

NÉOPHILE.

J'apprenais autrefois, dans un Jean Despautère,
*Parum vini;* j'apprends aujourd'hui le contraire,
Et chez Gros-Jean, traiteur de réputation,
J'en dois faire aujourd'hui la répétition.
Vous le voyez, Monsieur, j'aime toujours l'étude :
Que voulez-vous? c'est là mon péché d'habitude.

EUDOXE.

Vous avez, ce me semble, un peu changé d'objet.

NÉOPHILE.

Cet enfant me paraît faire un joli sujet;

Mais il est entrepris, et sent trop son collége.
EUDOXE.
Mais....
NÉOPHILE.
Oui, je lui voudrais un peu.... Comment dirai-je ?
Là.... de certains bons airs....
EUDOXE.
Il n'en est pas besoin,
Monsieur, et....
NÉOPHILE.
Laissez-moi, je veux prendre ce soin.
Venez, Monsieur, venez que je vous endoctrine.
Ouvrez-moi cette veste, avancez la poitrine ;
Un peu de débraillé, cela ne messied pas :
Glissez négligemment le chapeau sous le bras.
EUDOXE, *en retirant Mélithon.*
Monsieur, il ne prendra que trop tôt ces manières,
Qui, pour vous dire vrai, ne nous conviennent guères.
NÉOPHILE.
Oh ! oui, vive le grec ! tout le reste n'est rien.
Je vous laisse le maître, et vous le voulez bien.
Prest-à-tout, quel pédant, et comme on les attelle !

# SCÈNE XI.

## EUDOXE, MÉLITHON.

EUDOXE.

Savez-vous bien, mon fils, comment cela s'appelle ?
Un jeune fou, plus sot encor qu'écervelé.
Souvenez-vous du ton dont il vous a parlé ;
Et devant qu'il soit peu, d'une telle conduite,
Vous verrez, Mélithon, quelle sera la suite.
De ces discours, lui-même il vous fera raison ;
Je ne veux point pour vous d'autre contre-poison.

## SCÈNE XII.

#### POLÉMON, EUDOXE, MÉLITHON.

POLÉMON.

Oh! vous voilà, mon Dieu, je vous ai fait attendre;
Mais je n'ai jamais pu plus tôt ici me rendre.
Eh bien! comment enfin vous êtes-vous porté,
Mon fils?

MÉLITHON.

Fort bien, Monsieur.

POLÉMON.

C'était l'enfant gâté
A la maison; mon fils, il faut vous rendre habile.
En êtes-vous content?

EUDOXE.

Il est assez docile:
Il apprend volontiers, s'applique, et jusqu'ici,
Dans tout ce qu'il a fait il a bien réussi.

POLÉMON.

Profitez-bien, mon fils, des leçons qu'on vous donne.
En m'attendant ici, n'avez-vous vu personne?

EUDOXE.

Nous avons vu, Monsieur, un jeune homme; le fils,
Si vous le connaissez, du maître du logis,
Et nous avons eu même entretien assez ample.

POLÉMON.

J'en suis charmé, mon fils. Dame! c'est un exemple,
Voyez-vous? on en fait vraiment un fort grand cas.
Il faut tâcher au moins de marcher sur ses pas.

EUDOXE.

Son exemple, Monsieur, pour bien faire et bien vivre,
Pouvait bien au collége être un exemple à suivre;
Mais les temps sont changés.

POLÉMON.

Comment donc, s'il vous plaît?
Vous me surprenez fort, et j'y prends intérêt.

Je suis, depuis long-temps, fort ami de son père.
Expliquez-nous de grâce un peu tout ce mystère.
EUDOXE.
Si vous aviez été présent à l'entretien
Que nous venons ici d'avoir ensemble!
POLÉMON.
Eh bien?
EUDOXE.
Je n'ose presque pas dire ce que j'en pense.
EUDOXE.
Si faut-il pourtant que j'en prenne connaissance :
Mais pour le faire mieux, et plus confidemment,
Retirons-nous un peu dans cet appartement ;
Le maître du logis veut bien que j'en dispose,
Et nous pourrons au long éclaircir toute chose.

FIN DU SECOND ACTE.

# ACTE III.

## SCÈNE I.

ARISTE.

Oronte est-il ici? la chose est en bon train.
Je suis fort à présent, et j'ai pièces en main :
Il faut sur ce point-là qu'Oronte me réponde,
Et je l'irais plutôt chercher au bout du monde.
Sachons un peu, d'abord, s'il est ici,... Criton?

## SCÈNE II.

ARISTE, CRITON.
CRITON.
M'appelez-vous, Monsieur?
ARISTE.
Si tu le trouves bon.

Tu parais mécontent : qu'est-ce donc qui te fâche?
Ton maître est-il rentré?

CRITON.

Non, Monsieur, que je sache.

ARISTE.

Je veux l'attendre ici, pour lui dire son fait,
Et je veux en avoir aujourd'hui le cœur net.
En quel endroit crois-tu qu'à présent il puisse être?

CRITON.

Je ne sais.... mais, c'est lui; vous le voyez paraître.
Je vous laisse tous deux.

## SCÈNE III.

### ORONTE, ARISTE.

ORONTE.

Ah! je vous trouve ici.

ARISTE.

Oui....

ORONTE.

Vous semblez chagrin.

ARISTE.

J'en ai sujet aussi,
Et mon fils en est cause.

ORONTE.

Oh! oh! ce fils si sage,
Que vous teniez si bien clos, et couvert en cage,
Vous fait apparemment des tours de son métier.

ARISTE.

Voyez, voyez vous-même, et lisez ce papier.

ORONTE, *après avoir lu.*

Eh! de qui, s'il vous plaît, tenez-vous ce mémoire?

ARISTE.

Du traiteur, et lui-même il m'a conté l'histoire.
Et vous saurez enfin, qu'après bien du fracas,
On l'oblige ce soir à donner un repas.
Vous l'entendez, je l'ai fort prié de se taire,
Promettant qu'on aurait soin de le satisfaire.

ORONTE.

Le tout, de votre part, est sagement conduit.
Étouffons doucement cette affaire, et sans bruit,

ARISTE.

Vous dites vrai ; voilà le parti qu'il faut prendre.

ORONTE.

Allons chez vous ; mandez au traiteur de s'y rendre.
Je veux qu'il soit payé, c'est mon intention ;
Mais j'y mets cependant une condition,
Qu'il ne sonnera mot de toute cette affaire,
Et que, feignant toujours de préparer grand'chère,
Il attendra mon fils de pied ferme ce soir,
Et je m'y trouverai pour le bien recevoir.
Allez toujours devant, disposez toute chose ;
Il faut qu'ici je reste un moment, et pour cause.
Holà, Criton.

## SCÈNE IV.

### ORONTE, CRITON.

CRITON.

Monsieur, vous m'appelez, je croi ?

ORONTE.

Oui, tu viens à propos, et j'ai besoin de toi.
Dis, crois-tu que mon fils bientôt ici se rende ?

CRITON.

Ma foi, je n'en sais rien, Monsieur ; la ville est grande.

ORONTE.

Oh bien ! tu lui diras, si tu peux le revoir,
Qu'il faut que je lui parle absolument ce soir,
Pour affaire importante, et qui de près le touche.

CRITON.

Il le saura, Monsieur, à moins qu'il ne découche.

ORONTE.

Qu'il ne découche ! oh ! oh ! le fait-il quelquefois ?

CRITON.

Eh ! Monsieur, environ sept ou huit fois par mois.

Mais vous le voulez bien, c'est à moi de taire.
#### ORONTE.
Oui-dà! je n'étais pas instruit de cette affaire.
Tu devais m'avertir.
#### CRITON.
Moi, Monsieur! quelque sot!
S'il savait qu'en dix ans j'en eusse sonné mot,
Il me rouerait de coups.
#### ORONTE.
Eh! fi donc, lui te battre?
#### CRITON.
Oui, Monsieur, il me bat, et me bat comme plâtre,
Et j'en ai bien souvent le corps tout noir de coups.
C'est un maître poulet.
#### ORONTE.
Il me paraît si doux!
#### CRITON.
Eh! oui, vous le laissez bonnement à sa garde.
Vous verrez, les enfans en vont à la moutarde.
#### ORONTE.
Patience, bientôt cela pourra finir.
Qu'il m'attende, s'il vient; je m'en vais revenir.

## SCÈNE V.
#### CRITON.

Qu'il l'attende! dit-il. Enfin, le bât le blesse;
Il aura découvert quelque tour de souplesse.
L'autre en fait tant aussi, qu'il faut bien qu'à la fin
Son père, malgré lui, soit instruit de ce train.
Ah! plût à Dieu qu'il eût bien suivi ma morale;
On aurait évité par-là bien du scandale.
Quand on n'a pas un peu.... là....

## SCÈNE VI.

### ACASTE, CRITON.

#### ACASTE.

Le coup est heureux.
Me voilà le premier, et j'ai barre sur eux.
Qu'est-ce! je ne vois point Néophile paraître....
Eh bien! mon cher Criton, qu'as-tu fait de ton maître?
Il devrait être ici : qui peut le retarder?

#### CRITON.

Oh! Monsieur, c'est à vous qu'il faut le demander,
Vous qui le gouvernez.... Mais le voilà lui-même.

#### ACASTE.

D'où vient donc, s'il vous plaît, cette lenteur extrême?
Et nos autres amis, que sont-ils devenus?

## SCÈNE VII.

### NÉOPHILE, ACASTE, LÉANDRE, ALASTOR, CRITON, PREST-A-TOUT.

#### NÉOPHILE.

Ils viennent....

#### PREST-A-TOUT.

Les voici....

#### ACASTE.

Soyez les bien-venus.

#### CRITON, *à Néophile.*

Monsieur, je suis chargé, par Monsieur votre père,
De vous dire qu'il veut vous parler pour affaire.

#### NÉOPHILE.

Mon père!

#### CRITON.

Il est sorti, Monsieur, pour faire un tour :
Il vous mande, par moi, d'attendre son retour.

#### NÉOPHILE.

Oui, s'il revient bientôt : que veut-il que j'attende?
J'ai donné rendez-vous, il faut que je m'y rende.

CRITON.

Monsieur, je vous le dis comme il m'en a chargé.

NÉOPHILE.

Eh bien! tu me l'as dis, le voilà dégagé :
Faut-il que je le signe, et t'en donne quittance?

CRITON.

Peut-être s'agit-il d'affaire d'importance.

NÉOPHILE.

Oh! Monsieur l'important, importun s'il en est,
Finissez vos discours, et passez s'il vous plaît.

## SCÈNE VIII.

NÉOPHILE, ACASTE, LÉANDRE, ALASTOR, PREST-A-TOUT.

ACASTE.

A trois heures.... il est la demie à ma montre.

PREST-A-TOUT.

Le temps se passe : avant que de nous séparer,
Sur nos projets de guerre il faut délibérer.

ALASTOR.

Oui, ma foi, car le temps de la campagne approche.
Réglons la marche.

ACASTE.

Allons, chevaliers sans reproche,
Si la dernière nuit le guet a triomphé,
Nous vengerons l'affront reçu dans le café.

NÉOPHILE.

Il faut mener battant toute cette canaille.

ACASTE.

Et mieux choisir aussi notre champ de bataille.
Ne nous enfermons point, comme l'on fit hier :
J'aime, quand je me bats, que je sois au grand air
Il s'agit d'attirer le guet par quelque esclandre :
Consultons sur cela des moyens qu'il faut prendre.

ALASTOR.

Insultons les passans.

ACASTE.
Cela n'est point mauvais.
PREST-A-TOUT.
Si le guet nous offense, et qu'en peuvent-ils, mais?...
ACASTE.
Oui, la remarque est bonne.
LÉANDRE.
Enfonçons quelque porte;
On ne manquera pas de demander main-forte.
Le guet accourt.
PREST-A-TOUT.
Oui, mais le bourgeois en courroux.
Pourrait, peut-être, au guet se joindre contre nous.
ACASTE.
Il a ma foi raison, respectons la commune,
Et ne nous faisons pas deux affaires pour une.
NÉOPHILE.
Vous n'allez point au fait; il faut un coup d'éclat :
Commençons par casser des lanternes.
ACASTE.
*Vivat.*
Nous nous amusions là tous à des balivernes,
Et personne de nous ne pensait aux lanternes.
LÉANDRE.
Voilà le vrai parti.
ALASTOR.
Je m'y rends : le voilà.
ACASTE.
Où diantre a-t-il été déterrer celui-là ?
NÉOPHILE.
Par-là l'on ne fait tort à nulle âme vivante.
Le guet viendra courant, et la gueule béante.
Des lanternes il est garant et protecteur;
Quiconque les attaque, attaque son honneur.
Oh! c'est alors, ma foi, qu'il en faudra découdre,
Et que nous réduirons tous ces marauds en poudre.

DES PÈRES.

ACASTE.

Des lanternes! jamais on n'a mieux opiné;
J'enrage, et je voudrais l'avoir imaginé.

NÉOPHILE.

Fi donc, vous vous moquez, je quitte la partie.

ACASTE.

Il est bien question ici de modestie;
Moi qui, depuis quatre ans, la nuit bats le pavé,
N'ai jamais rien conçu, qui fut si bien trouvé.
Espionnes de nuit, sentinelles modernes,
Parbleu, vous sauterez, mesdames les lanternes!
Il faut pour le présent que je vous dise adieu.

NÉOPHILE.

Vous réglerez ensemble et le temps et le lieu.

LÉANDRE.

Où voulez-vous aller?

NÉOPHILE.

Droit à la comédie.

PREST-A-TOUT.

L'heure approche.

NÉOPHILE.

Je dois y tenir ma partie.
Adieu.

## SCÈNE IX.

ACASTE, LÉANDRE, ALASTOR.

ACASTE.

Que pensez-vous de cet élève-ci?
Il nous fait grand honneur.

LÉANDRE.

Pour moi, j'en juge ainsi;
Il fournit noblement sa carrière.

ALASTOR.

J'ignore,
Pour moi, du train qu'il va, s'il ira loin encore.

## SCÈNE X.

POLÉMON, ACASTE, LÉANDRE, ALASTOR.

POLÉMON.

Oronte est-il ici, Messieurs ?

LÉANDRE.

Réponds donc, toi.

ALASTOR.

Réponds toi-même.

ACASTE.

Eh! mais.... Monsieur, il y demeure.

POLÉMON.

Je le crois comme vous.

ACASTE.

Plus n'en sais, ou je meurs.

POLÉMON.

Il reviendra bientôt.

ACASTE.

Je le crois comme vous.

Serviteur.

ALASTOR.

Excusez.

## SCÈNE XI.

ORONTE, POLÉMON.

POLÉMON.

Quels maîtres petits fous !
(*Apercevant Oronte.*)
Ah! je vous attendais.

ORONTE.

Etait-ce pour affaire ?

POLÉMON.

Qui sont ces jeunes-gens, Monsieur, sans vous déplaire?

ORONTE.

Ceux qui sortent, ce sont les amis de mon fils.

POLÉMON.

Oui, votre fils choisit assez mal ses amis.

A propos, je veux faire un présent à ma fille;
J'ai besoin de bijoux, de quelque béatille.
Je sors pour en chercher.
ORONTE.
Avant la fin du jour
Vous verra-t-on?
POLÉMON.
Bientôt je serai de retour.

## SCÈNE XII.

### ORONTE *seul*.

Ah! pourquoi devant lui plus long-temps me contraindre,
Et ménager un fils dont j'ai tant à me plaindre?
Non, je n'en reviens point, tant le trait est honteux.
Quand on a des enfans, on est bien malheureux!
C'en est trop, je l'attends pour lui demander compte
D'une telle conduite, et le couvrir de honte.
Je saurai désormais le prendre sur un ton....
Sachons s'il est rentré. Holà! quelqu'un. Criton.

## SCÈNE XIII.

### ORONTE, CRITON.

CRITON.
Plaît-il, Monsieur?
ORONTE.
Eh bien! as-tu vu Néophile?
Et n'est-il pas enfin revenu de la ville?
CRITON.
Il était revenu; mais il est ressorti.
ORONTE.
Je l'avais dit, me semble...
CRITON.
Il en est averti,
Il sait vos volontés; mais, sans vouloir s'y rendre,
Il m'a dit pour raison qu'il ne pouvait attendre.

ORONTE.

Qu'il ne pouvait! c'est trop en exiger, je croi.
Oh! bien puisqu'ainsi va, je l'attendrai donc moi;
Et devant qu'il soit peu je lui ferai connaître
Qu'un père, quand il veut, peut bien être le maître.

CRITON.

Oh! soyez-le, Monsieur; peut-être est-ce un peu tard.

ORONTE.

Criton, va le chercher, et dis-lui, de ma part,
Qu'il se rende chez moi bien vite; s'il est sage...
Suffit. Je ne veux point m'expliquer d'avantage.

CRITON.

Je le vois bien, Monsieur, quelqu'un, grâces aux cieux,
Vous a, sur sa conduite, enfin ouvert les yeux.
Je le connais, Monsieur, depuis sa tendre enfance;
Il n'est pas dans le fond si méchant que l'on pense.
Le grand mal de ceci, c'est qu'il s'est accosté
De jeunes débauchés qui l'ont un peu gâté.
Mais celui qui, de tous, nuit plus à sa conduite,
Est un coupe-jarret qu'il a pris à sa suite,
Un fripon de bretteur, un scélérat fieffé,
Dont il s'est, pour sa perte, étrangement coiffé.
Son nom de Prest-à-tout marque son caractère;
Car en vrait prêt à tout, il est prêt à tout faire.

ORONTE.

Prest-à-tout! justement, c'est le nom qu'on m'a dit.

CRITON.

Sur votre fils il a tout pouvoir, tout crédit.

ORONTE.

On m'en rendra bon compte; et j'ai mis à ses trousses
Gens qui lui donneront d'assez rudes secousses.
Il se mêle, dit-on, de différens métiers,
Et les sergens ont tous son nom sur leurs papiers.
En quelque lieu qu'il soit.... Mais j'aperçois Ariste;
Cours vite où je t'ai dit.

## SCÈNE XIV.
### ORONTE, ARISTE.

ARISTE.

Qu'est-ce? vous semblez triste.
Qu'avez-vous, s'il vous plaît,

ORONTE.

Je suis triste en effet,
Et je n'en ai de plus que trop juste sujet.

ARISTE.

Quel est-il donc?

ORONTE.

Il faut l'avouer à ma honte :
Vous me l'aviez prédit, je n'en ai tenu compte ;
Mais à ce changement me-serais-je attendu ?

ARISTE.

Eh bien !

ORONTE.

Eh bien, Monsieur, Néophile est perdu.

ARISTE.

Puisque vous commencez enfin à le connaître,
Le mal n'est pas si grand que vous croyez peut-être.
Calmez-vous, on prendra les biais qui conviendront ;
Mais sachons avant tout où les choses en sont.

ORONTE.

Elles en sont.... par où faut-il que je commence ?
C'est un excès.... j'en suis effrayé, quand j'y pense.
Ses désordres honteux passent tous vos soupçons.

ARISTE.

Mais encore ?

ORONTE.

J'en sais de toutes les façons.
Le lâche, le perfide, à son plaisir s'immole ;
Il n'a plus d'autre objet : c'est son Dieu, son idole.
Dupe encor, pour surcroît d'un fripon de bretteur,
Qui de tout ce trafic se fait l'entremetteur,

Qui le vole à sa vue, et par le nez le mène ;
Mais ce qui fait encor le comble de ma peine,
C'est de voir, par sa faute et son aveuglement,
Avorter à mes yeux un établissement,
Où jamais tous mes vœux n'auraient osé prétendre.
Et qui voudrait de lui désormais pour son gendre ?
### ARISTE.
Le coup est affligeant, j'en demeure d'accord,
Et de tous les côtés Néophile a grand tort.
Si dans ceci pourtant l'amitié ne m'impose,
Je crois y découvrir, à bien prendre la chose,
Moins de vice, après tout, que de légèreté.
Le mal n'a point d'ailleurs encor trop éclaté.

## SCÈNE XV.
### ORONTE, ARISTE, POLÉMON.
#### POLÉMON.
Oui, dans le fond des bois et de la Barbarie,
Il vaut sans doute mieux encor passer sa vie.
#### ORONTE.
Eh ! mon Dieu ! qu'est ceci, Monsieur, et qu'avez-vous ?
#### POLÉMON.
Je suis outré....
#### ARISTE.
   Sur quoi tombe votre courroux ;
#### POLÉMON.
C'est une chose indigne, affreuse, intolérable.
Pour les honnêtes gens, Paris n'est plus tenable ;
On n'y peut désormais paraître en sûreté,
D'un tas de jeunes fous à toute heure insulté.
Qui pourrait ?....
#### ORONTE.
   Mais encor, expliquez-vous de grâce.
#### ARISTE.
Parlez, et dites-nous du moins ce qui se passe.
#### POLÉMON.
Non, jamais de la sorte on ne s'est vu traité.
Incontinent après que je vous ai quitté,

J'ai voulu, me trouvant près de la comédie,
Voir le théâtre encor une fois en ma vie :
Avant que dans mes bois je me fusse reclus,
C'était un des plaisirs que je goûtais le plus.
A peine avais je pris place dans le parterre,
Qu'un jeune évaporé me déclare la guerre.
Ma mine lui déplaît, je ne sais pas pourquoi;
En fredonnant un air, il s'approche de moi,
M'examine, me lorgne, et se met à sourire.
Alors, pour éviter le bruit, je me retire,
Je m'écarte, m'éloigne; il revient me chercher,
Et toujours à mes pas s'obstine à s'attacher,
Me coudoye. Au moment que la pièce commence,
Du côté du théâtre on le voit qui s'élance;
Et dès les premiers vers sifflant avec vigueur,
Il coupe effrontément la parole à l'acteur.
Un murmure s'élève et l'oblige à se taire.
Au troisième acte, enfin, ne sachant plus que faire,
Il s'en vient me rejoindre, et moi, s'en m'émouvoir,
J'écoute, ne faisant pas semblant de le voir.

ARISTE.

C'était déjà sur vous sans doute beaucoup prendre.

POLÉMON.

Vous le voyez....

ORONTE.

Je crains quelque nouvelle esclandre.

POLÉMON.

D'abord entre ses dents il se met à chanter :
Eh! Monsieur, ai-je dit, permettez d'écouter.
Vous allez, m'a-t-il dit, entendre des merveilles,
Et m'a, disant cela, sifflé dans les oreilles.

ARISTE.

Ah! c'en est trop.

POLÉMON.

Aussi l'ai-je pris par le bras,
Et l'ai fait devant moi pirouetter trois pas.
Il a voulu sur moi revenir en furie;
D'honnêtes gens, témoins de son effronterie,

Se sont mis entre deux, et l'ont même blâmé.
Son dépit dans le cœur alors s'est enfermé,
Et du moins pour un temps il nous a donné trêve.

ARISTE.

Il n'en est pas encor demeuré là !

POLÉMON.

J'achève.
Remis de cet affront, mon jeune débauché,
Presqu'un moment après, vers moi s'est rapproché.
Et des dames qu'au doigt il montrait dans les loges,
Faisant le sot plaisant, et sous le nom d'éloges,
Nous a fait des portraits pleins de malignité,
Mêlant dans ses discours force d'obscénité,
Je ne sais quel amas d'équivoques grossières,
Et des termes honteux dignes des étrivières.
Quelques gens en riaient, et ce jeune étourdi
Semblait tout glorieux de se voir applaudi.
A l'excès indigné d'une pareille audace,
Je n'ai pu résister, et j'ai quitté la place ;
Et pour n'essuyer plus un semblable chagrin,
Je veux dans mon désert me sauver dès demain.
Je pars ; l'émotion où je suis est bien forte,
Pour traiter notre affaire aujourd'hui ; mais n'importe :
Aux champs, où pour trois jours je vais me confiner,
Je vous attends, Monsieur, pour en mieux ordonner.
Votre fils est le mien.

## SCÈNE XVI.

ORONTE, POLÉMON, ARISTE, NÉOPHILE,
CRITON.

POLÉMON.

Mais, que vois-je paraître !
Quoi ! ce démon fatal, sous l'air de petit-maître,
Attaché tout ce soir à me persécuter,
Jusque chez vous encor viendra-t-il m'insulter ?

ORONTE.

Eh! Monsieur, c'est mon fils.

POLÉMON.

Ciel que viens-je d'entendre?
Votre fils!...

ARISTE.

Oui, c'est lui.

POLÉMON.

Quoi! c'était là mon gendre.
Quoi! lui pour qui j'avais le cœur si prévenu!
Lui pour qui seul j'étais en ces lieux revenu;
Sur qui, de ses vertus l'âme éprise et ravie,
Je fondais le repos du reste de ma vie!
Ce gendre prétendu, l'espoir de mon bonheur,
Au moment qu'il me voit est mon persécuteur.

NÉOPHILE.

Monsieur, je suis confus.

ARISTE.

Vous avez lieu de l'être.

ORONTE.

Grands dieux! de mon transport je ne suis plus le maître.
Ingrat, il faut qu'ici....

ARISTE, *à Oronte.*

Monsieur, que faites-vous?

( *A Néophile.* )

Sortez, dérobez-vous à son juste courroux.

NÉOPHILE.

Faut-il!....

ARISTE.

Votre présence irrite sa colère:
Retirez-vous chez moi; sortez vite.

NÉOPHILE.

Ah! mon père....

*8

ORONTE.
Toi, mon fils! un tel nom, ingrat, ne t'est plus dû.

ARISTE.
Emmène-le, Criton.

CRITON.
Je l'avais bien prévu.
(*A Oronte.*)
Vous le savez, Monsieur.

ARISTE.
Eh! tais-toi, sot visage,
Ne nous romps pas la tête avec ton verbiage.

CRITON.
Eh! Monsieur.

ARISTE.
Obéis, sors, et fais ton devoir.

NÉOPHILE.
Quelle confusion! je suis au désespoir.

CRITON.
Allons, vite, Monsieur, sauvons-nous de l'orage.

## SCÈNE XVII.

### ORONTE, POLÉMON, ARISTE.

ORONTE.
Quoi! Monsieur, c'est mon fils qui vous a fait outrage!
Après un tel forfait, je le voudrais voir mort.
Je vous en fais le maître, ordonnez de son sort.

POLÉMON.
Du meilleur de mon cœur, hélas! je lui pardonne,
Et n'ai d'autre chagrin que celui qu'il vous donne.
Si j'avais pu prévoir cet événement-ci,
Je vous aurais moi-même épargné ce souci.
Mais, hélas! au portrait que je viens de vous faire,
Pouvais-je dans le fils reconnaître le père?

ORONTE.
Est-il dans l'univers père plus malheureux?
Concevez ma douleur, et plaignez-moi tous deux.

#### POLÉMON.

C'est moi, Monsieur, c'est moi qui suis un père à plaindre.
Je voudrais pour mon fils avoir encore à craindre :
J'espérerais du moins, et j'oserais songer
Que quelque jour peut-être il pourrait se changer.
Mais je n'ai plus, hélas! ce fils que je déplore ;
Je ne l'ai plus, Monsieur, le vôtre vit encore,
Il vit, et revenu de ses égaremens,
Il peut vous consoler un jour de vos tourmens.

#### ORONTE.

Qu'il change, s'il le peut ; désormais ma tendresse
Ne m'inspire plus rien qui pour lui m'intéresse ;
Mais quand par un bonheur, où je n'ose aspirer,
De sa faute il pourrait rougir et la pleurer,
Peut-il dédommager son infortuné père
De l'honneur qu'aujourd'hui vous vouliez bien lui faire ?

#### POLÉMON.

Je ne romps point. Le temps pourra tout effacer,
Et bientôt....

#### ORONTE.

Non, Monsieur, il n'y faut plus penser.
Je connais tout le prix d'une telle alliance ;
Je l'avais acceptée avec reconnaissance.
Mon fils, par le lien qui devait vous l'unir,
Eût été trop heureux de vous appartenir.
J'envisageais ce nœud comme un bonheur insigne ;
Mais non, n'en parlons plus, il en est trop indigne.

#### POLÉMON.

Un père tel que vous en fait bien oublier.
Je sens déjà mon cœur se réconcilier.
Qu'à l'avenir ce fils vous voie et vous écoute,
Qu'il rentre avec honneur dans sa première route,
Je lui pardonne tout, et vous donne ma foi,
S'il est digne de vous, qu'il le sera de moi.

ARISTE.

Je vais pour le changer mettre tout en usage ;
Différez seulement d'un jour votre voyage.
Comme de sa douleur nous seuls sommes témoins,
Nous lui devons tous deux nos secours et nos soins.

POLÉMON.

Hélas ! de tout mon cœur à cela je m'engage,
Et je voudrais pour lui faire encor davantage.

ORONTE.

Que ne vous dois-je point ? Pères trop indulgens,
Soyez, si vous pouvez, sages à mes dépens.

FIN.

# ÉSOPE
## AU COLLÉGE.

# PERSONNAGES.

XANTUS, magistrat de Samos.
MÉGABISUS, seigneur de la cour de Crésus.
TIMOCLÈS, ami de Xantus.
SOSTRATE, magistrat de Samos.
ESOPE, esclave de Xantus.
LYSIS,
CLÉON,
AGATHON,
NICOSTRATE, } Enfans élevés au collége.
PAMPHILE,
CLINIAS,
POLYDORE,
CRANTOR, père de Clinias.
CARITON, fils de Sostrate.
CHORAGDIAS, maître à danser.
GRAPHODION, maître à écrire.
POLYMATHES, précepteur de Cariton.
Un petit mercier porte-malle.

*La Scène est à Samos.*

# ÉSOPE AU COLLÉGE.

## ACTE PREMIER.
### SCÈNE PREMIÈRE.
#### XANTUS, TIMOCLÈS.

XANTUS.

Eh bien! que pensez-vous de notre académie?
TIMOCLÈS.
Moi, j'en pense tout bien.
XANTUS.
Mais encor, je vous prie....
TIMOCLÈS.
Je vous dis qu'on ne peut rien de mieux, et je croi
Que tous les gens sensés penseront comme moi.
XANTUS.
Pourtant je connais tel que je juge assez sage,
Et qui me tint hier un bien autre langage.
TIMOCLÈS.
Quel est donc ce censeur, ce sage consommé?
XANTUS.
Vous en rirez d'abord quand je l'aurai nommé.
TIMOCLÈS.
Je ne sais; mais enfin, voyons qui ce peut être;
Quel qu'il soit, je serais ravi de le connaître.
XANTUS.
Vous connaissez, je pense, Ésope, mon valet?
TIMOCLÈS.
Oui.
XANTUS.
C'est lui-même.

ÉSOPE

TIMOCLÈS.

Lui, ce bout d'homme si laid !

XANTUS.

Oui, ce magot hideux, ce monstre de nature,
Dans qui d'un homme à peine on croit voir la figure,
Loin d'approuver ici nos soins et nos efforts,
Trouve ce qu'on y fait plus tortu que son corps.

TIMOCLÈS.

C'est beaucoup dire.

XANTUS.

Enfin, voilà ce qu'il en pense.
Comme de ces lieux-ci j'ai la surintendance,
J'y viens souvent. Hier, je ne sais pas pourquoi,
J'amenai par hasard le galant avec moi.

TIMOCLÈS.

Fort bien.

XANTUS.

Or, écoutez, tandis qu'à l'ordinaire
J'y voit si tout s'y fait, selon qu'il s'y doit faire,
J'aperçois à l'écart mon homme dans un coin,
Qui de l'œil observait chaque chose avec soin,
Et qui d'un certain air qui sentait la satire,
Tout seul, de temps en temps, se mettait à sourire.

TIMOCLÈS.

Oui !

XANTUS.

J'observai le tout; et comme je sais bien
Que le drôle n'est pas homme à rire pour rien,
Je me doutai du fait.

TIMOCLÈS.

La remarque était bonne.

XANTUS.

De retour au logis avec lui je raisonne,
Tant qu'après maints discours je lui fais avouer
Qu'il trouve en tous nos us peu de chose à louer.

### TIMOCLÈS.
Tout franc, votre magot est un peu difficile.
### XANTUS.
Tel qu'il est, je le tiens et garantis habile ;
Et pour le jugement, à ne vous rien céler,
Je connais peu de gens qui puissent l'égaler.
Passez-lui sa figure, elle a de quoi surprendre ;
Il fait peur à le voir : mais il charme à l'entendre ;
Il a l'esprit perçant, solide, universel,
Et ne dit pas un mot qui ne soit plein de sel.
Du sein de la laideur, on voit avec surprise,
Sortir des traits brillans d'une sagesse exquise.
Philosophe couvert, et simple en ses façons,
Il donne en badinant d'importantes leçons.
Pour instruire, avec fruit, les hommes par les bêtes,
Il a toujours en main des Fables toutes prêtes.
C'est merveille de voir avec quel sens, quel art,
Il fait moraliser Loup, Rat, Singe et Renard ;
Les moindres animaux, l'Alouette, la Mouche,
Deviennent, quand il veut, oracles dans sa bouche.
Et jamais la nature, étalant ses trésors,
Ne logea tant d'esprit dans un si vilain corps.
### TIMOCLÈS.
Il ne faut point juger des hommes par la mine :
Car enfin, plus je vois Ésope et l'examine,
Moins je trouve qu'en lui l'on puisse démêler
Le moindre des talens dont vous voulez parler ;
Mais vous le connaissez, vous êtes bon et sage,
Et je m'en tiens sans peine à votre témoignage.
### XANTUS.
Ami, j'ai lu beaucoup et beaucoup médité,
Et pense m'être acquis un peu d'habileté ;
Mais enfin, chaque jour il m'apprend à connaître
Que même en son esclave, on peut trouver son maître.
Pour tel le tiens-je aussi, sans qu'il s'en doute en rien :
Je le consulte en tout et je m'en trouve bien.

Et puisqu'il voit ici quelque chose à reprendre,
Il m'apprendra du moins comment il faut s'y prendre.
Car sur tout ce qui touche, et l'esprit et les mœurs,
Comptez qu'il en sait plus que nos plus grands docteurs.

TIMOCLÈS.

Mais quoi ! vous convient-il à vous, grand philosophe,
De prendre des leçons de gens de cette étoffe ?

XANTUS.

Plus on est philosophe, et moins on doit rougir
D'apprendre comme on doit penser, parler, agir :
Non que je veuille en rien blesser la bienséance ;
Je prétends que le tout se passe avec décence.
Mais peut-être jamais n'auriez-vous deviné
Ce que j'ai sur ce point hier imaginé.

TIMOCLÈS.

Je ne sais ; mais voyons.

XANTUS.

Je veux le mettre à même,
Lui donner en ces lieux l'autorité suprême,
Avec ample et formel pouvoir de réformer
Les usages qu'il trouve à reprendre et blâmer.

TIMOCLÈS.

Bon, vous allez ici donner la comédie,
On rira : car enfin, dites-moi, je vous prie,
Quels que soient ses talens, son esprit, sa vertu,
Pourra-t-on respecter un valet revêtu ?
Ce point seul aux enfans le rendra méprisable ;
Et sa mine d'ailleurs assez peu respectable,
N'aidera pas beaucoup, malgré sa dignité,
A donner un grand poids à son autorité.

XANTUS.

Oui, s'il était connu, l'instance serait bonne ;
Mais je vous garantis qu'il ne l'est de personne ;
Toute l'affaire gît, puisque nul ne l'a vu,
A cacher son état :... c'est à quoi j'ai pourvu.
Lui-même sous son bras, sans qu'il le sache, apporte
Un habit tout complet, tel que l'emploi comporte.

Avec ce seul secours, dont je me prévaudrai,
Je le ferai passer pour tel que je voudrai.
Quant à la mine et l'air, c'est à lui d'en répondre,
Je n'y sais nul remède et ne puis le refondre.
Fions-nous-en à lui, je m'en vais l'appeler,
Et je veux dans sa charge au plus tôt l'instaler.

## SCÈNE II.

### XANTUS, TIMOCLÈS, MÉGABISUS.

XANTUS.

QUE vois-je ? me trompé-je en ce que je soupçonne ?
Est-ce Mégabisus ?

MÉGABISUS.

Oui, lui-même en personne.

XANTUS.

Qui vous savait ici ?

MÉGABISUS.

Je ne fais qu'arriver ;
Et sachant qu'en ces lieux je pouvais vous trouver,
J'y suis venu d'abord, toujours plein de ce zèle
Que conserve pour vous l'ami le plus fidèle.

XANTUS.

Je rends grâce, Seigneur, à vos empressemens ;
Mais sans nous arrêter à de vains complimens,
Pour me tirer de peine avant toute autre chose,
De ce subit voyage apprenez-moi la cause.
Je crains quelque revers, ôtez-moi de souci :
Est-ce disgrâce, ou non, qui vous amène ici ?
A mes embrassemens dois-je mêler des larmes ?

MÉGABISUS.

Ami rassurez-vous et calmez vos alarmes :
Je suis toujours heureux, et je trouve en mon roi
Toujours mêmes bontés, et mêmes yeux pour moi.
Mais un désir ardent depuis long-temps me presse
De connaître de près les beautés de la Grèce ;

Toujours embarrassé de quelqu'ordre pressant,
Je n'ai fait jusqu'ici que la voir en passant.
Mais puisque désormais l'état où je me trouve
Me permet ce voyage, et que Crésus l'approuve,
Je prétends contenter ce désir curieux,
Trop heureux, je le dis, trop payé de mes courses,
Si je puis les entendre et puiser dans les sources;
Et comme dans mon cœur je vous préfère à tous,
J'arrive dans Samos et commence par vous.

XANTUS.

A vos bontés, Seigneur, je suis toujours sensible;
Pour contenter vos vœux, je ferai mon possible,
En vous montrant du moins des savans dont je croi
Que vous pourrez apprendre encor plus que de moi.

MÉGABISUS.

Quels que soient leurs talens, je connais trop les vôtres,
Je ferai mon profit et des uns et des autres;
Mais peut-être qu'ici je viens mal à propos.
Ne dérangé-je rien?

XANTUS.

Non, soyez en repos.

MÉGABISUS.

Qu'est-ce?

XANTUS.

Je me suis mis certaine idée en tête,
Quand vous êtes venu, j'allais l'exécuter

MÉGABISUS.

Faites donc, je ne veux ici rien arrêter.

XANTUS.

Je vous paraîtrai fou.

MÉGABISUS.

Vous?

XANTUS.

C'est chose certaine;
Mais enfin, prêtez-vous un moment à la scène,
Peut-être en rirez-vous; et tantôt en secret
Je vous expliquerai ce bizarre projet.

MÉGABISUS.

Le projet est de vous, vous êtes homme sage,
Et je n'ai pas besoin d'en savoir davantage.

XANTUS.

Puisqu'il vous plaît ainsi, nous allons commencer,
Notre homme peut venir, dites-lui d'avancer.

TIMOCLÈS.

Esope....

## SCÈNE III.

XANTUS, TIMOCLÈS, ÉSOPE, MÉGABISUS.

ÉSOPE.

Me voici.

MÉGABISUS.

Quelle laide grimace!

ÉSOPE.

Et ce paquet, Monsieur, que faut-il que j'en fasse?

XANTUS.

Pour le présent tu peux toujours t'en soulager :
Je t'apprendrai pourquoi j'ai voulu t'en charger;
Car j'ai dans tout ceci mon dessein.

ÉSOPE.

Que m'importe?
Par votre ordre il me faut l'apporter, je l'apporte :
Vous voulez à présent que je le pose ici;
Cela vaut fait, Monsieur, et je le pose aussi.

TIMOCLÈS.

Vous avez un valet ponctuel et docile.

XANTUS.

Philosophe pourtant, austère, et difficile.

MÉGABISUS.

Comment donc?

XANTUS.

Vous savez comme on vit en ces lieux;
Pour former la jeunesse, on y fait de son mieux;
On n'épargne aucun soin; on y met en usage
Tout ce que la raison peut dicter de plus sage.

ÉSOPE
Si l'on croit ce galant qui fait de l'entendu,
Nos soins et nos travaux, c'est autant de perdu.
TIMOCLÈS.
Est-il bien vrai?.
XANTUS.
(à Ésope.)
Très-vrai. Diras-tu le contraire?
ÉSOPE.
Moi? non, Monsieur, j'ai fait ce que je devais faire :
Vous m'avez demandé mon avis, je l'ai dit.
XANTUS.
Tu crois donc seul avoir du sens et de l'esprit.
ÉSOPE.
J'en ai, si vous voulez, Monsieur, moins que personne;
Mais quand on me demande un avis, je le donne :
Après cela prisez-le, ou n'en faites nul cas;
Suivez ce que j'ai dit, ou ne le suivez pas,
J'aurai toujours le tort, la chose ainsi doit être;
Car je suis le valet, et vous êtes le maître.
XANTUS.
Mon Dieu, ton apophtegme est bien hors de saison,
Parlons sans nous fâcher, peut-être as-tu raison :
Mais du moins apprends-moi, censeur habile et sage,
Ce qu'ici tu voudrais changer dans notre usage.
Qu'y blâmes-tu, dis moi?
ÉSOPE.
S'il faut vous parler net,
On ne va pas au but dans tout ce qu'on y fait.
TIMOCLÈS.
Fort bien; mais la censure est un peu générale.
MÉGABISUS.
Daigne-nous expliquer plus au long ta morale.
ÉSOPE.
Venons donc au détail, puisqu'il vous plaît ainsi.
Quel est le but, Monsieur, qu'on se propose ici?
XANTUS.
D'enseigner, de conduire, et former la jeunesse;
De la rendre parfaite, et digne de la Grèce.

Dans tout ce projet-là vois-tu quelque défaut?
### ÉSOPE.
Non, l'idée en est belle, et le but tel qu'il faut?
Mais vous nous citez là, soit dit sans vous déplaire,
Bien moins ce que l'on fait, que ce qu'on devrait faire.
Du métier, ce projet, Monsieur, est le roman ;
Regardez la pratique : on y marche autrement.
Par ce qu'on fait, jugeons de ce qu'on se propose.
Quelquefois aux enfans on apprend quelque chose ;
Encor même est-ce moins, à ne rien déguiser,
Pour les rendre savans, que pour les amuser ;
Et s'ils se sont acquis, dans toute leur jeunesse,
Un peu de rhétorique, un peu de politesse ;
S'ils se sont préservés des vices odieux,
Qu'on voit également détestés en tous lieux,
Du reste sans principe, ou règle qui les guide,
Et puisse aux passions un jour tenir la bride :
On croit en la formant avoir fort avancé,
Et je tiens qu'on n'a pas seulement commencé.
### TIMOCLÈS.
Mais de quoi, dans cet âge, est-on encor capable?
Eh! ne le chargeons point de fardeau qui l'accable;
Laissons un peu s'éclore, et mûrir la raison,
Sans exiger des fruits, même avant la saison.
### ÉSOPE.
C'est-à-dire, attendez que cet arbrisseau tendre
Ait eu tout le loisir de croître et de s'étendre ;
Mais quand avec le temps il aura pris du corps,
En vain, pour le plier, vous ferez des efforts.
### XANTUS.
Quoi qu'il en soit, je vois que dans cette carrière
Chacun veut gouverner son monde à sa manière :
On croit faire merveille, et l'on est critiqué.
Mais tel blâme souvent ce qu'il voit pratiqué,
Qui, s'il était en place, et se trouvait le maître,
Serait à faire mieux embarrassé peut-être.

ÉSOPE.

Cela se peut.

XANTUS.

Sans doute, et de plus je prétends
T'en convaincre toi-même à tes propres dépens.

ÉSOPE.

Comment cela ?

XANTUS.

Comment ? je m'en vais te l'apprendre.
Tu sais tout ce qu'ici tu trouves à reprendre ;
Je veux que, revêtu de mon autorité,
Tu fasses un essai de ta capacité.
Je te donne pouvoir plein, et puissance entière,
D'ordonner tout, changer, régler à ta manière :
Je te fais du collége, enfin, maître absolu ;
Ne me replique pas : c'est un point résolu.

ÉSOPE.

Mais, Monsieur....

XANTUS.

Je le veux.

ÉSOPE.

Vous êtes raisonnable :
Ecoutez seulement cette petite Fable.

XANTUS.

Point de fable.

ÉSOPE.

La pierre, il ne faut s'y tromper,
Affile le rasoir, et ne saurait couper.

XANTUS.

Point de discours, et fais ce que je te commande.

ÉSOPE.

J'ai fait le philosophe, il faut payer l'amende ;
L'esclave doit se taire, et j'apprends aujourd'hui
Qu'il doit se contenter d'être sage pour lui.
Mais regardez du moins ce que vous voulez faire ;
Bâti comme je suis, soit dit sans vous déplaire,

# AU COLLÉGE.

Je n'inspirerai pas, comme je le prévoi,
Au peuple du Lycée un grand respect pour moi.
Mon état, mon habit, et ma mine hagarde,
Tout cela me répond de plus d'une nasarde.

XANTUS.

Pour ton état, ici l'on ne te connaît point :
Pour l'habit, j'ai pourvu par avance à ce point.
La mine est autre chose.

ÉSOPE.

     Oui, c'est bien là le pire.

XANTUS.

Je crois bien que l'on peut y trouver à redire.

ÉSOPE.

Eh ! point du tout, Monsieur, et l'on aurait grand tort ;
Regardez-moi marcher, considérez ce port ;
Surtout, remarquez bien, la taille est régulière,
Et bosse par-devant, et bosse par derrière.
Le tout cadre à charmer ; rien n'est mieux assorti,
Et qui dit le contraire en a certes menti.
Si pourtant vous pouviez, et c'est en quoi j'opine,
Ainsi que mon habit, Monsieur, changer ma mine,
Je crois, sauf votre avis, que tout en irait mieux.

XANTUS.

Tiens, l'habitude à tout accoutume les yeux ;
J'y prends garde moi-même, et je sens que ma vue
A toi de plus en plus tous les jours s'habitue.
Tu ne me fais plus peur.

ÉSOPE.

     Ah ! Monsieur, grand merci.
Je ne m'attendais pas à ce compliment-ci.
Je ne résiste plus, et suis prêt à tout faire.

XANTUS.

Ouvre donc ce paquet, et fais-en l'inventaire.

ÉSOPE.

Voici d'abord, Monsieur, ce me semble, un chapeau ;
Plus, un rabat... *Item*, un pourpoint... un manteau.
Plus, il ne reste rien.

XANTUS.

Voilà ton équipage.
Habille-toi.

ÉSOPE.

Monsieur, pour achever l'ouvrage,
Vous deviez ajouter un masque.

XANTUS.

Habille-toi;
Et pour le reste, va, bagatelle, crois-moi.

ÉSOPE.

Fort bien; consolons-nous, puisque la chose est telle,
Et qu'enfin tout ceci n'est rien que bagatelle.

TIMOCLÈS *à Xantus.*

Je ne vous blâme point, mais j'ai quelque sujet
De douter du succès de ce hardi projet.

MÉGABISUS.

Vous hasardez beaucoup, au moins prenez-y garde.

ÉSOPE, *en s'habillant.*

Ce n'est point lui, Monsieur, c'est bien moi qui hasarde.

XANTUS.

Habille-toi, te dis-je, et ne raisonne point.

ÉSOPE.

Voilà le rabat mis, procédons au pourpoint.
On aurait dû, Monsieur, faire quelque échancrure,
Pour cette bagatelle; oui, bagatelle pure,
Que j'ai là sur le dos. Eh! vous m'entendez bien.
Voyons, il serre un peu; mais tout cela n'est rien :
La mine y suppléra.

XANTUS.

Mets toujours.

ÉSOPE.

Tout coup vaille,
Finissons : bien ou mal, il faudra bien qu'il aille.
Arborons le manteau qui doit venir après.

XANTUS.

Il te vient à merveille, et semble fait exprès.

AU COLLÉGE.

ÉSOPE, *le chapeau en main.*

Qu'en dites-vous, Messieurs ? à ma métamorphose
Trouvez-vous désormais qu'il manque quelque chose ?

TIMOCLÈS.

Non.

ÉSOPE, *en se couvrant.*

Soit, me voilà donc philosophe complet,
Mais je vais cependant répéter mon rolet.

XANTUS.

Que fais-tu là ?

ÉSOPE.

Monsieur, j'examine et récole
L'air et le ton qu'il faut prendre dans mon école :
Pour y mieux réfléchir, je vais me retirer ;
Et vous feriez fort bien, tous deux, de préparer
Mes disciples, avant qu'il me faille paraître,
A recevoir les lois d'un rare et nouveau maître.

XANTUS.

C'est à quoi, de ce pas, je veux aller pourvoir.
Retirons-nous.

ÉSOPE.

Adieu, Messieurs, jusqu'au revoir.

# SCÈNE IV.

ÉSOPE *seul.*

ME voilà, grâce au Ciel, chargé d'un bel ouvrage !
J'ai donc à gouverner un peuple vif, volage,
Tout pétri de défauts, dépourvu de raison ;
Malade habituel qui craint sa guérison ;
Qui se plaît dans son mal, dont le poison l'enchante ;
Que le devoir contraint, que l'étude épouvante.
Il faut dans lui former et l'esprit et le corps ;
Et du cœur encor plus ménager les ressorts.
Grands dieux ! inspirez-moi : je sais trop que nos peines,
Si votre main n'agit, resteront toujours vaines.

Quelque effort que je fasse en ce pénible emploi,
Le succès en dépend plus de vous que de moi.

FIN DU PREMIER ACTE.

## ACTE II.
### SCÈNE I.

XANTUS ET LES ENFANS.

XANTUS.

Approchez, chers enfans, digne objet de mon zèle,
Je viens vous annoncer une grande nouvelle,
Mais nouvelle qui doit vous intéresser tous.
CLÉON.
Si c'est congé, nouvelle agréable pour nous.
XANTUS.
Oh! c'est une nouvelle encor plus importante,
Et qui va surpasser vos vœux et votre attente.
LYSIS.
Vous nous promettez là grande merveille; mais!...
XANTUS.
Hé bien!... je vous tiendrai plus que je ne promets.
CLINIAS.
Tout de bon?
XANTUS.
Tout de bon, n'en faites point de doute.
AGATHON.
Nous verrons bien, Monsieur.
XANTUS.
Allons donc, qu'on m'écoute.
Depuis un fort long temps je cherche quelque biais
De vous rendre en tout genre accomplis et parfaits:

Les soins que jusqu'ici vos maîtres ont pu prendre,
N'ont point produit l'effet que j'en devais attendre.
Ce n'est point votre faute; oh! oui, je le sais bien.

PAMPHILE.

Oh! non, Monsieur.

XANTUS.

Aussi, je ne vous blâme en rien :
Vous avez de l'esprit, du cœur; et la nature
A mis dans vous des dons qui sont de bon augure;
Il faut les cultiver. Pour cela j'ai fait choix
D'un maître.... mais d'un maître.... Il faut voir de quel
    poids.
Mes enfans, il n'a point son pareil dans la Grèce.
C'est un homme étonnant et rare en son espèce.
J'ai bien eu de la peine à vous le ménager;
Mais puisqu'enfin de vous il veut bien se charger,
Je prétends, avant tout, qu'on me promette et jure
Qu'on recevra ses lois sans plainte et sans murmure.
Vous le promettez?

CLÉON.

Est-il méchant?

XANTUS.

Oh! non.
Bon homme, pacifique, et doux comme un mouton.

NICOSTRATE.

Nous le contenterons.

XANTUS.

Je vous le recommande.
Je vais vous l'amener, et qu'ici l'on m'attende.

# SCÈNE II.

CLÉON, LYSIS, CLINIAS, PAMPHILE,
AGATHON, NICOSTRATE.

PAMPHILE.

Bon, nous allons avoir un nouveau maître.

CLÉON.

Eh bien!
Que nous en revient-il? qu'y gagnerons-nous?

CLINIAS.

Rien.
Mon sentiment pour moi, quels que soient tous les vôtres,
Est que ce dernier-ci fera comme les autres.

NICOSTRATE.

Clinias a raison ; de ces animaux-là,
Le meilleur, à mon gré, ne vaudrait pas cela.

(*Il mord son ongle.*)

LYSIS.

J'en dis autant. A voir ici comme tout roule,
Je crois qu'on les a faits tous sur le même moule :
Ils sont toujours charmans et doux les premiers jours ;
Mais ce temps-là passé, zeste, tout au rebours.

PAMPHILE.

J'aime le changement, nous y perdrons peut-être ;
Car nous ne savons point quel est ce nouveau maître.
Quel qu'il soit, ce sera toujours avoir changé.

AGATHON.

S'il voulait après tout, pour mon bonheur extrême,
M'exempter seulement de leçons et de thême,
J'en serais fort content.

CLÉON.

Je ne demanderais
Que de n'étudier qu'autant que je voudrais.

PAMPHILE.

Ce serait le plus beau de tous les priviléges.

CLINIAS.

Qui diantre s'avisa d'inventer les colléges?
Il n'avait guère à faire.

AGATHON.

Hélas! je n'en sais rien.
Ils nous disent pourtant que c'est pour notre bien.

CLINIAS.

Ils le disent; et qui? ces gens, ne leur déplaise,
Affranchis de ce joug, en parlent bien à l'aise :
Ils me désolent tous, lorsque je les entends
Nous prêcher que ce fut jadis leur meilleur temps;
Mais s'ils pouvaient un jour revenir à notre âge,
Je crois qu'ils changeraient bien vite de langage.

LYSIS.

Eh! vraiment, je voudrais les voir y résister!
S'il leur fallait toujours apprendre, réciter,
Faire un thême; est-il fait? en recommencer d'autres;
Avoir leurs pas comptés, ainsi que nous les nôtres;
Et par de longs travaux, qu'on nous compte pour peu,
Acheter chèrement quelques instans de jeu.
Je suis bien fort trompé, si leur philosophie,
A cet heureux état, portait beaucoup d'envie.

# SCÈNE III.

XANTUS ET LES ENFANS.

XANTUS.

Il vient, préparez-vous à le bien recevoir.

CLÉON.

Oh! Monsieur, nous saurons faire notre devoir.

XANTUS.

Mais, que lui direz-vous? il faudrait, pour bien faire,
Un petit compliment capable de lui plaire.
Çà, voyez entre vous, méditez un moment.

PAMPHILE.

Mais sur quoi ferons-nous rouler ce compliment?

XANTUS.

Sur son habileté, sur son art, sa doctrine.
Que sais-je! sur son air et sur sa bonne mine.
Ce ne doit pas pour vous être un grand embarras;
Mais il faut vous presser, il ne tardera pas.
Justement le voici, vous le voyez paraître.
Allons, rendez hommage à votre nouveau maître.

## SCÈNE IV.

XANTUS, ÉSOPE, LES SIX ENFANS.

AGATHON.

Oh, mon Dieu! sauvons-nous.

NICOSTRATE.

Quel monstre! quelle horreur!

CLINIAS.

Hi, hi, hi, quel magot!

PAMPHILE.

Tu ris, et moi j'ai peur.

ÉSOPE.

Que veut dire cela ? l'un rit, et l'autre tremble :
Eh! mes petits Messieurs, accordez-vous ensemble,
Et songez entre vous à vous bien assurer
Si je dois faire rire, ou bien faire pleurer.

XANTUS.

C'est bien dit, et l'affaire est digne qu'on y pense.
Je crois qu'avec le temps vous ferez connaissance,
Et pour vous en donner plus de facilité,
Je sors, et je vous laisse en pleine liberté.

## SCÈNE V.

ÉSOPE, ET LES SIX ENFANS.

ÉSOPE.

Font bien. Commençons donc, enfans, à nous connaître :
Qu'on demeure, et sachez qu'ici je suis le maître.

AGATHON, *en tremblant.*

Eh! nous le savons bien, Monsieur.

ÉSOPE.

Restez donc là.
Vous, vous voulez, je crois...

CLÉON.

Non, Monsieur, me voilà.

ÉSOPE.

Allons, autour de moi venez tous qu'on se range.
Quiconque remuera... par la mort je le mange.
Vraiment j'en ai croqué bien d'autres jusqu'aux os,
Et si je ne faisais qu'un morceau des plus gros.

NICOSTRATE.

Eh! ne nous mangez pas.

ÉSOPE.

Faites ce que j'ordonne;
Car, quand on m'obéit, je ne mange personne.
Tout doux, rassurez-vous, et puis écoutez-moi.

*Les Grenouilles qui demandent un Roi.*

FABLE.

« Les grenouilles un jour demandèrent un roi.
« Jupiter, faisant droit sur leur humble requête,
« Vous leur dépêche un roi, qu'il leur jette à la tête.
« C'était un soliveau, mal bâti comme moi.
« Dieu sait comme en tombant il remplit tout d'effroi;
« Grenouilles de s'enfuir, de se sauver sous l'onde.
« Mais quand on vit pourtant qu'il était doux et coi,
« Bientôt on le trouva le meilleur roi du monde. »
Pour ceux qui feront bien, je serai doux aussi:
A l'égard des méchans, n'en sera pas ainsi;
Car je suis soliveau, mais soliveau qui gronde.
M'entendez-vous?

LYSIS.

Oh! oui, Monsieur le soliveau.

ÉSOPE.

Oh! oh! petit finet, qu'entends-je là? tout beau.
Enfans, puisqu'en ces lieux le destin nous assemble,
Et qu'enfin nous avons du temps à vivre ensemble,
Convenons de nos faits: là, contemplez-moi bien;
Examinez un peu mon air et mon maintien.
Eh bien! y trouvez-vous quelque chose à redire?
Parlez, qu'en pensez-vous? Oh! oh! je vous fais rire;

C'est un bon signe... mais, si j'allais me fâcher...
### LYSIS.
Tout de bon, je ne puis, Monsieur, m'en empêcher.
### ÉSOPE.
Mais dites-moi du moins, avec pleine ouverture,
Et sans façon, comment trouvez-vous ma figure ?
### LYSIS.
Monsieur, si vous voulez que je vous parle net,
Je ne vis de mes jours un visage si laid.
### ÉSOPE.
Ma taille, cependant, paraît assez gentille,
Et je suis le mieux fait de toute ma famille.
### CLINIAS.
Ah ! Monsieur, il a tort, vous êtes fait au tour :
Je vous trouve charmant, et beau comme le jour.
### ÉSOPE.
Tout de bon ?
### CLINIAS.
Oui, Monsieur.
### ÉSOPE.
Vous le croyez ?
### CLINIAS.
Sans faute.
### ÉSOPE.
J'ai le ventre un peu gros et l'épaule un peu haute ;
Mais on dit que cela ne me sied pas si mal ;
Et je suis, après tout, bien pris pour le total.
### CLINIAS.
En effet, qu'avez-vous de choquant ou de rude ?
Peut-être, tout au plus, un peu de plénitude.
### ÉSOPE, *en prenant son sérieux.*
Oui !... vous êtes, mon fils, ou railleur, ou flatteur :
Le meilleur n'en vaut rien, et c'est toujours menteur.
Je pardonne encor plus à qui m'outrage en face.
### CLINIAS.
Mais comment voulez-vous, après tout, que l'on fasse ?
On ne peut éviter de vous mettre en courroux :
Qu'on vous loue, ou vous blâme, on a tort avec vous.

ÉSOPE.

C'est que sur certains points il faudrait, pour bien
  faire,
Ni louer, ni blâmer.

LYSIS.

Que faire donc ?

ÉSOPE.

Se taire.

LYSIS.

Oui ; mais vous nous forcez à parler.

ÉSOPE.

En ce cas,
Il faut dissimuler pour sortir d'embarras :
Sans être grossier, ni flatteur insipide,
Imitez le renard, et le prenez pour guide.

*La Cour du Lion.*

FABLE.

« L'Histoire nous apprend qu'un jour
« Le lion assembla sa cour.
« Tigres, loups, léopards, tout vint : l'ours, dès la
  « porte,
« Frappé d'une odeur assez forte,
« Dit, d'un air dédaigneux, et fronçant les sourcils,
« Ah ! quelle puanteur ! on en tombe en faiblesse.
« Mal lui prit d'avoir eu tant de délicatesse.
« A peine eut-il lâché le mot, qu'il fut occis.
Vous voyez, mon mignon, que ceci vous regarde ;
Ici vous êtes l'ours, au moins, prenez-y garde.

LYSIS.

Ah ! Monsieur, grand merci.

ÉSOPE.

« Loin d'en avoir pitié,
« Le singe, ne cherchant qu'à plaire,
« Exalte fort ce trait de justice exemplaire,
« Et pour faire sa cour, prend tout le contre-pied.

« Sur la douce odeur se récrie,
« Mieux ne flairait le baume. A cette flatterie,
    « Le lion de mauvaise humeur,
    « Payant d'un coup de griffe
    « La louange apocriphe,
« Estramaçonna le flatteur.
Vous vous reconnaissez dans ce portrait, sans doute :
Voyez ce qu'aux flatteurs quelquefois il en coûte.

### CLINIAS.

Je suis donc le singe ?

### ÉSOPE.

Oui.

### PAMPHILE.

Monsieur, mais le renard ?

### ÉSOPE.

« Le drôle se tenait, sans rien dire, à l'écart.
« Le monarque l'appelle, et lui dit : Sois sincère,
« Que sens-tu ? dis-le moi. Tout bonnement, Seigneur,
« Répond avec respect l'adroit et fin compère,
« Un rhume violent, dont votre serviteur
« Souffre depuis deux jours, et qui le rend malade,
    « M'ôte absolument l'odorat.
« Bien ou mal, je n'en sens rien du tout. »
                                        Quelque fat
    Aurait donné dans l'embuscade.
Belle leçon, Messieurs ; imitez ce qu'il fit,
    Et faites-en votre profit.

## SCÈNE IV

UN MERCIER, ÉSOPE, ET LES SIX ENFANS
*de la scène précédente.*

LE MERCIER *derrière le théâtre.*

HOTTABA.

### ÉSOPE.

Qu'est-ce donc ?

## AU COLLÉGE.

AGATHON.

Ah! permettez qu'il vienne,
Monsieur.

ÉSOPE.

Très-volontiers, et qu'à si peu ne tienne
Que vous ne soyez tous contens et satisfaits.

CLÉON.

Il vient. Oh! quel plaisir!

ÉSOPE.

Qu'on se taise, la paix.
Çà, mon ami, ta malle est-elle bien garnie?

LE MERCIER.

Hé! Monsieur, pas si bien que j'en aurais envie.
Pourtant, si vous vouliez me tant favoriser,
Que ces petits Messieurs s'y vinssent amuser,
J'aurais encor pour eux, quelque chose de mise.

ÉSOPE.

Voyons, étale-leur un peu ta marchandise :
Oui; mais vous, le gousset est-il assez grani?

AGATHON.

J'ai vu que quelquefois il était mieux fourni.

LYSIS.

Pour moi, je suis à sec.

ÉSOPE.

Tant pis, c'est votre affaire.

LYSIS.

Tenez, l'argent et moi, nous ne nous aimons guère;
Dès qu'il m'en vient un peu, je ne saurais durer,
Et dans le moment même il faut nous séparer.

ÉSOPE *aux autres*.

En faites-vous de même?

NICOSTRATE.

Oh! pour moi, je n'ai garde;
Et quand on m'a donné de l'argent, je le garde.

ÉSOPE.

Tant mieux, l'occasion est belle à l'employer,
Et vous aurez du moins pour vous de quoi payer.

NICOSTRATE.

Oh! non, je ne veux point ici faire d'emplette;
Il en coûte toujours, Monsieur, quand on achette.
ÉSOPE.
Mais que faites-vous donc de votre argent encor?
NICOSTRATE.
Oh! je le serre bien, c'est mon petit trésor.
ÉSOPE.
Eh bien! mon fils, mettez à la place une pierre;
Elle vaut tout autant que de l'argent qu'on serre.
De vous deux on ferait quelque chose de bon;
Mais vous n'irez jamais la même route.
LYSIS.

Oh! non.

ÉSOPE.
Mais je vous retiens trop, et la malle est ouverte:
Allez, enfans, ma bourse à vous tous est offerte.
A chacun un bijou tel qu'il vous le plaira,
Choisissez, et le Ciel au reste pourvoira.

## SCÈNE VII.

MÉGABISUS, TIMOCLÈS,
*et les autres de la scène précédente.*

TIMOCLÈS.

Qu'EST-CE donc que je vois? Oh! oh! Seigneur Esope,
Je trouve que bientôt votre art se développe.
ÉSOPE.
Qu'en dites-vous?
TIMOCLÈS.

Ma foi, vous gâtez le métier,
Et je vois qu'avec vous l'on aura bon quartier.
ÉSOPE.
Je vous entends, ceci vous paraît bagatelle.
MÉGABISUS.
Un peu.
ÉSOPE.

Je m'en doutais, suspendez votre zèle,

Et sur ce point je vais bientôt vous contenter.

*Le Médecin.*

FABLE.

« Un médecin fort à la mode,
« Aux malades divers qu'il avait à traiter,
　　« Suivait toujours même méthode;
« Il saignait, il purgeait, mais indifféremment :
« Ce qui guérissait l'un et le tirait d'affaire,
　　« Envoyait l'autre au monument.
« Il demandait comment cela se pouvait faire;
« Ami, lui dis-je alors, en voici la raison :
« Ce qui soulage l'un est pour l'autre un poison;
« La constitution du malade en décide.
« Voulez-vous dans votre art agir utilement?
　　« Que ce soit le tempérament
　　« Qui vous détermine et vous guide.
Je suis le médecin, Messieurs sans me flatter;
Vous voyez que j'ai plus d'un malade à traiter.
L'enfance, à bien parler, est une maladie;
Mais le tempérament dans chacun la varie.
Il faut le bien connaître; et c'est à quoi d'abord
J'ai voulu travailler. Ai-je donc si grand tort?

TIMOCLÈS.

Non pas, pour ce point-là votre projet est sage;
Mais y parviendrez-vous par tout ce badinage?

ÉSOPE.

Ce badinage-ci, songez-y, s'il vous plaît,
N'est rien moins, dans le fond, que ce qu'il vous paraît.
J'éprouve ces enfans, et j'ai pris soin de tendre
Les piéges innocens où je viens de les prendre.
Je les tiens : ces bijoux qu'ils viennent de saisir,
Me les font tous connaître : ayez-en le plaisir.
Vous voyez cet enfant qui s'agite et s'anime,
Et déjà du poignard en badinant s'escrime.

MÉGABISUS.

Je l'admire : quel feu ! quelle vivacité !
Il sera brave un jour.

ÉSOPE.

Oui, c'est la vérité.
Et ce petit mignon, qui dans ce coin se mire,
Que jugez-vous, Messieurs, qu'on en doive prédire ?

TIMOCLÈS.

Il s'aimera beaucoup.

ÉSOPE.

Oh ! je n'en doute pas.
Remarquez-vous encor ce troisième là-bas,
Qui tient sa bourse en main, et puis compte en cachette
L'argent qu'il a tiré du fond de sa pochette.

MÉGABISUS.

Je ne crains pas qu'il soit prodigue.

ÉSOPE.

Regardez
Celui qui fait rouler si vivement ses dez.

CLINIAS.

Qui veut jouer ?.... Oh ! bon, voilà rafle de quatre.

CLÉON.

Oui, jouer des couteaux, viens contre moi te battre.

ÉSOPE.

Tous doux !

CLÉON.

C'est en riant !

ÉSOPE.

C'est comme je l'entends.
Eh bien ! de votre choix êtes-vous tous contens ?

CLÉON.

Oui, tout-à-fait ; voyez ce poignard, je vous prie.

ÉSOPE.

Il est beau ; mais ce n'est que pour votre patrie
Qu'il faut vous en servir.

## AU COLLÉGE.

CLÉON.
Oh! je voudrais m'y voir.

ÉSOPE.
Et vous, conservez bien, mon fils, ce beau miroir;
Mais il faut, pour en faire un légitime usage,
Que l'âme soit plus belle encor que le visage.

AGATHON.
L'âme! et que faut-il faire afin de l'embellir?

ÉSOPE.
N'y rien souffrir d'abord qui la puisse salir,
Et l'orner de vertus, dont la beauté durable,
Aux plus vives couleurs est en tout préférable.

LYSIS.
Et mon petit flacon?

ÉSOPE.
Il n'est pas des plus grands.

LYSIS.
Il est fort joli; mais.... on n'a rien mis dedans.

ÉSOPE.
Oh! mon fils, s'il ne tient qu'à cela, laissez faire;
J'y ferai mettre....

LYSIS.
Eh! quoi, Monsieur?

ÉSOPE.
De belle eau claire.

CLÉON.
De belle eau claire! hon.

ÉSOPE.
Oui, bien fraîche.

CLÉON.
Grand merci,
Monsieur, quand j'en voudrai, j'en aurai bien aussi.

ÉSOPE.
Holà, vous, approchez. Quel est donc ce beau livre?

TIMOCLÈS.
Le voyez-vous, enfans? il vous apprend à vivre.
Tous dans la bagatelle avez voulu donner;
Mais, par un choix plus juste, il vient vous condamner.

#### ÉSOPE.
Mon fils, ce livre est beau, bien choisi; c'est Homère,
De nos plus grands auteurs le modèle et le père;
Instructif dans ses vers, toujours pleins de douceur,
Il est propre à former et l'esprit et le cœur.
Peut-être pourrez-vous trouver dans cet ouvrage
Des traits et des façons aujourd'hui moins d'usage,
Les temps ont fort changé, je n'en suis pas surpris;
Mais l'étoffe en est bonne, et vaut toujours son prix.
Lisez-le bien, mon fils, vous ne sauriez mieux faire.
#### PAMPHILE.
Oui, Monsieur, j'en ferai mon étude ordinaire.
#### ÉSOPE.
Allez, qu'on se retire; emportez vos bijoux :
Je me charge du prix, et de payer pour tous.

## SCÈNE VIII.
### MÉGABISUS, ÉSOPE, TIMOCLÈS.
#### ÉSOPE.
M'y suis-je assez bien pris, Messieurs, pour les connaître ?
#### MÉGABISUS.
Je me rends, et vous tiens désormais pour un maître.
#### ÉSOPE.
Le plus grand pas est fait, je connais tous mes gens;
Le reste se fera, Messieurs, avec le temps.
Souffrez que je vous quitte, et qu'en maître fidèle
Je me rende au plus tôt où ma charge m'appelle.
#### TIMOCLÈS, *seul*.
Xantus n'avait pas tort, et maintenant je voi
Qu'il avait mieux jugé de cet homme que moi.

FIN DU SECOND ACTE.

# ACTE III.
## SCÈNE I.
### LES SIX ENFANS.

LYSIS.

Est-il là ?

AGATHON.

Non, j'ai vu partout.

CLINIAS.

Prends-y bien garde,
Au moins.

AGATHON.

Autant que vous l'affaire me regarde.

CLINIAS.

Tu nous en réponds donc ?

AGATHON.

Oui, j'ai tout fureté,
Et nous pouvons ici parler en liberté.

LYSIS.

Que dites-vous, Messieurs, de notre nouveau maître ?

CLINIAS.

Il m'a bien fait trembler quand je l'ai vu paraître.
Quel minois !

NICOSTRATE.

Je crois bien ; à moins on aurait peur.

PAMPHILE.

Avouons que... du moins Xantus n'est pas trompeur.

CLINIAS.

Quand il nous l'a vanté, comme étant dans la Grèce,
Un homme sans pareil, et rare en son espèce,
Il n'en a point trop dit.

PAMPHILE.

Ce rare original
Répond à la copie, et n'y répond pas mal.

## ÉSOPE

NICOSTRATE.

Il est vrai; mais enfin nous conviendrons qu'en somme,
Tout mal bâti qu'il est, il est assez bon homme,
Plaisant, de bonne humeur, et plein d'humanité,
Qui fait rire, et qui rit aussi de son côté.

AGATHON.

Eh! ne vaut-il pas mieux avec ce caractère,
Que d'autres mieux bâtis et d'une humeur austère?
Que ces moraliseurs, qui, durs en enseignant,
Ne nous sauraient jamais parler qu'en rechignant?

LYSIS.

J'y trouve jusqu'ici peu de chose à redire.
Mais....

AGATHON.

Mais quoi? tel qu'il est, Dieu nous garde d'un pire.

CLINIAS.

Nous n'avons pas d'abord grand travail aujourd'hui,
Rien de plus qu'une fable à dire devant lui.

AGATHON.

Pouvait-il nous donner moins que chacun la sienne?

NICOSTRATE.

Pour moi, je sais déjà la moitié de la mienne.

LYSIS.

Et bien qu'est-ce que c'est?

NICOSTRATE.

      C'est un riche marchand
Qui voyageait sur mer avec certain savant:
Or, tandis qu'ils voguaient, il survint un orage;
Ils se sauvèrent tous, le vaisseau fit naufrage;
Le marchand par malheur y perdit tout son bien.

LYSIS.

L'autre que perdit-il?

NICOSTRATE.

      L'autre n'y perdit rien:
Il n'avait pour trésor que sa seule science;
Ce fut son gagne-pain. Et puis cette sentence:

« Les richesses souvent peuvent se perdre : mais
« La science est un bien qui ne périt jamais.

LYSIS.

Bon avis au lecteur; en sens-tu la malice ?

NICOSTRATE.

Et ta fable à toi ?

LYSIS.

J'ai les Compagnons d'Ulysse;
La sorcière..... attendez, je ne sais pas son nom;
Enfin, par le moyen de certaine boisson,
Elle les changea tous en bêtes, dit l'histoire.

PAMPHILE.

La morale ?

LYSIS.

Elle dit, si j'ai bonne mémoire,
Que depuis ce temps-là tout homme sage doit
Songer et regarder de près à ce qu'il boit.

PAMPHILE.

Ceci n'a pas besoin d'un fort long commentaire,
Le flacon est payé, vous avez votre affaire.

LYSIS.

Nous n'avons rien, je crois, tous à nous reprocher.
Mais vous, petit ami, qui semblez vous cacher,
Ne nous direz-vous pas à votre tour la vôtre ?

AGATHON.

Moi ? Je ne la sais pas.

LYSIS.

Non !

AGATHON.

Non.

LYSIS.

Je sais quelqu'autre
Qui peut y suppléer, et qui la dira bien.

AGATHON.

Qui ?

LYSIS.

Moi.

AGATHON.
Je gage ici que vous n'en savez rien.

LYSIS.
Eh bien, gageons ; voilà mon flacon que je gage.
Et vous, vous gagerez, hélas ! c'est grand dommage,
Ce beau petit miroir qui vous tient tant au cœur.

AGATHON.
Vous vous passeriez bien de faire le moqueur.

LYSIS.
Allez, ne gageons point, et d'ailleurs quand j'y pense,
Etant sûr de mon fait, le puis-je en conscience ?

AGATHON.
Vous, vous en êtes sûr ?

LYSIS.
Oui, mon petit mignard,
Le sujet n'est-il pas le Buste et le Renard ?

AGATHON.
Vous êtes un méchant, et ne cherchez qu'à rire.
Mais si.....

LYSIS.
Rassurez-vous, je ne veux plus rien dire.

AGATHON.
C'est que vous ne savez peut-être rien de plus.

LYSIS.
Je ne puis pas encor parier là-dessus.

AGATHON.
Vous savez seulement le titre.

LYSIS.
Et la morale !
Voulez-vous par plaisir que je les en régale ?

NICOSTRATE.
Oh ! vous nous la direz.

LYSIS.
Non, je n'ose, Agathon
Pourrait peut-être bien ne le pas trouver bon.

AGATHON.
Eh ! ne le pressez pas, il a de vous l'apprendre
Bien plus d'envie encor que vous tous de l'entendre.

LYSIS.

Puisque vous le prenez sur ce ton, la voici :
C'est le Renard qui parle et qui conclut ainsi :
« C'est grand dommage, hélas! qu'une tête si belle
   « N'ait un peu de cervelle.

AGATHON.

Il faut quitter la place, on n'y peut plus tenir.
Comptez que je saurai fort bien m'en souvenir.

LYSIS.

Oh, oh! voyez un peu sa petite colère.

PAMPHILE.

Votre sincérité n'a pas trop dû lui plaire.

LYSIS.

Mais à propos, et vous, monsieur notre docteur,
Saurons-nous votre fable ?

PAMPHILE.

     Oh! je la sais par cœur.

LYSIS.

Récitez-la nous donc ?

PAMPHILE.

     Je consens à la dire ;
Mais si vous y cherchez un sujet de satire,
Je vous en avertis d'abord de bonne foi,
Vous n'y trouverez pas de quoi mordre sur moi.

NICOSTRATE.

De quoi donc parle-t-elle ?

PAMPHILE.

     Uniquement d'Homère.

NICOSTRATE.

Dites-nous-la, n'importe.

PAMPHILE.

     Il faut vous satisfaire.

L'APOLOGIE D'HOMÈRE.

« Jupiter un jour dans les cieux
« Ayant fait assembler jusques aux Demi-Dieux,
 « Leur dit d'un ton plein de colère,
« Tenant un livre en main : Je ne m'étonne pas
 « Si les chétifs mortels nous méprisent là-bas ;

« Voilà l'auteur du mal, c'est ce fripon d'Homère.
　　« Comment a-t-il parlé de nous ?
« En vain nous comble-t-il des plus superbes titres,
« Si dans le même temps il nous fait passer tous
　　　　« Pour des croquans et des belîtres.
« Je ne m'arrête pas à ce qu'il dit de vous ;
« Mais où diantre a-t-il pris que je battais ma femme,
« Et qu'une enclume au pied, je l'ai, moi Jupiter,
　　　« Suspendue au milieu de l'air ?
« Passe pour la gronder et lui chanter sa gamme,
« Elle l'a mérité souvent, la bonne dame.
« Pour le punir, je veux qu'au milieu de l'Enfer,
« Ayant à chaque pied, tout au moins une enclume,
« On le suspende au haut d'une cage de fer ;
« Et qu'avec les feuillets de son maudit volume
　　　« On le rissole, et qu'on l'enfume.
« L'arrêt s'exécutait, si la sage Pallas,
　　　« S'intéressant pour un poëte,
« Qui partout dans ses vers la dépeint si parfaite,
« N'avait paré le coup. Ne le condamnez pas,
　　　« Seigneur, sans l'entendre, dit-elle,
« Ce n'est pas que pour nous il ait manqué de zèle ;
　　　« Mais nous vivons depuis long-temps.
　　　« Dans les siècles passés peut-être
« Etions-nous tels qu'il nous a fait paraître ;
　　« On s'est poli depuis quelque mille ans.
« Si ce qu'il dit de nous vous choque et vous offense,
« C'est qu'il ne nous a pris qu'au point de notre enfance.
« Encor un coup, Seigneur, ne jugez point de lui.
　　　« Dans les peintures qu'il a faites,
　　　« Sur le pied de ce que vous êtes,
« Ou de ce que nous tous pouvons être aujourd'hui. »
Qu'en dites-vous, Messieurs, ma fable est-elle bonne ?
　　　　　　LYSIS.
Elle est trop sérieuse et ne pince personne ;
Si le petit bosco....

## SCÈNE II.

### LYSIS, NICOSTRATE, PAMPHILE, CLÉON, CLINIAS.

CLÉON, *contrefaisant Esope.*

Qu'est-ce que j'entends-là ?
Ah, ah ! petits garçons.

CLINIAS.

Sauvons-nous, le voilà.

LYSIS.

Arrêtez, c'est Cléon, il nous la donne belle.

CLÉON.

Oh ! comme vous fuyez, petit troupeau rebelle ;
Revenez, je vous fais grâce pour cette fois,
Et me contenterai d'en croquer deux ou trois.

PAMPHILE.

Le beau croqueur de gens, il est fort redoutable !

CLÉON.

Qu'on m'écoute, je veux vous conter une fable.

NICOSTRATE.

Les grenouilles un jour dirent à Jupiter....
Les grenouilles....

PAMPHILE.

Eh bien ! que lui dirent-elles ?

## SCÈNE III.

### ÉSOPE, LYSIS.

ÉSOPE.

Je vous en viens, Messieurs, apprendre des nouvelles.
(*Tous s'enfuient.*)
J'en tiens un pour le moins ; ah ! petit friponnet.

LYSIS.

Ce n'est pas moi, Monsieur, qui vous ai contrefait.

ÉSOPE.

Comment! qu'apprends-je ? on ose ici me contrefaire.
Et qui donc ?

LYSIS.

C'est....

ÉSOPE.

Comment ? je veux savoir l'affaire.
Parlera-t-on ?

LYSIS.

Au moins vous ne le direz pas ?

ÉSOPE.

Je verrai, c'est à moi d'examiner le cas.

LYSIS.

En bonne vérité ce n'était que pour rire.

ÉSOPE.

Je le crois ; mais son nom... vous plaît-il de le dire ?

LYSIS.

Eh bien, c'était Cléon, mais chut, n'en dites mot.

ÉSOPE.

Oui !.... vraiment je le trouve un fort joli marmot.
Mais comment faisait-il ?

LYSIS.

Oh ? Monsieur.

ÉSOPE.

Quoi ?

LYSIS.

Je n'ose....

ÉSOPE.

Je vous l'ordonne.

LYSIS.

Mais....

ÉSOPE.

Quand je dis une chose,
Je veux....

LYSIS.

Tenez, Monsieur, il faisait le gros dos,
Contrefaisait sa voix, montait sur ses ergots,

Puis nous disait à tous, selon votre langage :
Ah, ah, petits garçons, je prétends qu'on soit sage.
### ÉSOPE.
Holà, c'en est assez, j'ai fort bien entendu ;
Est-ce donc là, mon fils, le respect qui m'est dû ;
A moi qui vous élève, et vous tient lieu de père ?
### LYSIS.
C'était Cléon, Monsieur, pour moi je vous révère.
### ÉSOPE.
Oh ! je le tancerai de la bonne façon ;
L'exemple de l'agneau lui faisait sa leçon.
### LYSIS.
Et quel agneau, Monsieur, dites m'en donc l'histoire ?
### ÉSOPE.
Volontiers, et tâchez d'en garder la mémoire.

*L'Agneau nourri par une Chèvre.*

FABLE.

« DE sa mère en naissant il fut abandonné ;
   « Mais une chèvre charitable
« Recueillit, allaita le pauvre infortuné,
   « Comme si d'elle il était né.
« L'agneau reconnaissant aux champs comme à l'étable,
« La suivait avec soin. Tu te méprends, Thibaut,
« Lui dit un chien ; prends garde au poil et considère,
« La chèvre que tu suis ne fut jamais ta mère.
« Je sais ce que je fais, répondit-il tout haut,
« Et n'examine point comment ma mère est faite ;
« Ma véritable mère est celle qui m'allaite. »
Entendez-vous le fin de la comparaison ?
### LYSIS.
Eh, oui : l'agneau, pour sûr, Monsieur, avait raison.
### ÉSOPE.
Vous l'avez bien compris ; et j'aime qu'on m'entende ;
Allez dire à Cléon qu'ici je le demande.

## SCÈNE IV.

ÉSOPE, XANTUS, TIMOCLÈS, MÉGABISUS.

ÉSOPE *seul*.

Les petits éveillés ! il faut tout doucement...

MÉGABISUS.

Seigneur Ésope, on doit vous faire compliment.
J'apprends que dans ces lieux tout se passe à merveille.

ÉSOPE.

C'est à quoi pour le moins je travaille et je veille.
Ils sont tous fort jolis, pleins d'esprit et de feu,
Et tous aiment bien moins l'étude que le jeu ;
Mais ils font leur métier : mettons-nous à leur âge,
Peut-être en ferions-nous encore davantage.

TIMOCLÈS.

Hélas ! peut-être bien..

XANTUS.

Mais quoi, de vos projets
Vous en promettez-vous déjà quelque succès ?

ÉSOPE.

Il faut du temps pour tout : attendons, je commence,
Je les connais déjà, c'est une grande avance.
Déjà même de loin, par certains documens,
J'ai pris pour les former de bons alignemens.
Mes fables vont jouer ; et j'ai, sans flatterie,
De bons secours tout prêts dans ma ménagerie.

## SCÈNE V.

ÉSOPE, XANTUS, TIMOCLÈS, CLÉON, MÉGABISUS.

TIMOCLÈS.

Qu'est-ce que cet enfant ? venez cher nourrisson.

ÉSOPE.

Si vous le connaissiez ! c'est un joli garçon,

Il aime à divertir les autres sur mon compte.
### XANTUS.
Sur votre maître ! fi ! n'avez-vous point de honte ?
### CLÉON.
Monsieur, excusez-moi, je le jure en honneur,
Ce n'était seulement que pour leur faire peur.
### ÉSOPE.
Ah ! l'on ne peut pas mieux, l'excuse est admirable.
Pour votre bien, mon fils, écoutez cette fable.

*Le Singe réprimandé*

FABLE.

« Gilles, singe de son métier,
« A Raton, chat prudent, faisait sur ses souffrances
« Maintes et maintes doléances.
« Au logis, disait-il, nul ne me fait quartier ;
« Qu'est-ce qu'en moi pourtant ils trouvent à redire ?
« Je suis de bonne humeur, et je les fais tous rire ;
« Ton métier, répondit Raton,
« N'est, selon moi, ni beau ni bon :
« Tu pinces et tu mords ; et si tu le remarques,
« Il n'est aucun dans la maison,
« Qui, non pour une fois, n'ait porté de tes marques.
« Autre grief : tu contrefais les gens ;
« En cela tu crois plaire, et ne plais à personne.
« Tel en rit sur autrui, qui te la garde bonne,
« Lorsque l'on rit à ses dépens.
« Talent très-dangereux, sur quoi que l'on se fonde,
« Que de railler ! Gilles, c'est une loi :
« Met tout le monde contre soi,
« Qui fait du mal à tout le monde. »

Pour que vous en puissiez faire votre profit,
Je compte vous donner la fable par écrit ;
Et j'entends que tantôt, pour punir votre audace,
Devant vos compagnons vous la disiez en classe.

## SCÈNE VI.

ÉSOPE, XANTUS, TIMOCLÈS, CLÉON,
CHORAGIDAS, MÉGABISUS.

XANTUS.

Soyez le bien venu, vous pouvez avancer.

ÉSOPE, *bas à Xantus.*

Et quel est ce seigneur?

XANTUS.

C'est le maître à danser.
Faites venir ici toute votre jeunesse,
Pour voir comment monsieur la façonne et la dresse ;
Ils sont en bonnes mains.

ÉSOPE.

J'en juge bien ainsi.
Appelez-les, Cléon, et revenez aussi.

CHORAGIDAS, *bas à Xantus.*

Où diantre a-t-on pêché cette étrange figure ?

ÉSOPE.

Vous me semblez, Monsieur, surpris de ma tournure :
Peut-être y trouvez-vous et du haut et du bas ;
Mais vous savez assez que l'on ne se fait pas.

CHORAGIDAS.

Les hommes ne sont pas tous faits de même sorte.
Vous pourriez être mieux.

MÉGABISUS.

Je le crois.

CHORAGIDAS.

Mais n'importe.
On peut par le bon air rectifier le tout.

ÉSOPE.

En croiriez-vous, Monsieur, pouvoir venir à bout ?
Ce serait de votre art sans doute un grand chef-d'œuvre.

CHORAGIDAS, *en le tournant pour l'examiner.*

Il y faudra du temps et plus d'une manœuvre...
Essayons.

## AU COLLÉGE.

ÉSOPE.

Volontiers, vous serez bien adroit.

CHORAGIDAS.

Pour la première leçon d'abord, tenez-vous droit.

ÉSOPE.

Monsieur, de vos leçons est-ce là la première ?

CHORAGIDAS.

Oui.

ÉSOPE.

Nous sommes encor bien loin de la dernière ;
Pour savoir celle-là, je n'épargnerai rien,
Et nous continuerons quand je la saurai bien.

## SCÈNE VII.

ÉSOPE, XANTUS, TIMOCLÈS, CHORAGIDAS, MÉGABISUS, GRAPHODION, CLÉON, ET LES AUTRES ENFANS.

ÉSOPE à Cléon.

Vous avez bien tardé.

CLÉON.

Le maître d'écriture
Prétend que c'est son heure, et qu'on lui fait injure :
Mais le voilà lui-même.

GRAPHODION.

Oui, Monsieur, je prétends
Qu'on ne doit point ainsi me déranger mon temps ;
Mon art à ces messieurs est bien plus nécessaire,
Que quelques mauvais pas qu'on leur apprend à faire.

CHORAGIDAS.

Monsieur Graphodion, prenez un ton plus bas.

GRAPHODION.

Je prends le ton qu'il faut, monsieur Choragidas.

CHORAGIDAS.

Je n'aurais jamais cru, pour moi, que l'écritoire,
A gens de votre sorte, inspirât tant de gloire.

ÉSOPE

GRAPHODION.
Et je ne croyais pas non plus, que l'escarpin
Dût vous monter si haut, et vous rendre si vain.

CHORAGIDAS.
Je vous trouve plaisant, faiseur de pieds de mouche.
Parbleu, c'est bien à vous d'oser ouvrir la bouche.

GRAPHODION.
Je vous trouve joli, tricotteur d'entrechats;
C'est bien à vous ici de prétendre le pas.

CHORAGIDAS.
Griffonnier de malheur, si ma bile s'allume,
Je saurai vous apprendre à tailler votre plume.

GRAPHODION.
Et si vous me fâchez, petit colifichet,
Je suis homme à graisser comme il faut votre archet.

ÉSOPE, *se mettant entre deux.*
Eh! de grâce, messieurs.

CHORAGIDAS.
Quoi, monsieur! on m'outrage.

GRAPHODION.
On m'insulte.

XANTUS.
Messieurs, point de bruit davantage.

TIMOCLÈS.
Tenez votre courroux quelque temps suspendu :
Car nous verrions ici trop de sang répandu.

CHORAGIDAS.
C'est par respect pour vous que je veux bien me taire.

ÉSOPE.
Votre art, de part et d'autre, est noble et nécessaire.

CHORAGIDAS.
Plus ou moins....

ÉSOPE.
Eh! messieurs, trêve d'inimitié.

GRAPHODION.
La main sera toujours plus noble que le pied.

ÉSOPE.

Il faut vous séparer, messieurs, car il me semble
Qu'en vain l'on prétendrait vous accorder ensemble.
Monsieur Graphodion, retirez-vous plus loin,
Et l'on va vous poser une table à ce coin.
Pour vous, monsieur, dont l'art demande plus d'espace,
Vous pouvez librement disposer de la place.

MÉGABISUS *à Xantus.*

Voilà la trêve faite, au défaut de la paix :
Mais pour bien vivre ensemble, ils sont encor bien près.

XANTUS.

Je le crois comme vous ; mais quoi qu'on puisse faire,
Régler les rangs n'est pas une petite affaire.

GRAPHODION *à son écolier.*

Le corps un peu courbé.

CHORAGIDAS *au sien.*

Monsieur, tenez-vous droit.

GRAPHODION.

Arrondissez la main.

CHORAGIDAS.

Étendez le jarret.
Faites deux pas : allez.

GRAPHODION.

Formez votre écriture.
La plume doit friser la seconde jointure.
Allongez. Que fait là ce doigt crochu, roidi,
En patte, comme on dit, de vieux chapon rôti ?

CHORAGIDAS.

Oui dà ! le violon, prévôt, et de plus belle :
Fais vite, comme il faut, ronfler la chanterelle,
Nous verrons qui des deux fera le plus de bruit.

GRAPHODION, *forçant sa voix.*

Écartez donc le bras : formez bien ce qui suit.
Parbleu l'on n'y tient pas, il m'étourdit, m'assomme ;
Deux contre un, ce n'est pas agir en galant homme.
Vous ne me ferez plus dorénavant la loi,
Et j'aurai, comme vous, un prévôt avec moi.

( *Il s'en va.* )

## SCÈNE VIII.

ÉSOPE, XANTUS, TIMOCLÈS, CHORAGIDAS, MÉGABISUS, ET LES SIX ENFANS.

CHORAGIDAS *à son prévôt.*

Une fanfare, ami, pour chanter la victoire
Que vient de remporter l'archet sur l'écritoire.

(*Il se fait une fanfare.*)

Commençons tout de bon; dansez votre menuet.
Les bras, monsieur, les bras.... Dénouez le jarret.
Serrez vos pas.... Allons, une danse un peu fine.
Effacez cette épaule.... avancez la poitrine.
Donnez la main.... suivez. Les pieds plus en dehors.
Levez la tête.... là, soutenez votre corps.
Avancez.... les deux mains.... eh, monsieur, la cadence!
Tournez court.... revenez. Faites la révérence.

XANTUS.

Cela ne va pas mal, j'en suis assez content,
Et voudrais être en âge encor d'en faire autant.

CHORAGIDAS.

La danse est en tout âge honnête et salutaire,
Allons, vous m'avez l'air, monsieur, d'y fort bien faire.

XANTUS.

Mais, vous n'y pensez pas.

CHORAGIDAS.

Vous résistez en vain.

XANTUS.

Soit, mais Mégabisus me donnera la main.

MÉGABISUS.

Vous me jouez d'un tour; n'importe, on vous le passe.

CHORAGIDAS, *tandis qu'ils dansent.*

Fort bien.... fort bien, messieurs, et de fort bonne grâce;
Vous dansez tous les deux d'un air fort délié :

(*Après qu'ils ont dansé.*)

Ma foi vous n'avez pas encor tout oublié.

## AU COLLÉGE.

MÉGABISUS.

Mais ne ferez vous rien, vous, monsieur notre maître;
Allons à votre tour, il faut ici paraître.

CHORAGIDAS.

Ah! volontiers, messieurs, si c'est votre plaisir;
Vous me verrez toujours prêt à vous obéir.

TIMOCLÈS, *tandis que l'autre danse.*

Monsieur Choragidas a grand air dans la danse.

CHORAGIDAS.

Ah! vous me mettez-là, monsieur, hors de cadence.

## SCÈNE IX.
### LES MÊMES.

XANTUS.

De quoi s'agit-il là?

TIMOCLÈS à *Mégabisus.*

Sostrate veut vous voir.

MÉGABISUS.

Ah! je m'en vais le joindre, il m'apprend mon devoir;
Je comptais bien d'aller lui rendre ma visite :
Il me prévient, messieurs, souffrez que je vous quitte.

XANTUS.

Nous allons tous les deux bientôt suivre vos pas :
Allez toujours. Adieu, monsieur Choragidas.

FIN DU TROISÈME ACTE.

## ACTE IV.
### SCÈNE I.
MÉGABISUS, SOSTRATE.

SOSTRATE.

Notre homme assurément prévient peu par la mine.

MÉGABISUS.

Il répare le tout du moins par la doctrine.

Pour former les enfans sa méthode me plaît :
Elle va droit au but, toute simple qu'elle est.
Dans les fables surtout, qu'avec art il manie,
J'admire son adresse et son heureux génie ;
Il les place à propos, et sait les assortir.

SOSTRATE.

Oui, comme la jeunesse aime à se divertir,
Cela leur plaît.

MÉGABISUS.

Monsieur, quant à moi, j'envisage
Bien autre chose ici qu'un simple badinage ;
Rien n'est plus sérieux dans l'objet et la fin,
Que l'est pour les enfans ce prétendu badin.

SOSTRATE.

Il est vrai que de l'air dont il sait les construire,
Les fables quelquefois ne laissent pas d'instruire.

MÉGABISUS.

Quelquefois : mais toujours ; c'est là ce qu'il prétend,
Et dans tous ses propos, la moindre fable y tend ;
C'est ce que j'observais ; quand avec tant d'adresse,
Tantôt il amusait sa petite jeunesse :
Tous ces enfans croyaient s'amuser simplement,
Mais il les instruisait imperceptiblement.
Ici sur la paresse en tout temps si fatale,
La prudente fourmi censurait la cigale.
Là, par son chant, le cygne échappé du malheur,
Enseignait aux enfans le prix de la douceur :
Moi-même en l'écoutant, je sentais, je vous jure,
L'effet que produisait en moi cette peinture ;
Et si je n'eusse craint de le trop arrêter,
Croyez que je serais encor à l'écouter.

SOSTRATE.

Il le saura, monsieur : un si beau témoignage
Ne peut qu'il ne le flatte, et qu'il ne l'encourage.

MÉGABISUS.

Ce n'est point encor tout, et je veux aujourd'hui
Le sonder, en traitant tête à tête avec lui :

Il a l'esprit perçant, vaste ; et sur ma parole,
Ses talens vont plus loin, Monsieur, que son école :
Je crois-en entrevoir à peu près tout le prix,
Et si j'y trouve moins, je serai fort surpris.
Mais vous avez un fils, dites-moi, je vous prie,
Que ne le mettez-vous dans cette académie ?
Le rang que vous tenez ici de magistrat,
Y donnerait encor du poids et de l'éclat.

SOSTRATE.

Je n'ai que lui, Monsieur, il est cher à sa mère.

MÉGABISUS.

Ne l'est-il pas aussi tout de même à son père ?

SOSTRATE.

Oui, sans doute, et très-fort.

MÉGABISUS.

Mais, si vous l'aimez bien,
Faites-le lui donc voir en l'aimant pour son bien ;
Et sans trop écouter ces conseils de faiblesse
Qu'inspire trop souvent une aveugle tendresse,
Mettez-le dans un lieu propre à le bien former ;
Et je croirai pour-lors, que vous savez l'aimer.

SOSTRATE.

Ah ! Monsieur, j'entends bien, je ferais mieux peut-
 être :
Je me le dis souvent ; mais quoi ! suis-je le maître ?
J'aurais beau le vouloir, Monsieur, je ne pourrais.
Pour en avoir touché quelques mots une fois,
Tout fut perdu ; je vis une mère en alarmes :
Des soupirs, des sanglots, et des torrens de larmes :
On veut tuer, mon fils, hélas ! je le vois bien ;
Bientôt par mon trépas, je préviendrai le sien :
Et puis on embrassait cette tête si chère.
Et lui de son côté, se joignant à sa mère,
Se lamentait comme elle, et jetait les hauts cris.
Ah ! Monsieur, ce que c'est que de n'avoir qu'un fils.

MÉGABISUS.

Oui, Monsieur, le malheur est plus grand qu'on ne pense ;
Car à titre d'unique et de chère espérance,
On ne le gêne en rien, et pour trancher le mot,
Il arrive souvent que l'on n'en fait qu'un sot.

SOSTRATE.

Oh ! pour le mien, Monsieur, j'en prends un soin extrême :
Je règle tous ses pas, je vois tout par moi-même ;
Et pour n'épargner rien, je l'ai pourvu d'ailleurs
D'un maître habile, expert ; enfin tout des meilleurs.
Du matin jusqu'au soir, en ville, à la campagne,
Fidèle observateur, partout il l'accompagne :
Il le forme, il l'enseigne, il l'instruit, il faut voir :
Vous ne croiriez jamais jusqu'où va son savoir.

MÉGABISUS.

Comment, du précepteur ?

SOSTRATE.

Non, de mon fils, vous dis-je ;
Car pour le précepteur, oh, oh, c'est un prodige.

MÉGABISUS.

Mais ne l'est-ce pas-là ?

## SCÈNE II.

MÉGABISUS, SOSTRATE, POLYMATHÈS, CARITON.

SOSTRATE.

Justement, le voici.
Je ne l'attendais pas. Oh, oh ! mon fils aussi ?
C'est une nouveauté, comment vous au collége,
Monsieur, Polymathes ?

POLYMATHÈS.

Eh quoi ! Monsieur, n'osai-je ?...

SOSTRATE.

Si vraiment.

## AU COLLÉGE.

POLYMATHÈS.

Nous prenons ici notre campos ;
L'esprit veut du relâche, il en est plus dispos ;
Et comme dit fort bien, dans sa Théogonie,
Le savant Ascréen, l'honneur de Béotie....

SOSTRATE, *à Mégabisus.*

Hon.

MÉGABISUS.

De grâce, quel est ce savant Ascréen?

POLYMATHÈS.

C'est, si vous l'ignorez, Hésiode.

MÉGABISUS.

Fort bien ;
Mais j'aimerais autant le nommer Hésiode.

POLYMATHÈS.

Oui ; mais l'un est plus docte.

MÉGABISUS.

Et l'autre plus commode,
Et s'entend mieux. Je vois votre fils se cacher ;
Et pourquoi, s'il vous plaît, n'ose-t-il approcher?

SOSTRATE.

Il est un peu honteux.

MÉGABISUS.

Je le vois.

POLYMATHÈS.

Qu'on s'avance.
Cariton, à Monsieur faites la révérence.

MÉGABISUS.

Mais pourquoi cette honte, et ces airs étonnés!

SOSTRATE, *à son fils.*

Otez votre chapeau de devant votre nez,
Mon fils, et dites-nous quelque chose de mise.

CARITON.

Quest-ce que vous voulez, mon papa, que je dise?

SOSTRATE.

Mais vous-même, voyez; tout ce qu'il vous plaira.

POLYMATHÈS, *à Sostrate.*

Nommez une science, il vous en parlera....

(*à Cariton.*)
Cariton, dites-nous les noms des sept planètes ?
MÉGABISUS.
Il nous va dire aussi comment elles sont faites.
POLYMATHÈS.
Oh ! non, il n'en sait pas encor jusqu'à ce point....
MÉGABISUS.
Passe.
POLYMATHÈS.
Laissons le dire, et ne le troublons point.
CARITON.
Saturne, Jupiter, Mars, le Dieu de lumière,
Mercure, après Vénus ; la Lune est la dernière.
MÉGABISUS.
Fort bien ; mais le soleil, vous l'oubliez, mon fils.
CARITON.
Mais on me l'a montré, comme je vous le dis.
POLYMATHÈS, *à Cariton.*
C'est le Dieu de lumière. Ah !
CARITON.
Le Dieu de lumière,
Mercure après Vénus ; la Lune est la dernière.
MÉGABISUS.
Il a de la mémoire ; il répète fort bien.
POLYMATHÈS.
L'innocent !
CARITON.
Mais, Monsieur, vous me grondez pour rien.
POLYMATHÈS.
Ne comprenez-vous pas ?...
SOSTRATE.
Laissez, laissez, de grâce.
Eh bien ! vous avez vu comme ici tout se passe,
Que pensez-vous enfin du tour dont on s'y prend ?
POLYMATÈS, *en homme qui désapprouve.*
Tout-à-fait bien, Monsieur.
SOSTRATE.
Mais non, parlez-nous franc ;

Et la méthode encor, qu'est-ce ? bonne ou mauvaise ?
Propre aux enfans ?
POLYMATHÈS.
J'y trouve un peu trop de fadaise.
MÉGABISUS.
Expliquez-nous la chose, et nous dites comment.
POLYMATHÈS.
On ne les instruit point assez solidement.
MÉGABISUS.
Vous dites vrai : je gage, au portrait que vous faites,
Qu'aucun d'eux ne saura dire les sept planètes.
POLYMATHÈS.
Ces fables qu'on leur donne, à ne rien déguiser,
Ne servent tout au plus que pour les amuser :
Il faudrait les styler aux belles connaissances,
Et par les élémens des plus hautes sciences,
Leur élever l'esprit, le former, le mûrir.
Tels sont les alimens dont il le faut nourrir.
C'est à quoi je travaille, et telle est ma pratique ;
Si je n'y réussis, pour le moins je m'en pique.
SOSTRATE.
Je voudrais que mon fils un jour pût tout savoir :
Monsieur Polymathès y fait bien son devoir ;
Vous voyez sa pratique, elle est sûre, admirable.
MÉGABISUS.
Oui, fort bonne, pourvu qu'elle soit praticable.

## SCÈNE III.

MÉGABISUS, SOSTRATE, POLYMATHÈS, CARITON, ÉSOPE, POLYDORE.

ÉSOPE, *à Polydore.*

Ah ! vous me répondrez de mon citron confit ;
Je vous ai cette fois pris en flagrant délit.
MÉGABISUS.
Qu'est-ce donc ?

ÉSOPE, *à Mégabisus.*

Ah! Monsieur, vous êtes équitable ;
Je vous trouve à propos pour juger un coupable.

MÉGABISUS.

Coupable! qu'a-t-il fait? son crime est-il si grand?

ÉSOPE.

Le voyez-vous Monsieur, c'est un petit friand :
Confitures, bonbons, il leur fait bonne guerre ;
On a beau les cacher, partout il les déterre ;
Et si bien aujourd'hui, touchant certain citron,
Je l'ai pris sur le fait.

(*A Polydore.*)

Soutiendrez-vous que non?

POLYDORE.

Non, Monsieur, mais....

ÉSOPE.

Eh quoi! vous osez vous défendre?

MÉGABISUS.

Ah! tout doux, dans ses faits du moins il faut l'entendre.
Dites-nous vos raisons, mon fils, ne craignez rien.

POLYDORE.

Je vous vais bonnement conter la chose.

MÉGABISUS.

Eh bien?

POLYDORE.

Vous saurez que Monsieur avait mis sur sa table
Un beau citron confit, d'apparence admirable ;
Et comme par-devant fort souvent je passois,
Mange-moi, mange-moi, disait-il chaque fois.

MÉGABISUS.

Ce citron?

POLYDORE.

Oui, Monsieur.

MÉGABISUS *à Esope.*

Vous voyez la surprise ;
C'est le citron qui l'a tenté de friandise.
Mais que répondiez-vous?

## AU COLLÉGE.

POLYDORE.

J'ai toujours répondu,
Non, je n'en ferai rien, Monsieur l'a défendu.

MÉGABISUS.

Fort bien : voilà d'abord bien de la résistance ;
Mais comment a-t-il donc vaincu votre constance ?

POLYDORE.

J'avais beau sur cela lui donner son renvoi,
Il redisait toujours mange-moi, mange-moi.

MÉGABISUS.

Le fripon de citron ! certe il ne valait guère.

POLYDORE.

Dame à la fin, Monsieur, il s'est mis en colère ;
Et voyant que toujours je disais, non ferai :
Mange-moi m'a-t-il dit, ou je te mangerai.

MÉGABISUS.

La menace était douce, et tout-à-fait honnête.

POLYDORE.

Oh ! dame je ne fus, Monsieur, ni sot ni bête ;
Et quand je vis enfin qu'il le prenait par-là,
Je le croquai tout net.

MÉGABISUS.

C'est l'entendre cela ;
Il aurait mieux vraiment valu le laisser faire.

(*A Polydore.*)

Je vous mets hors de cour, pour vous sur cette affaire.
Le citron a son fait ; et valût-il cent francs,

(*A Esope.*)

Je vous condamne, vous, à payer les dépens.

ÉSOPE.

Mais....

MÉGABISUS.

Ne répliquez point, l'arrêt est équitable.

ÉSOPE.

Eh bien! pour mes dépens, je consigne une fable.

## ÉSOPE

### Le Rat et le Raton.

#### FABLE.

« Un vieux rat, au lit de la mort,
« A son fils qui pleurait et se lamentait fort :
    « Pour testament tint ce langage :
« Je te laisse, mon fils, assez ample héritage ;
    « De noix, noisettes et raisin,
    « Tu trouveras plein magasin.
« Jouis de mes travaux, si tu veux être sage ;
    « Quand tu vivrais trente ans et davantage,
« Tu n'en verrais jamais la fin ;
        « Mais prends garde à la friandise,
        « C'est notre écueil. Les lardons gras,
    « Presque toujours, sont de la mort aux rats :
        « Fuis, n'en approche en nulle guise ;
        « Sinon, je te le prophétise,
        « Pauvre raton, tu périras.
        « Le Ciel te garde et t'en préserve.
        « Disant ces mots, il l'embrassa,
« Et dans le même instant le bonhomme passa.
« Le fils, maître des biens qu'avait mis en réserve
« Son cher papa défunt, d'abord s'en engraissa ;
« Mais tôt après, trouvant la chair par trop bourgeoise,
« De noix et de raisins enfin il se lassa.
        « Le voilà donc qui s'écarte, et qui croise
        « Sur tous les lieux des environs ;
« Croque morceaux de lard, et les trouve fort bons.
« Parbleu, se disait-il, mon bonhomme de père,
« Avec ses rogatons, faisait bien maigre chère :
        « Vive la guerre et les lardons !
    « Advint qu'un jour, dans une souricière,
        « Il découvrit, en battant le pays,
        « Morceau de lard des plus exquis.
« Bon, dit-il, tu viendras dans notre gibecière.
« Le trou lui fut pourtant suspect et lui fit peur ;
        « Même j'ai lu, dans un fort bon auteur,

« Qu'il recula quatre pas en arrière.
« Mais le lardon, pour l'attirer à soi,
« Tant lui cria, mange-moi, mange-moi,
« Qu'après bien des façons, le galant en approche,
« Le convoite, le flaire, y porte enfin les dents.
« La bassecule se décroche,
« Et tombant, l'enferme dedans ;
« Et comme en son malheur, encor que déplorable,
« Il ne rencontra pas, ainsi que d'autres gens,
« Un juge tendre et pitoyable,
L'histoire dit qu'il passa mal son temps. »
Qu'en pensez-vous ?

POLYDORE.

Je crois la chose assez probable.

ÉSOPE.

Faites-en donc votre profit.
Le lardon, voyez-vous, est le citron confit.
Allez vous divertir, et tenez compagnie
A cet aimable enfant, qui peut-être s'ennuie.

SOSTRATE.

Joignez-vous avec lui.

CARITON, *en grognant*.

Je n'oserais.

SOSTRATE.

Pourquoi ?

CARITON.

Peut-être, mon papa, qu'il se rirait de moi.

POLYDORE *à Cariton*.

Ne craignez rien, Monsieur, nous savons trop bien vivre.

SOSTRATE.

Allez : dans un moment vous nous verrez vous suivre.

# SCÈNE IV.

MÉGABISUS, SOSTRATE, POLYMATHÈS, ÉSOPE.

MÉGABISUS.

Seigneur Ésope, il faut vous parler franchement,
Ce que je vois ici me plaît infiniment.

Cependant, comme rien n'est parfait dans la vie,
On croit qu'on y pourrait réformer en partie.
### ÉSOPE.
Oh! je n'en doute point, et suis prêt d'écouter
Tout ce qu'on voudra bien sur cela me conter.
Je sais que j'ai besoin des lumières des autres,
Et je ferai toujours un très-grand cas des vôtres.
### MÉGABISUS.
Je n'entends point ici vous faire de leçon;
Mais, ce qu'on dit, je vais l'exposer sans façon.
On trouve donc, ce sont gens sensés, pleins de zèle,
Que vous vous amusez trop à la bagatelle.
Vos fables sont fort bien ; mais on voudrait encor
Qu'aux enfans vous fissiez plus haut prendre l'essor,
Et que les élevant aux belles connaissances,
Vous leur inspirassiez le vrai goût des sciences.
### ÉSOPE.
L'avis est fort prudent, on doit y déférer :
Mais, quoi! que prétend-on qu'il fallût leur montrer?
Je voudrais là-dessus instruction plus ample.
### MÉGABISUS.
Tout ce qu'il vous plaira.
### ÉSOPE.
L'algèbre, par exemple?
Cela demanderait peut-être un long propos :
Pour abréger, voici ma réponse en deux mots.

*La Lionne et le Lionceau.*

#### FABLE.

« En mère tendre et fidèle,
« La lionne, de sa mamelle,
« Allaitait son petit fan.
« Il devait dominer sur toute la contrée.
« Le renard dit : En moins d'un an,
« S'il vit, nous deviendrons sa proie et sa curée ;
« Parons le coup adroitement.
« Il va donc lui-même en personne
« Trouver sa majesté Lionne.

« Qu'est-ce ? dit-il pour premier compliment,
« Quoi ! votre majesté donne à sa géniture
   « Une si faible nourriture ?
   « C'est l'élever trop mollement.
« Daims, chevreuils, biches, cerfs, moutons de haute
      « laine,
« Doivent être l'unique et solide aliment
« D'un fan né pour régner dans cette vaste plaine.
« Pour un généreux prince issu de votre flanc,
« Le véritable lait, Madame, c'est du sang.
« Dupe de notre orgueil, tout conseil qui le flatte
      « Est toujours sûr d'être écouté :
      « Celui-ci fut exécuté.
      « La complexion délicate
   « Du jeune fan qu'on cessa d'allaiter,
« A ces solides mets ne pouvant résister,
      « Le fan creva. »
                              C'est la réponse
Que je fais à votre semonce »

## SCÈNE V.

MÉGABISUS, SOSTRATE, ÉSOPE, POLY-
MATHÈS, POLYDORE, CARITON.

POLYDORE.

Vous m'aviez confié ce jeune Monsieur-ci :
Il s'ennuie avec nous ; je le ramène ici.

SOSTRATE.

Qu'est-ce donc, Cariton ? cela n'est point honnête.
Qu'avez-vous ?

CARITON.

Je m'ennuie, et j'ai mal à la tête.

SOSTRATE.

Comment donc ? approchez : il a vraiment raison.
Ramenez-le au plus tôt, Monsieur, à la maison.
Mon Dieu ! cet accident va désoler sa mère :
Pourquoi sortir aussi ?

POLYMATHÈS.
Monsieur, j'ai cru bien faire.
SOSTRATE.
Vous avez cru ? courez, et vite au médecin ;
Je le ramènerai moi-même par la main.
Je crois qu'il a la fièvre. Ah ! maudite sortie !
Sauvons-nous, Cariton. Excusez, je vous prie,
Monsieur, et pardonnez à mes justes soucis.
MÉGABISUS à *Sostrate*.
Ah ! Monsieur, ce que c'est que de n'avoir qu'un fils !

## SCÈNE VI.
MÉGABISUS, ÉSOPE.

ÉSOPE.
Voilà, Monsieur, un homme, entre nous, fort à plaindre ;
Il ne craint pas le mal qu'il devrait le plus craindre.
La fièvre, selon moi, n'est pas le plus pressant ;
Il étouffe son fils, hélas ! en l'embrassant.
MÉGABISUS.
J'en conviens avec vous, ce mal est bien le pire,
Sans doute, et j'ai déjà pris soin de le lui dire.
Je le lui redirai tant, et d'un si beau ton,
Que peut-être à la fin il entendra raison.

## SCÈNE VII.
MÉGABISUS, ÉSOPE, CRANTOR.

CRANTOR.
Quoi ! cela se peut-il ? ô trop malheureux père !
ÉSOPE.
Qu'avez-vous donc ? d'où vient ce transport de colère ?
CRANTOR.
Ah ! Monsieur, vous voyez un homme au désespoir.
ÉSOPE.
De quoi ?
CRANTOR.
Je suis outré ! ce que je viens de voir....

## AU COLLÉGE.

Me saisit... c'est à vous de m'en faire justice.
Le fripon! oui, je veux, je veux qu'on le punisse;
Mais je vous dis si bien, qu'il frémisse à jamais,
Monsieur, quand il verra des dés et des cornets.

ÉSOPE.

Ah! des dés, je commence à deviner l'affaire;
Monsieur, de Clinias n'êtes-vous pas le père?

CRANTOR.

Oui, Monsieur, je le suis, hélas! pour mon malheur,
Et c'est ce vaurien-là qui cause ma douleur.

ÉSOPE.

Comment?

CRANTOR.

Je l'ai surpris, ce petit misérable,
Jouant tout seul, roulant des dés sur une table;
Mais si plein de son jeu, si transporté, qu'hélas!
Etant devant ses yeux, il ne me voyait pas.

ÉSOPE.

Oui-dà! je le crois bien.

CRANTOR.

Le malheureux! il ose....

ÉSOPE.

Il a fait devant moi tantôt la même chose.

CRANTOR.

Il l'a fait devant vous, et vous l'avez souffert?
Je ne m'étonne pas s'il se gâte et se perd.
Oh! vraiment, je l'ai mis chez vous à bonne école.

ÉSOPE.

La jeunesse, Monsieur....

CRANTOR.

Quand la jeunesse est folle,
Il faut la corriger.

ÉSOPE.

J'en conviens avec vous

CRANTOR.

Mais en toute rigueur, sans épargner les coups.

ÉSOPE.

Il faut le corriger, n'est-ce pas?

THÉAT. DE DU CERCEAU.

CRANTOR.

Oui, vous dis-je.

ÉSOPE.

Mais la rigueur révolte, et rarement corrige.

CRANTOR.

Je veux qu'il change.

ÉSOPE.

Un mal dans la nature enté,
Avec trop de douceur ne peut être traité ;
Mais permettez un peu qu'ici je vous demande
D'où lui vient pour le jeu cette pente si grande ?
Car, que sais-je ? chez-vous peut-être que le jeu....

CRANTOR.

Chez moi ! mais l'on y joue, il est vrai, quelque peu.

ÉSOPE.

Fort bien : la carte marche ?

CRANTOR.

Eh ! oui.

ÉSOPE.

Le dé se jette.

CRANTOR.

D'accord.

ÉSOPE.

L'enfant a vu ce train dès la bavette ;
Avec ces beaux joujoux il s'est apprivoisé,
Le remède à-présent, Monsieur, n'est pas aisé.
Et ce que répondait l'écrevisse à sa mère,
Votre fils pourrait bien le répondre à son père.

CRANTOR.

Enfin, quoi qu'il en coûte, il faut le corriger ;
De cette passion je sais trop le danger.

ÉSOPE.

J'en connais comme vous toute la conséquence.

CRANTOR.

Voilà déjà ses dés que j'ai pris par avance ;
Et quant à de l'argent, je vous jure, ma foi,
Que de long-temps, Monsieur, il n'en aura de moi.

ÉSOPE.

Monsieur, ce n'est pas là tout-à-fait ma méthode ;
Laissez-moi gouverner ce malade à ma mode.

CRANTOR.

Comment donc, s'il vous plaît ?

ÉSOPE.

Premièrement, rendez
Vous-même, à votre fils, son cornet et ses dés ;
Donnez-lui de l'argent.

CRANTOR.

Vous êtes fou, je pense ?

ÉSOPE.

Je suis le médecin, suivez mon ordonnance ;
Si vous ne voulez pas, je ne m'en mêle plus.

MÉGABISUS.

Les médecins au moins, Monsieur, sont absolus ;
Il leur faut obéir.

CRANTOR.

Mais, qu'est-ce qu'il exige ?

MÉGABISUS.

Mais si, par son secret, votre fils se corrige,
Qu'importe quels moyens il y veut employer ?

CRANTOR.

Eh bien donc ! je me rends, il faut en essayer.

ÉSOPE.

Vous voilà raisonnable, et tel que je souhaite ;
Allons joindre l'enfant, et que la paix soit faite.
Du reste, laissez-moi le gouverner sans bruit,
Et dans une heure ou deux vous en verrez le fruit.
Excusez.

MÉGABISUS.

Non, je veux être ausssi de la fête ;
Je vous demande aussi de plus un tête à tête.

ÉSOPE.

A moi, Monsieur ?

ÉSOPE

MÉGABISUS.
A vous ; daignez me l'accorder.
ÉSOPE.
Ah! vous êtes le maître, et pouvez commander.

FIN DU QUATRIÈME ACTE.

# ACTE V.

### ÉSOPE, CLINIAS.

ÉSOPE.

Vous me tirez toujours, Clinias, par la manche ;
Vous voulez, je le vois, avoir votre revanche.
D'accord ; mais de jouer à crédit, c'est abus,
A bon jeu, bon argent.
CLINIAS.
Oui, mais je n'en ai plus.
Vous m'avez tout gagné.
ÉSOPE.
Je ne saurais qu'y faire ;
Et jouer contre rien n'est pas mon ordinaire.
CLINIAS.
Mon Dieu ! que j'ai joué tantôt d'un grand malheur !
ÉSOPE.
J'en conviens ; mais aussi vous êtes beau joueur.
CLINIAS.
Pas un bon coup ; toujours des chances meurtrières.
ÉSOPE.
Les armes sont aux dés, comme ailleurs, journalières.
CLINIAS.
Maudits dés !
ÉSOPE.
Pour pester contr'eux, comme je croi,
Vous n'avez pas ici fort grand besoin de moi.

# AU COLLÉGE.

CLINIAS.

Vous me quittez, Monsieur?

ÉSOPE.

Oui vraiment, je vous quitte.

CLINIAS.

Encor un coup ou deux, et que je me racquite.

ÉSOPE.

Sur quoi vous racquitter, puisque vous n'avez rien?
Car pour crédit, néant.

CLINIAS.

Je m'en aperçois bien.

ÉSOPE.

Encor, si vous aviez à risquer quelques nipes,
Je pourrais par bonté passer sur mes principes.

CLINIAS.

Mais quoi?...

ÉSOPE.

Voyez....

CLINIAS.

Hé bien, Monsieur, quoiqu'à regret,
Je vais, si vous voulez, hasarder mon plumet.

ÉSOPE.

Belle guenille!....

CLINIAS.

Mais!...

ÉSOPE.

Chétive marchandise!
A peine le chapeau peut-il être de mise.

CLINIAS.

Allons, puisqu'il le faut, je risque le chapeau.

ÉSOPE.

Que je le voie : il n'est ni bien bon, ni bien beau.

CLINIAS.

Il est pourtant tout neuf.

ÉSOPE.

Soit; je passe ce gage,
Et je mets un écu contre, et rien davantage.

CLINIAS.
C'est bien peu ; mais n'importe, il faut bien l'accepter :
Un malheureux qui perd ose-t-il disputer.
ÉSOPE.
Ne perdons point de temps, approchons cette table.
CLINIAS.
Si je n'ai pas la chance ici plus favorable,
Je suis mal. J'ai le dé, Monsieur, comme perdant.
ÉSOPE.
Baste, je vous le passe, à la charge d'autant.
CLINIAS.
Ah ! bon, rafle de six ; j'ai gagné.
ÉSOPE.
Que je joue.
CLINIAS.
Mais j'ai rafle de six en premier.
ÉSOPE.
Je l'avoue ;
Mais si j'amène, moi, rafle de sept ?
CLINIAS.
Le coup
Serait rare en effet, et surprendrait beaucoup.
Quatorze. J'ai gagné.
ÉSOPE.
Comme vite il empoche !
CLINIAS.
Allons, Monsieur, bon jeu, bon argent, sans reproche.
ÉSOPE.
Je me sens en malheur ; trêve, ne jouons plus.
CLINIAS.
Comment ! vous me gagnez encor trois bons écus.
ÉSOPE.
Les voilà, j'en conviens ; mais quand la chance vire,
Un sage et bon joueur sur son gain se retire.
CLINIAS.
Si j'avais su cela, je n'aurais pas joué.
ÉSOPE.
Pour jouer tout le jour, vous suis-je donc loué ?

## AU COLLÉGE.

CLINIAS.

Encor deux coups.

ÉSOPE.

Pour un, j'y consens de bon cœur;
Et pour vous faire voir que je suis bon joueur,
Voilà vos trois écus, tout mon gain que j'étale;
Vous n'en avez plus qu'un, faisons partie égale :
Les deux autres iront pour le chapeau, s'il faut.
Je ne peux pas mieux dire, et c'est plus qu'il ne vaut.

CLINIAS.

Mon chapeau!

ÉSOPE.

Trois écus! la somme est belle et bonne :
Au moins écoutez bien comme quoi cela sonne :

CLINIAS.

Si je perds?

ÉSOPE.

En ce cas, je pourrai bien gagner;
Prenez votre parti net, et sans barguigner.

CLINIAS.

Allons, quoi qu'il en coûte, il faut sortir d'affaire.
Va, le chapeau.

ÉSOPE.

Fort bien, voilà comme il faut faire,
Vous allez en un coup vous voir tout racquitté;
Commençons.

CLINIAS.

Mais je dois avoir la primauté.

ÉSOPE.

Parce qu'au dernier coup j'ai perdu? c'est l'entendre.

CLINIAS.

Mais vous gagnez encor?

ÉSOPE.

Je vous la laisse prendre.
Soit.... commençons, combien? le coup est assez fort :
Onze points; pour gagner, il faudra faire effort.

CLINIAS.

Belle rencontre! oh, oui.

ÉSOPE.

Comment, belle rencontre?
Comptez, je n'ai pour moi que sept coups et neuf contre.
Enfin, si vous croyez qu'onze points soit si peu,
Je consens que chacun retire son enjeu.

CLINIAS.

Non, je veux tout ou rien.

ÉSOPE.

C'est avoir du courage.
Allons.

CLINIAS.

Je romps le dé.

ÉSOPE.

Je gagnais, c'est dommage!

CLINIAS.

Jetez.

ÉSOPE.

Quatorze.

CLINIAS.

Ah ciel!

ÉSOPE.

Passe pour cette fois,
Quatorze est un bon point, et le coup est de poids:
Je crois que ce chapeau, qu'à mon chef je destine,
Ne me viendra pas mal. Quand on a bonne mine,
Tout sied bien.

CLINIAS.

Par la mort!

ÉSOPE.

Il faut se modérer.
Tout doux....

CLINIAS.

Je perdrai tout et n'oserai jurer?

ÉSOPE.

Et fi! pour un chapeau, la perte est trop commune.

CLINIAS.

Non, il faut jusqu'au bout que je tente fortune,

Et que le justaucorps coure après le chapeau.
ÉSOPE.
Mais....
CLINIAS.
J'y mettrais plutôt, Monsieur, jusqu'à ma peau:
Donnez les dés.
ÉSOPE.
C'est bien pousser ma complaisance;
Mais promettez du moins, quelle que soit la chance,
Qu'on ne jurera point, cela m'est odieux.
CLINIAS.
Soit. J'ai treize.
ÉSOPE.
Il est bon.... mais quatorze vaut mieux.
CLINIAS.
Non, jamais il ne fut une infortune égale;
Je ne jurerais point? quand toute la morale
Me l'interdirait....
ÉSOPE.
Mais, nous avons fait la loi.
CLINIAS.
Ou laissez-moi jurer, ou bien jurez pour moi,
Que vais-je devenir, et que dira mon père,
S'il faut qu'il soit instruit de cette triste affaire?
Ah! ventre, ah! tête, ah! mort.

## SCÈNE II.

XANTUS, TIMOCLÈS, MÉGABISUS, ÉSOPE.

XANTUS.

Et qui donc jure ainsi?
Que vois-je, et qu'est-ce encor que tout ce tracas-ci?
Une table, des dés.
ÉSOPE.
Vous voyez, on s'amuse.
XANTUS.
Je le vois bien; quoi, vous! est-ce ainsi qu'on en use?

Ce chapeau, cet habit, qu'est-ce que tout ce train?
ÉSOPE.
Ce chapeau, cet habit, tout cela c'est mon gain.
XANTUS à *Mégabisus*,
J'avais en bonne main remis cette jeunesse,
Et ne m'attendais pas à cette gentillesse;
Monsieur le gouverneur, vous avez trop d'esprit,
Je connais vos talens, et me le tiens pour dit.
Quoique dans ce lieu-ci votre mérite brille,
TIMOCLÈS.
Vous êtes un peu prompt, seigneur Xantus, tout doux,
Quelque trait important est caché là-dessous.
XANTUS.
Dans vos préventions vous êtes admirable;
Mais quoi donc, cet habit, ces dés, et cette table,
Cet enfant avec qui, Monsieur, je l'ai surpris,
Et qu'il a fait jouer jusques à ses habits;
Tout cela....
MÉGABISUS.
J'entrevois la fin de ce mystère.
Peut-on de cet enfant savoir quel est le père?
TIMOCLÈS.
Il se nomme Crantor.
MÉGABISUS.
Et n'est-ce pas celui
Qui de son fils joueur se plaignait aujourd'hui?
ÉSOPE.
Lui-même.
MÉGABISUS.
M'y voilà, Monsieur, ce badinage,
Est une instruction bien utile et bien sage;
Cet enfant est joueur, et si j'en sais juger,
Tout ceci ne s'est fait que pour le corriger.
XANTUS.
Ah! fort bien; le secret est rare, quand j'y songe,
Pour le guérir du jeu, dans le jeu l'on le plonge;

Le remède est nouveau.
>(*A Esope.*)
Maître sage et discret,
Expliquez-nous un peu ce rare et beau secret.

ÉSOPE.

Pour le secret, Monsieur, je n'en ai pas la gloire,
Bien le tiens-je d'un autre, écoutez-en l'histoire :
« Un homme fut blessé dans certaine querelle,
» La blessure était grande ; eh, vite l'on appelle
» Chirurgien expert : il accourt sur-le-champ
» Armé de bistouris, il examine, il sonde ;
» Et trouvant que la plaie était grande et profonde,
>» Aussitôt d'un ciseau tranchant
» Il l'élargit encor, coupant à droite, à gauche,
» Comme fait dans un pré le moissonneur qui fauche.
>» Eh ! mon ami, lui disais-je, cessez,
>» Ne coupez plus, je vous conjure,
» Vous tuez le malade en ouvrant sa blessure ;
» Elle n'est que trop grande, et vous l'agrandissez.
» Plus je coupe, dit-il, plus j'avance la cure ;
» Pour guérir une plaie, il faut aller au fonds. »
C'est ce qu'il répondit, et ce que je réponds.

XANTUS.

Donc quand la passion nous entraîne et nous guide,
Qui veut bien la guérir, doit lui lâcher la bride.

ÉSOPE.

Demeurons dans la thèse, il s'agit d'un enfant,
Vous savez pour le jeu son extrême penchant ;
En vain, pour corriger cette pente fatale,
On lui débiterait de beaux traits de morale ;
Un enfant ne croit rien que ce qu'il sent ou voit :
S'il n'aperçoit l'écueil, s'il ne le touche au doigt,
Il s'en moque. Il faut donc le lui rendre palpable.
Je l'ai fait dans ce trait que vous trouvez blâmable ;
En perdant ses habits, joueur audacieux ;
J'ai voulu qu'il sentît, et qu'il vît par ses yeux

ÉSOPE

A quels tristes excès, quand elle est un peu forte,
La passion du jeu nous entraîne et nous porte ;
Et si dans le chagrin qu'il en ressentira
Ceci ne le guérit, rien ne le guérira.

XANTUS.

Ésope, je me rends, et ce trait est très-sage ;
Allez-en voir l'effet, continuez votre ouvrage ;
Ces enfans, avec vous, hélas ! sont trop heureux.

ÉSOPE.

Je ne sais s'ils le sont ; mais le suis-je avec eux ?

## SCÈNE III.

MÉGABISUS, XANTUS, TIMOCLÈS.

MÉGABISUS.

Cet homme me surprend dans tout ce qu'il débite,
Et je découvre en lui toujours nouveau mérite ;
Vous aviez pris la mouche un peu mal-à-propos.

XANTUS.

J'en conviens, j'avais tort, et l'accusais à faux.
Pour réparer le tout et lui rendre justice,
Je ne sors point d'ici que je ne l'affranchisse ;
Et je prétends, Monsieur, en lui faisant ce bien,
L'attacher à l'emploi qu'il exerce si bien.

MÉGABISUS.

Votre projet sans doute est tout-à-fait louable ;
Mais d'un emploi plus noble il me paraît capable.

TIMOCLÈS.

Un plus noble ! en est-il ? où le trouverons-nous ?
Que je pense en ceci bien autrement que vous !
Ils ne sont tous qu'enfans ; mais dans cette jeunesse
J'envisage la fleur, et l'espoir de la Grèce :
Bien que de caractère et d'esprit différens,
Ils y doivent un jour remplir les premiers rangs ;
Dans la guerre et la paix, parés des plus beaux titres,
Du destin de l'État ils seront les arbitres ;

Et le soin qu'à former leur esprit et leur cœur
Aura pris dans l'enfance un sage directeur,
Selon qu'il réussit, annonce et pronostique
La perte ou le salut de toute république.

MÉGABISUS.

Je me suis expliqué peut-être improprement,
Et j'ai sur ce point-là le même sentiment ;
Mais si j'en puis juger, quoi qu'ici l'on m'oppose,
Je le trouve et le crois capable d'autre chose ;
Et ce génie heureux, qui dans lui nous surprend,
Me paraît mériter un théâtre plus grand.

XANTUS.

Je connais tout le prix, Monsieur, d'un tel suffrage :
Mais je ne puis pour lui, rien faire davantage.

MÉGABISUS.

Si vous ne le pouvez, je sais qui fera plus.

TIMOCLÈS.

Vous peut-être, Monsieur ?

MÉGABISUS.

Non, pas moi, mais Crésus.

XANTUS.

Crésus le connaît-il ; et d'ailleurs peut-on croire
Que de pareils soucis l'occupent dans sa gloire ?

MÉGABISUS.

A ce faux préjugé je m'étais attendu ;
La grandeur de Crésus fait tort à sa vertu.
Ses trésors, ses succès, dans la paix, dans la guerre,
Ont du bruit de son nom rempli toute la terre ;
Et le monde ébloui de ce pompeux éclat,
Ne connaît dans Crésus que l'heureux potentat.
L'univers, il est vrai, n'a jamais vu peut-être
Un monarque plus grand, ni plus digne de l'être :
Mais quelque grand qu'il soit, la sagesse dans lui
Surpasse encor l'éclat dont il brille aujourd'hui.
Couvert de ces lauriers, dont plus d'une conquête
Dans les champs de Bellone a couronné sa tête,

Par une attention digne des plus grands cœurs,
Jusque sur les beaux-arts il étend ses faveurs,
Il en connaît le prix, il en goûte les charmes,
Et joint encor ce lustre à la gloire des armes.
C'est par ses nobles soins que l'on voit chaque jour
Des sujets distingués venir grossir sa cour:
Et que les honorant de dignes récompenses,
Il sait fixer chez lui les arts et les sciences.
Quelle estime fait-il de l'illustre Solon,
Dont on connaît ici le mérite et le nom?
Il ne put arrêter ce fameux personnage:
Il ne tiendra qu'à vous que je l'en dédommage;
Et si sur ce point-là vous daignez m'exaucer,
Ésope est un sujet propre à le remplacer.

XANTUS.

Ésope!

MÉGABISUS.

Vous semblez étonné de la chose.
Je n'en parle qu'avec connaissance de cause,
Pour le connaître à fond, tête à tête aujourd'hui,
J'ai voulu conférer quelque temps avec lui.
J'admirais quels trésors, quelle heureuse harmonie
Le Ciel a répandu dans ce rare génie!
En vain sur cent sujets pour me mieux assurer,
Moi-même je prenais plaisir à l'égarer;
Toujours au fait, toujours instructif et solide,
Dans ces divers écarts, il m'a servi de guide,
Et m'a fait entrevoir, dans sa simplicité,
Je ne sais quoi de grand et plein de majesté.
Enfin, puisque de vous le Ciel veut qu'il dépende,
Accordez-le à mes vœux, Crésus vous le demande.

TIMOCLÈS.

Nous voyons comme vous, Monsieur, tous ses talens,
Ils sont, à le vrai dire, et précieux et grands;
Mais vous-même jugez enfin si la nature
Le forma pour la cour en formant sa figure?

Tortu dans tout son corps, hideux et contrefait,
Il n'y saurait jamais servir que de jouet.

### MÉGABISUS.

A Crésus, à sa cour, rendez plus de justice,
Et souffrez, sur ce point, que je vous éclaircisse :
A la cour, comme ailleurs, le bon air ne nuit point;
Mais à d'autres talens il est bon qu'il soit joint;
Et l'homme le mieux fait, et le plus agréable,
Quand il est sans mérite y devient méprisable.
Ce qui plaît à la cour, et que j'y vois prisé,
C'est un génie heureux, fin, naturel, aisé,
Un bon sens dominant, et qui, sans se méprendre,
Sache bien démêler le parti qu'on doit prendre;
Un discernement sûr, un jugement exquis;
Pour tout dire en un mot, qui sait en ce pays
Et parler quand il faut, et quand il faut se taire,
Quelque mal fait qu'il soit, est toujours sûr de plaire.
Ésope, tel qu'il est, fût-il même encor pis,
Y plaira, j'en réponds, et vous le garantis.

### XANTUS.

La cour est un pays que vous devez connaître;
Pour Ésope, Monsieur, je vous en rends le maître;
Et je me trouve heureux de pouvoir en ceci,
Quand j'oblige Crésus.... vous obliger aussi.

## SCÈNE IV.

ÉSOPE, TIMOCLÈS, XANTUS, NICOSTRATE, MÉGABISUS, PAMPHILE, AGATHON, LYSIS, CLÉON.

ÉSOPE.

Quoi ! toujours entre vous quelque rixe nouvelle ?

XANTUS.

Laissons-les un moment terminer leur querelle.

ÉSOPE.

Pas un instant sans bruit et sans vous agacer.

AGATHON.

Vous voyez mon miroir qu'il a voulu casser.

MÉGABISUS.

Oui, Monsieur, il dit vrai, j'ai vu toute l'affaire.

CLÉON.

Et mon petit poignard, que vouliez-vous y faire ?

AGATHON.

Tenez, depuis qu'il a les armes à la main,
On ne peut en jouir ; c'est un petit lutin.

LYSIS.

Ah ! Cléon n'a pas tort ; Agathon, je vous jure,
A débuté d'abord par lui dire une injure.

ÉSOPE.

La bourse et le miroir sont ici d'une part,
De l'autre le flacon joint avec le poignard ;
Et vous à tout cela, qu'avez-vous dit, Pamphile ?

PAMPHILE.

Moi ? j'ai cru voir Alcide et le bouillant Achille,
Se harceler tous deux, se grondant tout ainsi
Que je viens de relire au livre que voici.

ÉSOPE.

Il fallait apaiser l'un et l'autre adversaire.

PAMPHILE.

Quand vous êtes venu, c'est ce que j'allais faire ;

Et je cherchais déjà quelqu'un de ces endroits
Où le sage Nestor chapitre les deux rois.
### ÉSOPE.
Que leur auriez-vous dit ? voyons votre éloquence.
### PAMPHILE.
J'aurais donc commencé par louer ma prudence.
### ÉSOPE.
Bien débuté !
### PAMPHILE.
    Et puis pour les mettre d'accord,
Je leur aurais fait voir à tous deux qu'ils ont tort.
### ÉSOPE.
Vous profitez du livre, et j'en ai de la joie :
Mais je veux essayer pourtant une autre voie.
Ecoutez, mes enfans, je prétends qu'entre vous
Vous échangiez ici devant moi vos bijoux.
Le miroir est pour vous, Cléon, allez le prendre.
Vous aurez son poignard pour vous, qu'il va vous rendre,
Lysis, prenez la bourse, et rendez le flacon
Que Nicostrate aura, si vous le trouvez bon.
Quand vous serez d'accord, et bien remis ensemble,
Vous pourrez dans vos biens rentrer, si bon vous semble.
### XANTUS.
Plus je vais en avant, et plus je reconnais
Que je n'ai jamais pu faire un plus digne choix.
### ÉSOPE.
Excusez : mais l'affaire était trop d'importance.
### XANTUS.
Esope, vos succès passent mon espérance ;
J'en rends grâces aux Dieux.
### ÉSOPE.
     Vous êtes donc content ?
### XANTUS.
A tel point que jamais je ne le fus autant.

ÉSOPE.

Oui, mais dans mon métier, moi, je ne le suis guère.

TIMOCLÈS.

Comment donc vous ?

ÉSOPE.

J'en vois de trop près la misère.

TIMOCLÈS.

La misère ! Eh, comment ? tout franc vous m'étonnez :
Ces écoliers sont tous si jolis, si bien nés !

ÉSOPE.

Dans certain point de vue ils sont tous très-aimables;
Mais je sens qu'à la longue ils sont insoutenables.
Mille petits défauts à leur âge attachés,
Donnent bien des chagrins et des soucis cachés :
Une légèreté d'humeur froide et badine,
Que rien ne peut fixer, que l'objet détermine,
Elude nos avis, anéantit nos soins ;
Ils échappent alors qu'on s'en doute le moins :
Et les peines, hélas ! d'un grand nombre d'années
Souvent en un instant se trouvent ruinées.
Dispensez-moi d'entrer dans un plus long détail.
Je me rends, finissons, et reprenez le bail.

XANTUS.

Quoi ! si tôt, qui l'eût dit, Esope perd courage !

ÉSOPE.

Oui, j'aime mieux encor rentrer dans l'esclavage.

XANTUS.

Vous n'êtes plus à moi.

ÉSOPE.

Comment, je n'y suis plus ?

TIMOCLÈS.

Non....

ÉSOPE.

A qui suis-je donc désormais ?

XANTUS.

A Crésus.

## AU COLLÉGE.

ÉSOPE.

A Crésus ! et de moi que voulez-vous qu'il fasse ?

MÉGABISUS.

Cher Esope, il saura vous trouver une place.
Votre rare mérite attend un plus beau jour,
Et pour servir de lustre et d'exemple à la cour.

ÉSOPE.

Que faites-vous, Monsieur, j'étais ici passable,
Peut-être qu'à la cour je serai pitoyable.

MÉGABISUS.

Ne craignez rien, jamais vous n'y ferez pitié ;
Et je vous y promets zèle, estime, amitié.

ÉSOPE.

Prenez bien garde à quoi ce dessein vous engage :
Vous hasardez beaucoup pour un homme si sage.

*Le Charretier devenu Cocher.*

FABLE.

« Et je crois avoir lu quelque part, qu'un chartier
  « Passait dans tout son voisinage
  « Pour un prodige du métier.
 « Il n'était point de si profond bourbier
« Dont il ne se tirât toujours avec courage.
« Advint que par hasard le seigneur du village,
« Pour mener son carosse eut besoin d'un cocher.
« Il crut ne devoir pas l'aller plus loin chercher :
« Il appelle notre homme, et lui dit : Viens-çà, Blaise,
« Renonce à la charette, un bien plus noble emploi
  « Va t'attacher auprès de moi.
« Je te fais mon cocher, en seras-tu bien aise !
« Blaise accepte l'honneur, rend grâce à son patron,
« Prend les rênes en main, hasarde l'aventure :
« Mais pour son coup d'essai, le nouveau Phaëton
 « Versa son maître et brisa la voiture. »
  De bon chartier, mauvais cocher.
C'est ce qu'on vous pourra peut-être reprocher.

MÉGABISUS.
A reproche pareil, loin de pouvoir m'attendre,
Je suis sûr qu'on n'aura que grâces à me rendre.
XANTUS.
Je vous perds, cher Esope, et j'atteste les Dieux,
Qu'à regret je vous vois aller loin de ces lieux.
Mais quoiqu'absent d'ici, votre savant génie
Présidera toujours à notre Académie ;
Je prétends qu'on s'y règle en tout sur les leçons
Que vous dictez vous-même à nos chers nourrissons;
Et qu'à jamais ici l'on garde la mémoire,
Et d'Esope au Collége, et de toute sa gloire.

FIN.

# LES
# COUSINS.

# PERSONNAGES.

PHILOGÈNE.
ARISTE, ami de Philogène.
TROPHIME, parent et ami de Philogène.
ERGASTE,
TROILE,
L'ÉLU,
CELSE,
FRONTIN,
FAUSTE,
TIMON,
GÉRONTE,
ORGON,
THÉMISTE,
LE BARON,
LE BARONNET,
son fils,
} cousins de Philogène.

LES ÉCHEVINS de la ville.
L'ÉVEILLÉ, valet de Philogène.
PETIT-JEAN, valet de Trophime.

# LES COUSINS.

## ACTE PREMIER.
### SCÈNE PREMIÈRE.
#### ARISTE, PHILOGÈNE.

ARISTE.

Eh bien! que dites-vous de l'air de la patrie ?
Opère-t-il déjà dans votre âme attendrie ?
Oui. Vous voilà content.
   PHILOGÈNE.
      J'en conviens avec vous :
Cet air a dans le vrai, je ne sais quoi de doux ;
Je m'y trouve tout autre, et ma joie est extrême.
   ARISTE.
Plaise à Dieu qu'il en soit pour vous long-temps de
  même.
   PHILOGÈNE.
Je n'avais que dix ans, au plus, quand j'en sortis.
Mon père me mena dès cet âge à Paris.
Jusqu'à seize ou dix-sept, que j'y fis mes études,
Je n'eus pas, grâce à Dieu, grandes inquiétudes :
Mais depuis je me suis tourmenté tant et plus ;
Non sans fruit : car j'en ai tiré quelques écus ;
Et comme vous savez, le destin favorable
M'a fait une fortune honnête et raisonnable.
J'ai quarante ans ; je veux, s'il se peut désormais
Jouir de mon loisir et de mes biens en paix.
Où puis-je en goûter mieux toute la jouissance
Que dans le propre lieu qui m'a donné naissance ?
J'y vivrai sans souci.

ARISTE.

Dieu le veuille!

PHILOGÈNE.

Et pourquoi
Ne le voudrait-il pas ? il ne tiendra qu'à moi.

ARISTE.

Je ne sais.

PHILOGÈNE.

Quoi toujours et pour toute réplique,
Je ne sais, Dieu le veuille : il faut que l'on s'explique,
Une fois, parlez donc, avec votre air discret.

ARISTE.

Enfin, vous voulez donc que l'on vous parle net :
C'est que moi j'en ai vu maints qui de leur patrie,
Comme vous, amoureux jusqu'à l'idolâtrie,
A peine débarqués, ont regagné Paris,
Et bien plus vite encor qu'ils n'en étaient partis.

PHILOGÈNE.

Je n'en suis pas surpris, et je le crois sans peine :
Car il est mille gens que le grand monde entraîne.
Il leur faut du nouveau, du brillant, du fracas;
Et c'est un train de vie où je ne me plais pas.
Paris est une grande et magnifique ville;
Mais aussi le moyen d'y vivre un peu tranquille!
Du matin jusqu'au soir, quel tumulte, quel bruit?
On n'y vit point le jour, on n'y dort point la nuit;
On y prendrait, à voir comment on s'y démène,
Chaque homme qui paraît pour un énergumène,
On y passe la vie en courant, et les jours
Pour les moins affairés, même se trouvent courts.

ARISTE.

Vous dites vrai. Je vois tout le monde s'en plaindre,
Les jours y sont fort courts; mais il serait à craindre,
Que comme ils sont trop courts dans la grand'ville, aussi
Vous ne les trouvassiez trop longs peut-être ici.

PHILOGÈNE.

Oh! je sais m'occuper, j'aime la solitude,
Et veux ici m'en faire une douce habitude.

## LES COUSINS.

ARISTE.

Et qui vous empêchait, si cela vous plaît tant,
Au milieu de Paris d'en faire tout autant ?

PHILOGÈNE.

Au milieu de Paris !

ARISTE.

Eh oui ! oui, sans mystère,
C'est un pays où vit qui veut en solitaire.
Chacun, comme il lui plaît, y règle son destin,
Le voisin n'y sait pas ce que fait son voisin.
Vous voulez vous tenir chez vous sans voir personne ?
Libre à vous de le faire et pas un n'en raisonne ;
Et je ne sache pas au monde de pays
Où l'on soit, quand on veut, plus reclus qu'à Paris.
Mais ici, notre ami, ce n'est pas même chose.

PHILOGÈNE.

Pourquoi ? quand je voudrai, ma maison sera close,
J'y recevrai le monde ; et quand j'en serai las,
Mes gens diront néant, et que je n'y suis pas.

ARISTE.

Et croyez-vous qu'ici cela soit bien facile ?
Comptez qu'on y sait tout aux deux bouts de la ville ;
Si tel est au logis, et si tel est sorti,
Si tel autre a mangé du bouilli, du rôti :
Qu'on ait battu son chien ou grondé sa servante,
L'instant d'après on sait la chose, on en plaisante.
Vous vous ferez celer, vous ! ne le faites pas,
Ou vous allez avoir mille gens sur les bras ;
Il n'est petit ni grand qui ne s'en formalise :
Et comme ces gens-là pensent qu'on les méprise,
Ils diront d'un ton aigre : il fait le glorieux ;
Car voilà comme on vit dans ces sortes de lieux.

PHILOGÈNE.

Il est à tout cela manière de s'y prendre ;
J'ai mes raisons, je crois qu'ils voudront bien s'y rendre.

THÉAT. DE DU CERCEAU.

ARISTE.

Passe, je le suppose, et qu'ils s'y rendront tous ;
Mais que vous diront-ils ? et que leur direz-vous ?
Pour se parler, il faut qu'on s'entende l'un l'autre,
Ils parlent leur langage, et vous parlez le vôtre :
Jamais vous ne pourrez vous bien entendre.

PHILOGÈNE.

Mais
Ici, comme à Paris les gens parlent français.

ARISTE.

Oh ! je ne parle pas des termes du langage,
Mais bien du tour d'esprit et d'un certain usage.
Dès vos plus jeunes ans à Paris élevé,
Vous en avez pris l'air, vous l'avez conservé.
Vous trouverez ici, selon toute apparence,
Pour le goût et le ton bien de la différence.
Je vous avais prédit dès Paris tout cela ;
Mais vous l'avez voulu, mon cher, vous y voilà.
J'ai cru que de ma part je devais vous y suivre,
A toute l'aventure, en ami je me livre ;
Mais je suis bien certain que, las de ce train-ci,
Avant qu'il soit huit jours, vous me crierez merci.

PHILOGÈNE.

Votre prévention sur ce point est étrange ;
Mais enfin dans la vie il est quelque mélange.
Quoi qu'il en soit, je veux du moins en essayer,
Quelques mois de séjour ne sauraient m'effrayer.

ARISTE.

Croyez-moi, commencez par régler vos affaires.

PHILOMÈNE.

Oh ! cet article-là ne m'occupera guères.
C'est peu de chose, et même il n'était pas besoin
Pour un pareil objet de venir de si loin ;
Mais du tout tel qu'il est, je me fie à Trophime,
Mon parent, mon ami, que j'aime et que j'estime,
Il a fait autrefois à Paris long séjour :
Mais enfin se sentant un peu sur le retour,

Il lui prit, comme à moi, le caprice ou l'envie
De revenir ici pour y finir sa vie ;
Dans ma propre maison dès-lors je le logeai,
En lui donnant le soin de tout le bien que j'ai ;
Je veux qu'il continue à faire encor de même,
Et ne changerai rien à mon ancien système.
A nous loger tous deux cette maison suffit,
Et je vivrai content ici comme il y vit.

ARISTE.

Qu'il y vive content, passe, cela peut-être :
Et comme je n'ai pas l'honneur de le connaître,
Je ne puis sur ce fait porter de jugement.
Nous verrons ; mais pour vous il en est autrement.

PHILOGÈNE.

De vous désabuser cela n'est pas possible ;
Mais sachons cependant si Trophime est visible.
Je ne crois pas qu'il fasse encor grand jour ici,
Car il nous préviendrait. L'Eveillé ?

## SCÈNE II.

ARISTE, PHILOGÈNE, L'ÉVEILLÉ.

L'ÉVEILLÉ, *boitant*.

Le voici.
Que voulez-vous, Monsieur ?

PHILOGÈNE.

Eh ! qu'as-tu donc ? tu boîtes.

L'ÉVEILLÉ.

Oui, la gigue va mal : vos pestes de mazettes
M'ont mal accommodé, j'en suis tout écorché.

PHILOGÈNE.

Ah ! le pauvre garçon, vraiment j'en suis fâché.
Mais cela passera, tu sais bien qu'à la guerre
Comme à la guerre....

L'ÉVEILLÉ.

Aussi nous allions fort grand erre,
Ma mazette trottait bien rude ; et si pourtant
Ce n'était pas, Monsieur, de quoi nous presser tant.

ARISTE.
Il ne me paraît pas bien content du voyage.
L'ÉVEILLÉ.
Content! j'aurais grand tort. Eh! quel chien de village!
PHILOGÈNE.
Qu'en sais-tu, mon ami? Tu n'as pas pu le voir,
Nous ne sommes ici que d'hier tout au soir.
C'est une ville au moins.
ARISTE.
Une ville, où ton maître
Reçut jadis le jour, ville qui l'a vu naître.
L'ÉVEILLÉ.
Ville où l'on voit à peine un pauvre cabaret.
PHILOGÈNE.
Ah! c'est donc là le mal qui te tient au jarret!
J'entends bien : la traiter de ville? on se moque;
A peine un cabaret! ce n'est qu'une bicoque.
Oh! de ton boitement je ne suis plus surpris.
Mais où diantre si tôt en as-tu tant appris?
L'ÉVEILLÉ.
Oh! partout où je vas, tenez, j'aime à m'instruire.
PHILOGÈNE.
Oui, je le pense bien, et même à t'introduire.
ARISTE.
Tu deviendras bientôt, en suivant ce chemin,
Savant jusques aux dents, si Dieu n'y met la main.
L'ÉVEILLÉ.
Monsieur, les curieux ont chacun leur manie;
Et je vois qu'en cela chacun suit son génie;
L'un est passionné pour les antiquités,
Et s'en va déterrer des godenots crottés;
Devant une statue éclopée et moisie,
Il ouvre de grands yeux, admire et s'extasie;
Tel autre en arrivant court chez les chaudronniers.
Pourquoi? pour y chercher des gros vilains deniers
Du temps de l'empereur Guillemot ou sa femme,
Il donne de bon or, et donnerait son ame

Pour des pièces de cuivre : et voyez-vous quel fou,
Car je n'en voudrais pas, ma foi, donner un sou.
Un troisième, aux tableaux uniquement s'attache,
Et quand il peut tenir un animal corache....
#### ARISTE.
Dis Annibal Carache, au moins.
#### L'ÉVEILLÉ.
On m'entend bien.
Ou quelqu'autre tableau de ruban, du tuchien.
#### ARISTE.
Rubens, le Titien, c'est ce que tu veux dire.
#### L'ÉVEILLÉ.
Ma foi, je n'y suis plus, et la tête me vire :
De quoi parlais-je ?
#### ARISTE.
Mais, tu parlais de tableaux.
#### L'ÉVEILLÉ.
Ah ! oui, j'en ai bien vu, Monsieur, et des plus beaux.
Mais je n'en ai point vu qui m'ait plu davantage
Qu'un certain à Paris dans notre voisinage :
Au mur d'un cabaret on voyait charbonnés
Deux vivans d'un bon air l'un vers l'autre tournés,
Choquant le verre, avec des visages de gloire.
Cela parle, Monsieur, on dirait qu'ils vont boire.
#### ARISTE.
L'eau t'en vient à la bouche.
#### L'ÉVEILLÉ.
Oui, ce beau-là me plaît.
Quand je passais par-là, j'y restais en arrêt.
#### PHILOGÈNE.
Je m'en suis aperçu, sans que tu nous le dises.
Mais auras-tu bientôt terminé tes sottises ?
#### ARISTE.
Ah ! laissez-le parler, de grâce, jusqu'au bout.
Je ne te croyais pas, l'Eveillé, tant de goût ;
Et cependant, selon ce que tu nous exposes....
#### L'ÉVEILLÉ.
J'ai toujours, moi, Monsieur, aimé les belles choses.

ARISTE.

Oh! diantre, il y paraît.

L'ÉVEILLÉ.

Mais ce qui me ravit,
C'est que dans un tableau je trouve de l'esprit.

ARISTE.

Bien noté.

L'ÉVEILLÉ.

J'en sais un surtout de cette espèce,
Et si j'en juge bien, c'est une rare pièce :
Elle est encore au mur d'un cabaret fameux.
Deux hommes y sont peints, une oie entre les deux ;
L'un veut toucher à l'oie, et l'autre qui le guette,
Lui fait signe aussitôt avec une baguette
De laisser là l'oiseau : voilà l'énigme.

ARISTE.

Bon!

L'ÉVEILLÉ.

Puis pour marquer qu'il faut, ainsi que de raison,
Payer au cabaret et laisser la monnaie,
Un écrit mis au bas, dit : *laissez-là mon oie.*
Cela brille d'esprit, Monsieur, c'est bien trouvé.

ARISTE.

Et de ta part aussi, c'est très-bien observé.
Tes héros volontiers tirent sur le grotesque.
Et ton goût donne un peu dans la peinture à fresque.

L'ÉVEILLÉ.

Frisque, frasque, je sens quand on a réussi ;
Et je voudrais bien voir si dans ce pays-ci
Ils trouveraient jamais une pointe pareille !
Ils auraient beau rêver et se gratter l'oreille.

PHILOGÈNE.

Mais contre mon pays, qui doit t'être inconnu,
Je te vois, l'Eveillé, grandement prévenu.
D'où donc as-tu tiré, dis-nous, tant de doctrine ?

L'ÉVEILLÉ.

J'arraisonnai quelqu'un hier dans sa cuisine.

LES COUSINS.

PHILOGÈNE.

Et qui donc?

L'ÉVEILLÉ.

Petit-Jean.

PHILOGÈNE.

Justement, le valet
De Trophime.

L'ÉVEILLÉ.

Oui, Monsieur, tenant le gobelet,
Je vous le fis tout doux jaser comme une pie.
Il dit qu'on vous attend et comme le Messie :
Il n'a pas de brillant, mais tout considéré,
Ce garçon-là promet, et je le formerai.

ARISTE.

Peste, avec tes bons soins, il y pourra paraître.

PHILOGÈNE.

Appelle-le, sachons si l'on peut voir son maître.
Dépêche.

L'ÉVEILLÉ.

Petit-Jean, Petit-Jean.

## SCÈNE III.

### ARISTE, PHILOGÈNE, PETIT-JEAN, L'ÉVEILLÉ.

PETIT-JEAN, *derrière la coulisse.*

Eh bien! quoi!
Monsieur l'Eveillé.

L'ÉVEILLÉ.

Viens, l'on veut parler à toi.

PETIT-JEAN, *au bout du théâtre.*

Eh bien! me voilà.

L'ÉVEILLÉ.

Mais quelle manière étrange!
(*Il va le prendre, et le tire par la manche.*)
Avance, approche donc, crains-tu qu'on ne te mange?

PHILOGÈNE.
Ton maître que fait-il ?
PETIT-JEAN.
Monsieur.
L'ÉVEILLÉ.
Achève, enfin,
Parle.
PETIT-JEAN, *en tournant son bonnet.*
Monsieur, il est sorti tout à matin.
L'ÉVEILLÉ, *en riant.*
Tout à matin.
PETIT-JEAN.
Il gausse : oh ! dame, il faut pas rire.
PHILOGÈNE.
Mais ne t'a-t-il rien dit en sortant pour nous dire ?
PETIT-JEAN.
Il m'a dit comme çà, Monsieur, tout en un tas....
L'ÉVEILLÉ.
Et toi, mets comme çà ton bonnet sous ton bras.
PETIT-JEAN.
Il m'a dit comme çà qu'il allait à la messe,
Et puis quelqu'autre part pour affaire qui presse ;
C'est chez monsieur l'Elu, je crois, car son garçon....
L'ÉVEILLÉ.
Son garçon ! quoi ! son fils : explique-toi ?
PETIT-JEAN.
Mais, non.
Le garçon qui le sert.
L'ÉVEILLÉ.
J'entends bien ; mais corrige ;
Dis son valet.
PETIT-JEAN.
Oh ! point : c'est un garçon, vous dis-je.
Il s'appelle Jeannot, c'est ici la façon ;
De mon maître de même aussi je suis garçon.
L'ÉVEILLÉ.
Oui, bon garçon, sans doute, et garçon fort habile ;
Aussi n'en est-il point d'autre dans cette ville.

LES COUSINS. 273

PETIT-JEAN.

Dame, parce qu'il vient de Paris, voyez-vous,
Eh! là, ne pensez pas vous gausser tant de nous.

ARISTE.

Lui, gausser! point du tout, au contraire, il t'estime.
Et je suis son garant.

PHILOGÈNE.

Ah! bon, voici Trophime.

## SCÈNE IV.

ARISTE, PHILOGÈNE, TROPHIME, PETIT-JEAN, L'ÉVEILLÉ.

TROPHIME.

Pour des gens fatigués, car vous l'étiez enfin,
Vous voilà tous les deux debout de bon matin?

PHILOGÈNE.

Oh! pour fatigués, point ou fort peu, je vous jure.

ARISTE.

Si ce n'est l'Eveillé, qui de quelqu'écorchure
Se plaignait seulement : mais ce ne sera rien.

L'ÉVEILLÉ.

Mal d'autrui n'est que songe : oh! oui, je le vois bien.

TROPHIME.

Je voulais vous laisser reposer à votre aise ;
Et cependant j'étais allé, ne vous déplaise,
Faire deux tours en ville, au reste, attendez-vous
A des merveilles, car ils veulent venir tous.
La réputation que vous avez acquise
Réjaillit sur la ville entière, et l'autorise
A vous faire en entrant des honneurs singuliers,
Et par délibéré porté sur les cahiers,
Les échevins en corps vont venir tout à l'heure
Vous faire compliment jusqu'en votre demeure,
Vous présenter le vin....

\* 12

PHILOGÈNE.
Mais, non, il ne faut pas :
Vous vous moquez ?
TROPHIME.
Enfin, ils viennent sur mes pas.
PHILOGÈNE.
Mais je m'en vais sortir.
ARISTE.
Non, il faut les attendre.
TROPHIME.
Petit-Jean, ta casaque.... Eh ! va-t-en donc la prendre,
Dépêche.
L'ÉVEILLÉ.
Et Petit-Jean est-il donc échevin ?
TROPHIME.
Non ; mais valet de ville, il doit porter le vin.
ARISTE.
Fort bien.
TROPHIME.
En même temps qu'il est à mon service
J'ai su lui ménager, par amis, cet office :
Il me sert, et la ville aussi tout à la fois ;
Cela, de temps en temps, lui vaut de petits droits.
ARISTE.
C'est très-bien fait.

## SCÈNE V.

ARISTE, PHILOGÈNE, ERGASTE, TROPHIME,
L'ÉVEILLÉ.

ERGASTE.
J'accours ici tout hors d'haleine.
Qui de vous est, Messieurs, le cousin Philogène ?
TROPHIME.
Le voilà près de vous.
ERGASTE.
Ah ! cousin, serviteur.
Soyez le bien-venu, j'en ai la joie au cœur.

## LES COUSINS.

PHILOGÈNE.

Monsieur.

ERGASTE.

Je suis à vous et c'est sans flatterie.

PHILOGÈNE.

Je vous suis obligé.

ERGASTE.

Vous avez, je parie,
Peine à me bien remettre : aussi depuis trente ans
Nous ne nous sommes point trop vus. C'est bien du temps.
Quand nous étions petits, et presqu'à la bavette,
Nous avons joué tant ensemble à la fossette ;
Nous n'étions lors tous deux pas plus hauts que cela ;
Et puis je ne sais pas comme la chose alla,
Vous fûtes à Paris. Le cousin votre père
Tenait que la province était une misère ;
Il vous emmena donc avec lui bel et beau :
Rien n'est tel, comme on dit, que nager en grande eau.
Il fit bien : et selon que le monde devise,
Vous avez su, cousin, y garnir la valise.

PHILOGÈNE.

Je n'ai pas tant de bien que l'on pense.

ERGASTE.

Oh ! que si.
Vous faites le câlin : nous savons tout ici.
Il faut renouveler ensemble connaissance ;
Je suis Ergaste, moi, votre ami dès l'enfance.
Votre cousin, issu de l'issu de germain,
Qu'on surnomme en ce lieu, monsieur de Boute-en-train :
Car je sais, Dieu merci, mettre en train tout le monde,
Et suis connu pour tel dix milles à la ronde.

PHILOGÈNE.

Mais ces sobriquets-là ne me plaisent en rien.

ERGASTE.

Ce sont des noms de guerre, et chacun a le sien.

Or, puisqu'en ce pays nous avons tous le nôtre,
Il faut, bon gré mal gré, que vous ayez le vôtre;
Et comme vous voilà de retour maintenant,
Je vous ai baptisé du nom de Revenant.

#### PHILOGÈNE.

Je me passerai bien, Monsieur, de ce baptême :
Ces surnoms n'entrent point du tout dans mon système :
Mon nom est Philogène : et quant au sobriquet,
Mon parrain, malgré moi, je suis votre valet.

#### ERGASTE.

Tout viendra dans son temps, vous vous ferez au style.

#### TROPHIME.

Allons, disposez-vous, voici Messieurs de ville.

## SCÈNE VI.

ARISTE, PHILOGÈNE, PREMIER ÉCHEVIN, SECOND ÉCHEVIN, PETIT-JEAN, TROPHIME, ERGASTE, L'ÉVEILLÉ.

#### PETIT-JEAN.

Place, place à Messieurs.

#### L'ÉVEILLÉ.

Oh! comme le voilà.
Donne-moi ton panier, je te le tiendrai là.

#### PETIT-JEAN.

Eh que nennin!

#### PREMIER ÉCHEVIN.

Monsieur, c'est certe avec justice.
Que la ville vers vous nous dépêche d'office,
Et qu'elle honore en vous un de ces citoyens,
Dont le nom, les vertus, les talens, les moyens,
Et des faits éclatans dignes de notre histoire,
L'honorent en tous lieux, et la couvrent de gloire.
Mon collègue présent vous dira le surplus.

#### PHILOGÈNE.

C'est trop d'honneur pour moi, Messieurs, je suis confus.

SECOND ÉCHEVIN.

Sept villes autrefois se disputaient Homère,
Chacune prétendait avoir été sa mère :
Fait qui jusqu'à-présent est demeuré douteux.
Pour nous, à votre égard, nous sommes plus heureux :
Car, en vous possédant, nous avons l'avantage
De n'éprouver, Monsieur, ni conflit ni partage.
C'est un honneur à nous d'autant mieux assuré,
Que nulle ville encor ne nous l'a disputé.

PHILOGÈNE.

Messieurs, ce compliment, que la ville m'adresse,
Brille par la doctrine et par la politesse :
Cela ne surprend pas dans de tels échevins.

PREMIER ÉCHEVIN.

Monsieur, la ville aussi vous présente ses vins.

SECOND ÉCHEVIN.

Il est du crû.

L'ÉVEILLÉ, *à part.*

    Tant pis, c'est vin à deux oreilles.

PREMIER ÉCHEVIN.

Allons, toi, Petit-Jean, délivre les bouteilles.

PHILOGÈNE.

L'Éveillé, prends cela, puisqu'on le veut ainsi.

L'ÉVEILLÉ.

Monsieur de Petit-Jean, donnez, et grand merci.

PHILOGÈNE.

J'accepte ces présens avec reconnaissance :
Mais la ville pour moi s'est trop mise en dépense.
Vous pouvez l'assurer, Messieurs, que j'ai l'honneur
D'être son très-fidèle et zélé serviteur.

PREMIER ÉCHEVIN.

Et de sa part elle est bien votre humble servante.

SECOND ÉCHEVIN.

Pour mieux vous le prouver dans l'action présente,
Et pour vous recevoir en homme de renom,
Il semble qu'on aurait dû tirer le canon.

Mais pour vingt-cinq raisons qui sont toutes de mise,
Nous ne l'avons pas fait.

PHILOGÈNE.

Messieurs, sans qu'on le dise....

SECOND ÉCHEVIN.

La première est, Monsieur, que nous n'en avons point.

PHILOGÈNE.

Je vous quitte, Messieurs, des autres sur ce point.

PREMIER ÉCHEVIN.

A votre bon vouloir il faut qu'on acquiesce.
La ville sur cela, se retire et vous laisse.

SECOND ÉCHEVIN.

Petit-Jean, nous sortons, faites votre devoir.

PETIT-JEAN.

Place, place à Messieurs.

L'ÉVEILLÉ.

Comme il se fait valoir!

PHILOGÈNE.

Je vous laisse tous deux, et vais les reconduire.

TROPHIME.

Oui, jusque dans la rue : il faut vous en instruire.
Accompagnez-le, vous, Ergaste.

ERGASTE.

Aussi ferai,
Et de ce qu'on doit faire en tel cas l'instruirai.

## SCÈNE VII.

### ARISTE, TROPHIME.

ARISTE.

Qu'est-ce donc, s'il vous plaît, que cette momerie?

TROPHIME.

Comment? n'en parlez pas sur ce ton, je vous prie :
La chose est sérieuse, et je vous réponds, moi,
Qu'ils y vont de grand cœur et de très-bonne foi.

## LES COUSINS.

**ARISTE.**
Notre ami Philogène en tient un peu dans l'aile.

**TROPHIME.**
Et fi! bon, tout ceci n'est qu'une bagatelle.

**ARISTE.**
Comment donc!

**TROPHIME.**
Laissez faire. Oh! qu'il n'est pas au bout.

**ARISTE.**
Mais tout ceci pourtant sera peu de son goût,
Et je suis fort trompé si sa grande tendresse
Pour le pays natal, n'en a quelque détresse.

**TROPHIME.**
Qu'ici, dans sa patrie, il voulût demeurer,
J'en serais charmé; mais je n'ose l'espérer.
C'est un autre climat, c'est toute une autre sphère.

**ARISTE.**
Oui, mais vous, comment donc restez vous dans ces lieux?

**TROPHIME.**
J'y reste malgré moi, ne pouvant faire mieux,
Aux façons du pays j'ajuste mon génie.

## SCÈNE VIII.

### ARISTE, PHILOGÈNE, TROPHIME.

**PHILOGÈNE.**
Me voilà délivré de la cérémonie.

**ARISTE.**
Les complimens étaient doctes et bien tournés.

**PHILOGÈNE.**
Belle chose en effet pour me le dire au nez,
Qu'on ne se battra pas, ainsi que pour Homère,
Pour savoir quel pays m'a donné la lumière!
Le compliment était tout à fait bien conçu.

**ARISTE.**
Que dites-vous encor de ce cousin issu

De l'issu de germain, qui ne pouvait se taire?
PHILOGÈNE.
Pour celui-là, jamais j'ai cru ne m'en défaire ;
Mais il doit revenir; c'est un original,
Et dans tout l'univers il n'a pas son égal.
Aisé dans ses façons, familier ; je l'admire.
J'ai pensé me fâcher; mais il ne faut qu'en rire.

## SCÈNE IX.

ARISTE, PHILOGÈNE, TROILE, TROPHIME.

TROILE.

Je puis vous interrompre ici mal à propos;
Mais je ne veux, cousin, vous dire que deux mots,
Laissant des complimens le fatras inutile ;
Je vous dirai d'abord qu'on m'appelle Troïle,
Votre cousin, et qui, par je ne sais quel cas,
Ai malheureusement un procès sur les bras.
Je prétendais qu'il fût jugé dans notre siége ;
Ma partie alléguant un certain privilége,
De plaider en ce lieu fait hautement refus,
Et se prévaut surtout d'un certain *mittimus*.
PHILOGÈNE.
*Mittimus?*
TROILE.
Oui, cousin, je n'y puis rien comprendre.
PHILOGÈNE.
Ah! c'est *committimus* qu'elle vous fait entendre,
Par le moyen duquel, vous tirant du pays,
Elle veut vous forcer à plaider à Paris.
TROILE.
*Committimus* ou bien *mittimus*, il n'importe.
Pour moi je ne connais cet homme en nulle sorte :
Je suis neuf en procès, je n'ai jamais plaidé;
Mais je voudrais pourtant savoir sur qui fondé,
Ce monsieur *mittimus*, qu'allègue ma partie,
Et du crédit duquel je vois qu'elle s'appuie,

LES COUSINS. 281

Veut hors de ce pays que j'aille batailler ?
S'il faut plaider, je veux plaider sur mon pailler.

PHILOGÈNE.

Oui, mais ce *mittimus* est un terrible maître.

TROILE.

Vous qui connaissez tout, vous devez le connaître ?
Écrivez-lui, de grâce, un mot en ma faveur,
Et faites, s'il vous plaît, la chose avec chaleur.

PHILOGÈNE.

Il faudrait, avant tout, examiner l'affaire.

TROILE.

Je ne veux pas, cousin, plus long-temps vous distraire,
Nous en raisonnerons tous deux plus amplement :
Car je prétends vous voir, et même fréquemment.
Il faudra célébrer un peu la bienvenue.
Cependant touchez là, cousin, je vous salue.

(*En s'en allant.*)

Elle en tient ma partie, avec son *mittimus*,
Et grâce au cher cousin, nous les rendrons camus.

## SCÈNE X.

ARISTE, PHILOGÈNE, Mr. L'ÉLU, TROPHIME.

L'ÉLU.

Oui, le voilà lui-même. Ah! que je vous embrasse
Mon cher cousin, l'honneur de toute notre race.
Elle vient d'augmenter d'un beau petit cousin,
Dont je vous ai choisi pour être le parrain.

PHILOGÈNE.

Qui? moi, Monsieur.

L'ÉLU.

Oui, la chose est résolue
Entre ma femme et moi; c'est madame l'Élue
Qui vient de nous donner un garçon, Dieu merci;
Et comme nous savions que vous étiez ici,
Mon fils, m'a-t-elle dit, ma sœur sera marraine;
Mais je veux pour parrain le cousin Philogène.

L'enfant tout à propos est au monde venu,
Ce sera le premier qu'il ait ici tenu.
Cours vite l'en prier, et m'apporte réponse.
Je viens donc de sa part vous faire la semonce :
Or vous ne voudrez pas la refuser ni moi;
Vous l'appelerez Jean au moins.

PHILOGÈNE.

Jean ! eh pourquoi ?

L'ÉLU.

Dans la famille, c'est notre nom ordinaire :
Trisaïeul, bisaïeul, mon grand-père, et mon père,
Et moi, tous nommés Jean depuis cent cinquante ans.

PHILOGÈNE.

Vous avez tous été de fort honnêtes Jeans;
Mais cela rend pour moi la chose impraticable.

L'ÉLU.

Pourquoi ?

PHILOGÈNE.

J'ai fait un vœu, je dis irréfragable,
De ne tenir jamais d'enfant, sans le nommer
Melchisédech.

L'ÉLU.

Comment ?

PHILOGÈNE.

Vous pouvez m'en blâmer;
Mais j'en ai fait serment, et vous, sans vous déplaire,
Je ne peux qu'à ce prix être votre compère.

L'ÉLU.

Melchisédech! jamais la mère ne voudra
Que son fils ait ce nom.

PHILOGÈNE.

Tout ce qu'il vous plaira :
Mais enfin le serment engage trop mon âme.

L'ÉLU.

Adieu, cousin, je vais consulter notre femme.

# LES COUSINS.

## SCÈNE XI.

### ARISTE, PHILOGÈNE, TROPHIME.

ARISTE.

Votre cousin l'Élu s'en va rongeant son frein.

PHILOGÈNE.

Qu'il aille aussi chercher autre part un parrain
Toujours quelque cousin, et de nouvelle espèce !
Ils me prendront ici pour leur bureau d'adresse.
Rentrons, et profitons de ce petit moment
Pour raisonner un peu sur notre arrangement.

FIN DU PREMIER ACTE.

## ACTE II.

### SCÈNE I.

### L'ÉVEILLÉ, PETIT-JEAN.

L'ÉVEILLÉ.

Oui, ma foi, Petit-Jean, avec ta houpelande,
Je te trouvais bon air, tu brillais dans la bande :
Tu faisais faire place en homme du métier ;
Et je crois qu'avec toi l'on aurait peu quartier.

PETIT-JEAN.

Eh ! quand tu me verras un de ces jours en garde,
A la maison de ville avec la hallebarde ;
Monsieur de l'Éveillé......

L'ÉVEILLÉ.

Ta hallebarde, toi ?

PETIT-JEAN.

Oh ! dame, il ne faut pas qu'on siffle devant moi.
Tout du long de la porte alors je me promène,
Les poings sur les rognons, fier comme un capitaine,

Et disant : *Gare, gare* : oh ! je suis un lutin.
Mais ne voilà-t-il pas que par un beau matin,
Un grand nez d'épétier qui passait là tout proche,
Fit sauter mon bonnet, en me donnant taloche.
Morgué, si j'eusse osé, je vous....

### L'ÉVEILLÉ.

Que n'osais-tu ?

### PETIT-JEAN.

Oh ! sans que je craignis d'en être encor battu,
Je lui voulais jouer de quelque tragédie :
Car je crevais ; morgué, j'allai dans ma furie
Ramasser mon bonnet qui traînait core à bas,
Et lui criis tout net : Jean, n'y revenez pas

### L'ÉVEILLÉ.

Revint-il ?

### PETIT-JEAN.

Non parguenne !

### L'ÉVEILLÉ.

Il fit en homme sage.

### PETIT-JEAN.

Oh ! si j'en avais cru seulement mon courage,
Il se fût repenti de l'insultation ;
Car encore une fois j'étais en fraction
A la maison de ville, et je gardais la porte.

### L'ÉVEILLÉ.

Et pourquoi la garder, craint-on qu'on ne l'emporte ?

### PETIT-JEAN.

Dame, c'est que Messieurs tenaient conseil.

### L'ÉVEILLÉ.

Sur quoi ?

### PETIT-JEAN.

C'est qu'il devait passer un grand seigneur, je croi :
Or, on avait pendu deux voleurs la surveille ;
Et dans ce pays-ci ce n'est pas grand merveille.
Ils étaient au gibet, et le gibet enfin
Est fort près de la ville et sur le grand chemin ;

De laisser ces pendus déguenillés, nu-tête,
Devant un grand seigneur, ne semblait pas honnête.

### L'ÉVEILLÉ.
Non, sans doute.

### PETIT-JEAN.
L'on tint grand conseil là-dessus.
Fut dit qu'on laisserait au gibet les pendus ;
Mais qu'on leur donnerait à chacun en revanche,
Une coîffe de nuit et la chemise blanche.

### L'ÉVEILLÉ.
C'était pour des pendus très-bien les décorer.

### PETIT-JEAN.
Ce grand seigneur vit bien qu'on voulait l'honorer.

### L'ÉVEILLÉ.
Il fut charmé de voir qu'en nos cérémonies,
Jusques aux pendus même y tenaient leurs parties.

### PETIT-JEAN.
Il parut bien content ?

### L'ÉVEILLÉ.
Oh ! je n'en doute pas.

## SCÈNE II.

### ARISTE, TROPHIME, L'ÉVEILLÉ, PETIT-JEAN.

### TROPHIME.
Depuis une heure on frappe à la porte là-bas ?
Que fais-tu là ? pourvu qu'il babille, il n'importe.

### PETIT-JEAN.
Monsieur, c'est que......

### TROPHIME.
Tais-toi : va, cours vite à la porte.

### L'ÉVEILLÉ.
Il m'instruisait un peu du pays. Pardonnez.

### TROPHIME.
J'entends, tu lui tirais sans bruit les vers du nez.

Ne me le gâte pas, tu m'en serais comptable.
LÉVEILLÉ.
Oh! Petit-Jean, Monsieur, n'est rien moins que gâtable.
TROPHIME.
Je te trouve un matois bien propre à le styler.
Mais va trouver ton maître, il t'a fait appeler.

(*A Ariste.*)

Assurez-vous qu'ils vont tous venir à la file.
Philogène n'aura parent dans cette ville,
Cousin, quart de cousin au dixième degré,
Qui ne le vienne voir ici bon gré, mal gré.

## SCÈNE III.

ARISTE, TROPHIME, PETIT-JEAN.

TROPHIME.

Qu'est-ce?

PETIT-JEAN.

Monsieur, ils sont là-bas une douzaine
Qui disent comme ça; qu'au cousin Philogène
Ils souhaiteraient fort de donner le bon jour.
TROPHIME, *à Ariste.*
Vous le voyez, s'il faut qu'on batte du tambour.
Eh! bien, qu'en as-tu fait?
PETIT-JEAN.
Je leur ai dit d'attendre
Dans le Jardin.
TROPHIME.
Suffit. Dis que je vais m'y rendre:
En attendant qu'il vienne, il faut les amuser,
Et s'il tardait un peu, je saurais l'excuser.

## SCÈNE IV.

ARISTE, PHILOGÈNE, TROPHIME.

PHILOGÈNE.

Qu'est-ce ? dans le jardin j'aperçois bien du monde.
TROPHIME.
Voyez ce que pour vous vous voulez qu'on réponde ?
C'est à vous qu'on en veut, tous vous demandent.
PHILOGÈNE.
Moi ?

TROPHIME.
Tous sont de vos parens.
PHILOGÈNE.
Il faut subir la loi :
Je m'en vais les trouver ; et comme ayant affaire,
Je compte, en tranchant court, de bientôt m'en défaire.
ARISTE.
Oui, si vous le pouvez, c'est fort bien fait à vous.
PHILOGÈNE.
Je trouverai moyen, laissez faire.

## SCÈNE V.

ARISTE, ERGASTE, PHILOGÈNE, TROPHIME.

ERGASTE.
Tout doux ;
Demeurez là, cousin, vous n'en êtes pas quitte.
PHILOGÈNE.
C'est qu'on m'attend.
ERGASTE.
Voilà ma seconde visite.
PHILOGÈNE.
C'est beaucoup pour un jour, je vous suis obligé.
ERGASTE.
Oh ! vous ne savez pas l'intention que j'ai.
Je suis venu tantôt, mais c'était pour moi-même,
Pour le plaisir de voir un cher cousin que j'aime,

Et dont de tous côtés on nous dit mille biens;
Mais sachez qu'à-présent c'est pour vous que je viens.
Oui, pour vous mettre au fait surtout ce qu'il faut faire,
Pour vous styler.

PHILOGÈNE.

Mais non, il n'est pas nécessaire,
Ce serait trop de peine; et s'il en est besoin,
Trophime voudra bien pour moi prendre ce soin.

ERGASTE.

Hé! bon, Trophime, il est homme d'un vrai mérite,
J'en conviens; mais il vit ici comme un ermite.
Il est si mal instruit de nos us et façons,
Que lui-même il aurait besoin de mes leçons.
Votre parenté seule à déployer demande
Un homme qui soit bien au fait, tant elle est grande!
Car notre bisaïeul commun, nommé Martin,
Par qui j'ai cet honneur d'être votre cousin,
Outre quatre garçons, eut encore six filles,
Qu'il fit toutes entrer dans six bonnes familles.

PHILOGÈNE.

Laissons là ce détail, Monsieur, je vous en crois.

ERGASTE.

Je veux vous l'étaler toute une bonne fois.
De six filles adonc, qui toutes provignèrent,
Sortit vingt-sept enfans, dont vingt se marièrent,
Et ces vingt que je dis donnèrent en leur temps
Une postérité de cent dix-huit enfans.
De ceux-ci quatre-vingts seulement eurent race;
Ce qui nous a produit une ample populace
De trois cent six cousins liés des mêmes nœuds,
Tant filles que garçons, dont nous sommes tous deux.

ARISTE.

Voilà bien le plus ample et nombreux cousinage.

ERGASTE.

Nous serions, sans la guerre, encor bien davantage.
Notez que dans ce compte exact et très-réel,
J'ai déduit seulement le côté maternel

# LES COUSINS.

De mondit bisaïeul qui fut aussi le vôtre.
Or, du susdit côté, si nous passons à l'autre,
J'entends au paternel....

### PHILOGÈNE.

Eh! de grâce, Monsieur,
Je m'en tiens au côté maternel.

### ERGASTE.

Par malheur
L'autre a bien moins produit. Tant mâles que femelles,
Cela ne monte pas, et j'en sais des nouvelles,
A plus de cent soixante, et quelques dix cousins.
C'est bien peu.

### PHILOGÈNE.

Ce n'est pas du peu que je me plains.

### TROPHIME.

Rien n'est mieux. Cependant trouvez bon, je vous
    prie,
Que j'aille un peu là-bas pour tenir compagnie
Aux cousins du jardin, qui pourraient s'ennuyer.

## SCÈNE VI.

### ARISTE, PHILOGÈNE, ERGASTE.

#### ARISTE.

Tant de cousins pourtant, cela doit effrayer;
Car, additionnant les deux côtés, je compte
Près de cinq cents cousins, auxquels ce nombre monte.
On doit sur ce pied-là craindre qu'en son chemin
On n'aille à chaque pas marcher sur un cousin.

#### ERGASTE.

Oui, je l'avoue, au point que la race foisonne;
Si tous étaient ici, la raison serait bonne;
Mais la plupart donnant dans des partis divers,
Se sont fort répandus dans tout cet univers.
Par cette portion errante et vagabonde,
Nous avons des cousins dans tous les coins du monde.

Le fort en est ici pourtant; mais tout compté,
Y compris les cousins d'un et d'autre côté,
Je dis de parenté reconnue et constante,
Nous n'en avons au plus ici que cent cinquante.

ARISTE.

C'est dommage !

PHILOGÈNE.

Et comment suffire à tout cela ?
Je me perdrai, Monsieur, dans tous ces cousins-là.

ERGASTE

Sans mon secours, oh! oui, la chose est toute claire :
Mais comme je connais jusqu'à leur caractère,
Leurs noms et leurs surnoms, emplois et facultés,
Bonnes, et quelquefois mauvaises qualités,
Avant qu'il soit huit jours, je prétends vous y rendre
Savant à ne pouvoir jamais vous y méprendre.

PHILOGÈNE.

Ah! c'est une science où je n'ose aspirer.

ERGASTE.

Je vous les vais d'abord en gros tous figurer.
*Primò*, par leurs états : le cousin secrétaire,
Le chanoine, l'élu, l'assesseur, le notaire,
Cinq conseillers du siége et les deux échevins :
( Car ceux qui sont venus tantôt sont vos cousins. )

ARISTE.

Je crois, pour trancher court, qu'il vaudrait mieux lui faire
Sur tout le cousinage un bon dictionnaire,
Où d'un coup-d'œil il pût tous les connaître à fond.

ERGASTE.

L'idée en est fort neuve et bonne, j'en réponds.

ARISTE.

Tout dictionnaire est à-présent à la mode,
Et je ne connais point de livre plus commode.

ERGASTE.

Oh oui ! j'en veux faire un.

##### ARISTE.

Et par souscription.

##### ERGASTE.

Oui, nous épuiserons nous seuls l'édition :
Cinq cents cousins et plus !

##### ARISTE.

Pourvu qu'en cet ouvrage
Chacun de ces cousins occupe au moins sa page ;
Cela fera sans doute un volume complet.
Du reste vous n'aurez qu'à suivre l'alphabet.

##### ERGASTE.

Je le ferai pour sûr, et je prétends les mettre
Tous sous leur nom de guerre, et chacun sous sa lettre,
Le cousin Chicaneau, le cousin l'Embaucheur,
Le cousin Vérité, le cousin le Craqueur.
L'Esprit, l'Ennui, le Tic, le Lardon, l'Hypocrate,
Le cousin Mal-de-cœur, le cousin Mal-de-rate,
Le petit Sémillant et le gros Endormi,
Le cousin Tiquetoc, le cousin *E-si-mi*,
Le Braillard.... c'est un charme ; ils viennent tous en foule.
Tenez, dans mon esprit déjà tout cela roule.
Chacun aura sa note et l'explication ;
Car tous ces noms au moins ont leur tradition.

## SCÈNE VII.

#### ARISTE, PHILOGÈNE, ERGASTE, CELSE.

##### ERGASTE.

Quand on parle du loup, oh ! on en voit la queue.
Comment, je vous croyais, vous, à plus d'une lieue.
Approchez, approchez. Vous voulez bien, cousin,
Que je vous le présente ; il est grand médecin :
En sirops, en juleps, consommé personnage ;
Et médecin banal de tout le cousinage.

CELSE à *Ergaste.*

Oui; mais tous ces sirops, cousin, tous ces juleps,
N'ont pas produit sur vous jusqu'ici grands effets.
Toujours la tête verte, et toujours vos boutades.

ERGASTE.

Ah! tout beau, s'il vous plaît, épargnez vos malades.
Pourtant je ne veux pas me brouiller avec vous.
Point de rancune au moins, cousin, je file doux.

CELSE à *Philogène.*

J'arrive de campagne, et tout à l'instant même
J'apprends, mon cher cousin, avec plaisir extrême,
Que vous êtes enfin arrivé dans ce lieu,
Dont, pour l'amour de vous, je rends grâces à Dieu;
Car, pour votre santé, vous ne pouviez mieux faire
Et c'est là, selon nous, la principale affaire.

PHILOGÈNE.

Ma santé n'a pourtant pas grand part à ceci :
Je me portais fort bien à Paris, Dieu merci.

CELSE.

Oui; mais il n'est rien tel que l'air de la patrie;
Cet air, sucé d'abord en entrant dans la vie,
C'est notre premier lait; et d'ailleurs, cher cousin,
L'air de Paris n'est pas, selon moi, beaucoup sain.
Un air pourri, pesant, et des brouillards sans nombre,
Les logis si serrés, qu'il y fait toujours sombre.
A peine en plein midi le soleil s'y fait voir :
Ici nous le voyons tout le jour jusqu'au soir.

ARISTE.

Oui, le soleil ici trouve libre carrière;
Les maisons ne font point de tort à sa lumière.

CELSE.

On y respire un air libre, serein et pur,
Où, pour peu que soi-même on s'observe, on est sûr
De vivre un siècle; enfin, tout ce que l'on peut vivre,
Certain régime doux que je vous ferai suivre,
(Car je veux prendre ici soin de votre santé,)
Va vous conduire presqu'à l'immortalité.

LES COUSINS.

PHILOGÈNE.

Je vous crois très-expert, je me le persuade.
S'il arrive jamais que je tombe malade,
A vous plus qu'à tout autre alors j'aurai recours,
Et je profiterai de tous vos bons secours.

CELSE.

Il ne faut pas attendre ainsi la maladie ;
On la prévient bien mieux qu'on ne la congédie.
Je veux étudier votre tempérament,
Donnez-moi votre pouls que je tâte un moment.

PHILOGÈNE.

Eh ! non, Monsieur, mon pouls va fort bien d'ordinaire.

CELSE.

Eh ! de grâce.

ERGASTE.

Ah ! cousin, vous êtes réfractaire.

CELSE, *en lui tâtant le pouls.*

Vous avez de la bile.

ARISTE.

Oui, c'est la vérité.

CELSE.

Cette bile a d'ailleurs quelque peu d'âcreté.

ARISTE.

C'est fort bien observé.

CELSE.

Votre pouls qui varie,
Marque dans votre sang beaucoup d'intempérie,
Oui, le voyage a pu causer quelqu'embarras ;
Nous saurons.

## SCÈNE VIII.

ARISTE, PHILOGÈNE, ERGASTE, FRONTIN, CELSE.

ERGASTE.

Attendez, c'est le cousin Cujas.

Vous voulez bien, cousin, que je vous le présente,
Jurisconsulte habile, et plume très savante.

FRONTIN.

Vous me jetez, cousin, dans la confusion.
Je n'ai garde.....

CELSE.

Venons à la conclusion.
Pour vous marquer, cousin, mon zèle et mon estime,
Je m'en vais raisonner un peu sur un régime
Propre à vous rafraîchir et vous corroborer.

ARISTE.

Avez-vous là quelqu'un avec qui conférer ?

CELSE.

Je consulte avec moi, je raisonne, j'opine,
J'oppose, je réponds : toute la médecine
S'assemble dans ma tête, ainsi que dans son fort.

ARISTE.

En consultant ainsi, l'on est toujours d'accord.

CELSE.

Je m'en vais à l'écart tenir ma conférence,
Et sur le résultat je ferai l'ordonnance.

FRONTIN.

Soyez le bien venu ; si vous aviez tardé,
Cousin, tout au plus tôt je vous aurais mandé.

PHILOGÈNE.

Et pourquoi donc ? souffrez que je vous le demande.

FRONTIN.

Il le faut avouer, la Providence est grande.
L'autre jour, remuant de certains vieux papiers,
Dont on n'eût pas donné, ce semble, trois deniers,
Je mis par grand hasard la main sur une pièce ;
Mais quelle pièce !

PHILOGÈNE.

Eh ! mais encore de quelle espèce ?

FRONTIN.

Je la voulus d'abord lire attentivement,
Et le tout bien compris, et pesé mûrement,

LES COUSINS.

Je dis dans mon transport, ah! cousin Philogène!

PHILOGÈNE.

Eh! de grâce, cessez de me mettre à la gêne.
De quoi s'agit-il donc, dites, puisqu'il le faut?

FRONTIN.

Un tel secret, cousin, ne se dit pas tout haut :
Il faut que nous ayons ensemble un tête à tête;
Puis je vous dresserai ce soir une requête;
Car il faut sans tarder mettre les fers au feu,
Et je ne vous demande ici que votre aveu.

PHILOGÈNE.

Mon aveu! doucement; avant que je le donne,
Je veux voir si l'affaire est équitable et bonne.

FRONTIN.

Comment, bonne? autrement voudrais-je m'en mêler?
Vous êtes demandeur, puisqu'il faut vous parler,
Et d'un bien qui, selon que ce papier-là chante,
Peut vous valoir au moins deux mille écus de rente.

PHILOGÈNE.

Qu'est-ce que ce papier? ne le saura-t-on point?

FRONTIN.

Sans vouloir trop encor m'expliquer sur ce point,
Je veux bien seulement vous dire par avance
Que c'est un vieux contrat qu'on fit en conséquence
D'une transaction, sur certain testament.
Le contrat ne va pas à vous directement;
Mais en examinant, et tournant bien la chose,
Je vois que par moyen d'une certaine clause
Que portent le contrat et la transaction,
Vous y devez rentrer par substitution.
Je ne sais, cher cousin, si je me fais entendre.

PHILOGÈNE.

Pas beaucoup. Jusqu'ici je ne puis rien comprendre.

FRONTIN.

Vous m'étonnez. Allons, prenons un autre tour.
L'affaire, pour la mettre ici dans tout son jour,

Dépend d'un certain point caché dans la coutume.

CELSE, en revenant.

Je viens de consulter sur vous, et je présume,
Selon que Galien lui-même en fait la loi,
Que pour vous rafraîchir, cousin, écoutez-moi.

FRONTIN.

Ce point de la coutume est donc, ne vous déplaise,
Le point sur quoi je veux appuyer notre thèse.
*Primo*, concevez bien, de l'application.

CELSE.

Il vous faut dès demain, et par précaution,
Ouvrir la veine : ici nous avons main experte.

FRONTIN.

La substitution est déjà toute ouverte.

CELSE.

Et comme étant recru, fatigué du chemin....

FRONTIN.

Et le contrat au moins est en bon parchemin.

CELSE.

Cet anodin ce soir vous sera nécessaire.

FRONTIN.

Il faut ce soir passer acte devant notaire.

PHILOGÈNE.

Je rends grâce très-humble à vos soins généreux.
Voyons si j'ai compris vos raisons à tous deux.
Vous dites, vous, Monsieur, qu'il faut d'abord qu'on
   saigne
La substitution ; que Galien l'enseigne ?

CELSE.

Eh ! non, cousin.

PHILOGÈNE.

Et vous, selon que j'ai pu voir,
Que pour me rafraîchir il faut passer ce soir
Acte devant notaire ?

FRONTIN.

Eh ! non cousin.

#### PHILOGÈNE.
De grâce,
Excusez, tout cela se mêle, s'embarrasse.

## SCÈNE IX.

### ARISTE, ERGASTE, FRONTIN, PHILOGÈNE, FAUSTE, TIMON, CELSE.

#### TIMON.
Il en faut sur-le-champ faire part au cousin.
#### FAUSTE.
Il revient de Paris ; on a là le goût fin.
#### ERGASTE.
En voici deux encor, en attendant les autres.
Tous deux sont, cher cousin, mes cousins et les vôtres.
#### FAUSTE à Ariste.
Ah ! cher cousin, salut.
#### ARISTE.
Monsieur, ce n'est pas moi.
#### TIMON à Fauste.
Ah ! cousin, pour le coup j'ai mieux visé que toi :
Voici le vrai cousin.
#### FAUSTE à Philogène.
Excusez la méprise.
#### PHILOGÈNE.
Elle n'a rien, Monsieur, dont je me formalise :
C'est un autre moi-même, et mon ami parfait.
#### TIMON.
Laissons les complimens, cousin, venons au fait,
Nous nous piquons un peu d'esprit dans cette ville.
#### ARISTE.
Jamais en pareil genre elle ne fut stérile.
#### FAUSTE.
Or, nous nous exerçons surtout aux bouts rimés ;
Car on dit qu'à Paris ils sont fort estimés,
Et que d'habiles gens y font briller leur Muse.
#### PHILOGÈNE.
Qu'ils soient fort estimés, non ; mais on s'en amuse.

ARISTE.
De fort honnêtes gens s'y prêtent quelquefois.
TIMON.
Nous devinons aussi les énigmes du mois ;
Et je vous le dirai sans flatterie aucune,
Depuis plus de dix ans, nous n'en ratons pas une.
Dieu sait si sur cela, cousin, vous êtes grec.
PHILOGÈNE.
Non, on ne peut pas moins ; j'y suis neuf, sauf respect.
TIMON.
Vous ! ah, vous vous moquez sans doute, et voulez rire.
ARISTE.
Non, la chose est ainsi qu'il vient de vous le dire.
TIMON.
Soit, le cousin vous va, sans se faire prier,
Présenter en ce genre un plat de son métier.
Ecoutons....
FAUSTE.
Comme il faut entretenir commerce,
A travailler aussi dans ce goût je m'exerce :
Et pour faire Quinaults dans une pièce exprès,
Faiseurs de bouts rimés, d'énigmes, de sonnets,
J'ai, dans un même ouvrage, assez bien, ce me semble,
Mis énigmes, sonnets, et bouts rimés ensemble.
ARISTE.
C'est un effort d'esprit, et difficile, et beau.
FAUSTE.
Les rimes sont surtout d'un goût rare et nouveau.
Ecoutez, les voici.

*Bouts rimés.*

| Roc, | Croc, | Luc, | Sec, |
| Plaque, | Caque, | Duc, | Nique, |
| Choc, | Broc, | Pique, | Bec, |
| Claque, | Vaque, | | |

Ces rimes sont nouvelles,
Et conduites de plus par toutes les voyelles ;

# LES COUSINS.

Car, remarquez-le bien, c'est *aque*, *ec*, *ique*, *oc*, *uc*,
*Plaque*, *bec*, *nique*, *roc*, pour la dernière *duc*,
*Daque* et *dique*, je fais les rimes féminines,
Et l'*ec*, et *loc*, et *luc*, donnent les masculines;
Toutes d'une syllabe au moins.

### ARISTE.
C'est bien noté.

### FAUSTE.
Or, voici donc comment j'ai le tout ajusté.

*Sonnet énigmatique en bouts rimés.*

Sans que je sois ni roi, ni . . . . roc,
Partout où je veux je me . . . plaque,
Avant que de donner le . . . choc,
Je fais sonner un fouet qui . . . claque.

J'attire avec un petit . . . . croc
De quoi pouvoir garnir ma . . . caque,
Et quand j'ai bien sucé le . . . broc,
Je m'épouffe, et ma place . . . vaque.

J'attaque l'oiseau de Saint- . . . Luc,
Et sans craindre ni prince, ni . . . duc,
De les faire fuir je me . . . pique.

Je ne crains qu'un maudit coup . sec:
Tel, hélas! qui me fait la . . . nique,
Périt comme moi par le . . . bec.

Voilà l'énigme, elle est assez drôle, assez fine;
Mais ce n'est pas le tout, il faut qu'on la devine.

### PHILOGÈNE.
J'y serais quant à moi, Monsieur, bien empêché,
Car j'ai sur tout cela l'esprit si fort bouché....

### FAUSTE.
C'est faute de l'avoir assez examinée,
Cher cousin.

### ARISTE.
Cette énigme est toute devinée.

FAUSTE.
Voyons donc.

ARISTE.
Vous venez d'en dire ici le mot.

FAUSTE.
Déclarez-le, sans tant tourner autour du pot :
Dites.

ARISTE.
C'est le *cousin*, insecte volatile,
Sorte de moucheron.

FAUSTE, *à Timon*.
Vertu, qu'il est habile !
Du premier coup, cousin ?

TIMON.
Ah ! ces gens de Paris...
Monsieur, vous devez être un de ces beaux esprits,
Là, qui brillent....

ARISTE.
A moi n'appartient tant de gloire.

TIMON.
Cela vous plaît à dire, et nous savons qu'en croire.

FRONTIN.
Attendez, s'il vous plaît, car tout ceci n'est rien ;
Il faut examiner si le mot cadre bien.

FAUSTE, *en donnant le papier à Ariste*.
Tenez donc.

ARISTE, *lisant l'énigme*.
« Sans que je sois ni roi, ni . . . roc,
« Partout où je veux je me . . . plaque.
Le cousin dans tout endroit se fourre ;
Il faut pour le chasser qu'on l'écrase ou le bourre.
N'en convenez-vous pas ? il est peint à charmer.

PHILOGÈNE.
Oh ! oui, pour s'en défaire il le faut assommer.

FAUSTE.
A la fin de l'énigme aussi cela se trouve.

PHILOGÈNE.
Et la chose en effet en tout pays s'éprouve.

# LES COUSINS.

ARISTE.
« Avant que de donner le . . . choc,
« Je vais sonner un fouet qui , . claque.
Le cousin siffle en l'air avant que d'attaquer ;
C'est alors proprement son fouet qu'il fait *claquer*.

CELSE.
*Claquer* ne convient pas, car il siffle, il bourdonne.
Siffler, claquer, font deux.

FAUSTE.
Vous nous la donnez bonne ;
En énigme cela doit passer.

PHILOGÈNE.
En effet,
Le cousin se pavane, et fait claquer son fouet.

FAUSTE.
Bourdonnement, sifflet ; que cela siffle ou claque,
C'est toujours certain bruit qu'il fait quand il attaque.

ARISTE.
« J'attire avec un petit . . . croc
« De quoi pouvoir garnir ma . . caque.

FRONTIN.
Quant à ce petit croc, c'est sa trompe ; on l'entend.

CELSE.
Vous voyez qu'il s'en sert pour nous tirer du sang ;
Car il se mêle aussi de la phlébotomie,
Et de notre vivant fait notre anatomie.

PHILOGÈNE.
Il saigne quelquefois tel qui ne le veut pas ;
Et je me suis souvent, moi, trouvé dans le cas.

ARISTE.
« Et quand j'ai bien sucé le . . broc,
« Je m'épouffe, et ma place . . vaque.
Oui, le cousin s'acharne, et toujours en haleine,
Il ne quitte que quand il a la panse pleine.

TIMON.
« Je m'épouffe, et ma place . . vaque.
Ce terme d'épouffe n'est pas bien noble.

PHILOGÈNE.
.....Non.
Il peut passer pourtant, et paraît assez bon....
Pour un cousin, encor ne s'époufle-t-il guère :
Cela tient comme teigne, et c'est pis qu'un corsaire.

ARISTE.
« J'attaque l'oiseau de Saint-.... Luc. »

FAUSTE.
Vous entendez, Monsieur, c'est un terme reçu
Pour le bœuf.

ARISEE.
Oui, Monsieur, je l'ai d'abord conçu.
Il attaque partout, et pique même à table.

FAUSTE.
« Et sans craindre prince, ni ... duc,
« De les faire fuir je me ... pique. »

PHILOGÈNE.
Oh! ni prince ni duc ne peut y résister ;
Il faut fuir, c'est le mieux ; et fuir sans hésiter.

FAUSTE.
Aussi fuit-on toujours. L'énigme s'insinue.

ARISTE.
Ce point est en effet très-clair. Je continue.
« Je ne crains qu'un maudit coup.... sec. »
C'est tout ce qu'il redoute en coulant son venin.

CELSE, *en frappant sur le dos de la main.*
Oui, le coup sec.

PHILOGÈNE.
........Il faut taper sur le cousin,
Taper sec, taper dur, et si bien qu'il le sente.

FRONTIN.
J'en ai dans un seul jour écrasé plus de trente.

PHILOGÈNE.
L'heureux homme!

ARISTE.
« Tel, hélas! qui me fait la ... nique,
« Périt comme moi par le .... bec. »

## LES COUSINS.

CELSE.

Tandis qu'il nous suce la main,
On vous lui donne, *tac*, puis adieu le cousin.
Il est pris, il est mort ; pour tel je vous le livre.

PHILOGÈNE.

Le bec le fait mourir, ainsi qu'il le fait vivre.
C'est son mauvais destin.

ARISTE.

Comme trop gratter cuit,
Le proverbe le dit : aussi trop parler nuit.
Tenons-nous en donc là.

FAUSTE.

Vous êtes admirable;
Vous avez pris le sens et le mot véritable.

TIMON, *à Philogène.*

Eh bien ! l'énigme ?

PHILOGÈNE.

Elle est dans la perfection.

FAUSTE.

Ah ! cousin, dès qu'elle a votre approbation,
Je suis content.

TIMON.

Cousin, j'entends aussi la rime ;
Et pour vous témoigner par elle mon estime,
J'ai voulu célébrer dans un petit quatrain
Votre heureuse arrivée, et notre heureux destin.

PHILOGÈNE.

Ah ! c'est trop m'honorer.

TIMON.

C'est un quatrain chronique.

ARISTE.

Quatrain comique?

TIMON.

Bon ! chronique et non comique.

*Quatrain chronique, sur l'heureux retour du cousin
Philogène en sa patrie.*

« L'an mil sept cent, avec un quarteron....

CELSE.

Avec un quarteron?

TIMON.

Eh! oui, pauvre Bemus,
L'an mil sept cent vingt-cinq, c'est du Nostradamus.
Vingt-cinq ne fait-il pas un quarteron?

ARISTE.

Sans doute.

TIMON.

Allons, je reprends donc le quatrain; qu'on écoute.
« L'an mil sept cent, avec un quarteron,
« Le meilleur des cousins revint dans sa patrie;
« L'amour d'icelle fut son unique éperon.
« Dieu lui doint bonne et longue vie. »

PHILOGÈNE.

Ma foi, mes chers cousins, vous crevez tous d'esprit.

TIMON.

Je veux que le quatrain sur l'airain soit inscrit.

ARISTE.

Mais avec ces talens, comment donc, je vous prie,
N'avez-vous point encor formé d'académie?
Rien ne conviendrait mieux.

FAUSTE.

Nous y pensons, cousin.
J'en ai depuis long-temps ruminé le dessein;
J'en avais fait un plan, et je veux m'y remettre.

ARISTE.

Pour bien faire, je crois qu'il n'y faudrait admettre
Nul sujet qui ne fût cousin bien avéré,
Homme d'esprit d'ailleurs, mais cousin bien titré.

TIMON.

A peine hors de là, vraiment je m'en avise,
En pourrions-nous trouver autre qui fût de mise?

FAUSTE.

Et puis d'ailleurs, pourquoi chercher chez nos voisins?
Ce qui nous est acquis de droit chez nos cousins?

TIMON.
Il faut un titre au corps, un nom qui spécifie.
ARISTE.
Nommez-le des cousins la grande académie?
FAUSTE.
Je voudrais un sujet qui nous occupât tous.
A quel ouvrage donc nous attacherons-nous?
ARISTE.
Hé bien, prenez celui qu'Ergaste voulait faire
FAUSTE.
Quoi donc?
ARISTE.
Eh! des cousins le grand dictionnaire.
ERGASTE.
J'y consens, et veux bien partager cet honneur;
Mais, cousin, vous serez le premier directeur.

## SCÈNE X.

ARISTE, ERGASTE, PHILOGÈNE, FRONTIN, FAUSTE, TIMON, CELSE, L'ÉVEILLÉ.

L'ÉVEILLÉ.
Voici, Monsieur, encore un des cousins qui monte.
TIMON.
Comment se nomme-t-il?
L'ÉVEILLÉ.
Il s'appelle Géronte.
TIMON.
Ma foi, nous en tenons; c'est le cousin l'Ennui.
Ne bougez, je saurai vous dépêtrer de lui;
Je sais comment il faut le prendre. Le bonhomme
En vains raisonnemens s'épuise et se consomme :
Je l'attends; seulement qu'on me prête un manteau.
CELSE.
Ah! s'il le faut, j'y joins la canne et le chapeau.
TIMON.
Donnez, et mettez-là; le tout sera d'usage :
Et comme il ne voit pas bien clair, le personnage,

Je recevrai pour vous, cousin, son compliment,
Et vous déguerpirez tous successivement.
### PHILOGÈNE.
Il faut tout aussi-bien qu'au jardin je me rende ;
Car j'ai honte depuis le temps qu'on m'y demande.
### TIMON.
Attendez pour sortir que je fasse signal :
L'un après l'autre, au moins. Voici l'original
Qui vient à nous. Oh ! comme il trotine et se traîne !

## SCÈNE XI.
ARISTE, ERGASTE, PHILOGÈNE, FRONTIN, FAUSTE, CELSE, TIMON, GÉRONTE.

### GÉRONTE.
Je crois que j'aperçois le cousin Philogène.
### TIMON.
Oui, lui-même, pour sûr ; mais laissez donc ma main.
### GÉRONTE.
Bien ravi de vous voir.
### TIMON.
Vous avez, cher cousin,
La serre bonne encor.
### GÉRONTE.
Je suis, faites-en compte,
Votre petit cousin, et serviteur Géronte.
### TIMON.
Oh ! je n'en doute pas, et vous suis obligé.
### GÉRONTE.
Quand vous n'étiez qu'enfant, j'avais toujours jugé
Que vous seriez, ainsi qu'une rose fleurie,
Dans ce jardin brillant de la chère patrie.
### TIMON.
Ah ! vous jugiez de moi trop favorablement.
### GÉRONTE.
Ce que je vous dis là n'est point un compliment.
Croyez...

## LES COUSINS.

TIMON.

Laissons cela. Mon Dieu, que je suis aise
De vous voir, cher cousin ! qu'on apporte une chaise,
Je veux dire un fauteuil. Cousin, pour être mieux,
(*Il fait signe à un de sortir.*)
Mettez-vous là.

GÉRONTE.

Fort bien. Hélas ! je suis si vieux....

TIMON. (*Il fait signe à un second.*)

Vous, hélas ! qu'êtes-vous ? au plus sexagénaire.

GÉRONTE.

Mettez, mettez encor : le cousin, votre père,
Savait bien mon âge.

TIMON. (*Il fait signe à un troisième.*)
Oui ; mais il a disparu.

GÉRONTE.

J'en ai bien du regret. Hélas ! s'il m'avait cru....

TIMON. (*Il fait signe à un quatrième.*)
Il ne serait pas mort si vite ; mais qu'y faire ?
Sauve qui peut.

GÉRONTE.

Je veux vous conter une affaire
Que nous eûmes tous deux dans notre jeune temps.

TIMON. (*Il fait signe aux deux qui restent.*)
Vous sûtes bien tous deux vous en tirer. J'entends.

GÉRONTE.

Nous étions des galans tous deux.

TIMON.

Je vous admire

GÉRONTE.

Ne m'interrompez point, et laissez-moi tout dire.

TIMON.

Je serai, s'il le faut, muet comme un sabot,
Et dites mal de moi si je réponds un mot.

GÉRONTE.

(*Pendant les huit ou neuf premiers vers, Timon*

*entoure une chaise de son manteau, la canne par-dessus, et le chapeau sur la canne* )

Nous étions à Paris, où nous faisions des nôtres ;
Car à cet âge on veut faire comme les autres.
Nos pères.... chacun d'eux veillait fort sur le sien.
Ils nous disaient souvent tous deux, et disaient bien :
Prenez bien garde, enfans, cette ville est un gouffre ;
L'air que l'on y respire est moins air que du soufre :
N'y hantez que des gens qui vous soient bien connus ;
Il y grêle, il y pleut sur les nouveaux venus.
Il faut dans ce lieu-ci savoir la manigance.

( *Timon fait ici la révérence à Géronte, étant derrière lui, et se retire sans bruit.* )

Tel vous flatte, vous rit, vous fait la révérence,
Qui vous hait dans son âme, et qui voudrait souvent
Vous avoir mis en broche, et mangé tout vivant.
On rit dans un moment, et dans l'autre l'on pleure.
Tant va la cruche à l'eau qu'enfin elle y demeure.
La précaution est mère de sûreté ;
Il en cuit bien souvent pour avoir trop gratté,
Voilà ce qu'ils disaient : pour le texte et la glose,
Votre père en croyait, comme moi, quelque chose ;
Et dans nos petits tours, nous allions bride en main ;
Car, quoi qu'on dise, il faut songer au lendemain.
Qu'aux enfans d'aujourd'hui l'on chante cette note,
Ils n'en font point de compte, et disent qu'on radote ;
Prétendent se conduire en tout comme il leur plaît.
Aussi, plus nous allons en avant, et pis c'est.
Or donc..., mais j'ai perdu le fil de mon histoire.
A présent, c'est pitié que ma pauvre mémoire..
Que disais-je, cousin ? vous gardez le *tacet*.
Vous l'aviez promis ; mais, c'est être trop discret.
Pourtant répondez donc. Hé ! mais, comme vous faites.
Il faut que pour vous voir je chausse mes lunettes..
Réveillez-vous, cousin..., O Ciel ! tout est perdu :
Je ne vois qu'un manteau, le cousin est foudu ;

Mais je n'ai rien senti.... je n'ai rien vu paraître.
Je tremble.... quelqu'esprit revient ici peut-être.
Gardons-nous d'y toucher... oui, c'est quelque lutin.
Fuyons, et sauvons-nous vite dans le jardin.

FIN DU SECOND ACTE.

## ACTE III,
### SCÈNE I.

ARISTE, PHILOGÈNE, TROPHIME.

PHILOGÈNE, *se laissant aller sur une chaise.*

Je n'en puis plus.
TROPHIME.
Quoi donc, vous sentez-vous malade?
PHILOGÈNE.
J'ai le cœur affadi, la tête en marmelade :
Tout me chagrine, tout me paraît odieux,
Et les cousins enfin me sortent par les yeux.
ARISTE.
Ce n'est qu'une vapeur subite et passagère ;
J'en éprouvai de même à la mort de mon frère.
PHILOGÈNE.
Que votre état était bien différent du mien!
Mes cousins font mon mal en se portant trop bien.
Cousin par-ci, cousin par-là ; puis des manières,
Comme vous l'avez vu, maussades et grossières.
J'ai bien cru ne pouvoir jamais m'en dépêtrer ;
Heureusement Trophime a su les attirer
A faire une partie, et jouer à la boule ;
Et comme ils s'y sont tous présentés à la foule,
J'ai profité sans bruit de la diversion.
ARISTE.
Envoyez-leur du vin pour la collation ;

Et les cousins, armés de la boule et du verre,
Vous laisseront en paix pour se faire la guerre.

PHILOGÈNE.

Oh! grand Dieu! qu'à cela ne tienne, ils en auront.
Faites-leur en donner tout autant qu'ils voudront.

## SCÈNE II.

ARISTE, PHILOGÈNE, TROPHIME, L'ÉVEILLÉ.

L'ÉVEILLÉ.

Voici de vos cousins encor une volée,
Qui tous dans le jardin viennent d'entrer d'emblée;
Ils sont bien sept ou huit.

PHILOGÈNE.

Mais, Trophime, il en pleut.
Aille les recevoir et leur parler qui veut;
Je n'y tiens plus, cela passe la raillerie.

ARISTE.

Voudriez-vous de l'eau de la reine d'Hongrie?
Essayez, en voici d'excellente.

PHILOGÈNE.

Ah! plutôt,
C'est du chasse-cousin que contre eux il me faut.

ARISTE.

Que faire donc? voyez, voulez-vous qu'on appelle
Ce cousin médecin, pour vous si plein de zèle?

PHILOGÈNE.

Fort bien; c'est le moyen de me faire mourir:
Il me voudrait malade, au lieu de me guérir.
Mais nous perdons le temps en bagatelles pures;
Venons au fait, songeons à prendre des mesures.

ARISTE.

Sur quoi?

PHILOGÈNE.

Pour me tirer de l'état où je suis;
Car enfin j'y succombe. On m'accable d'ennuis:

La persécution des cousins est trop forte.
#### TROPHIME.
Cela ne peut durer bien long-temps de la sorte;
Il faut bien se prêter à leurs empressemens,
Et donner quelques jours aux premiers complimens.
#### ARISTE.
L'usage ainsi l'ordonne, et veut que l'on se gêne;
Mais si cela venait à passer la quinzaine,
Je ne dis pas.....
#### PHILOGÈNE.
Comment! la quinzaine? hé! merci.
Je suis mort dans huit jours, si nous restons ici.
#### ARISTE.
Allons, il faut montrer un peu plus de courage,
Et lutter quelque temps au moins contre l'orage.
#### PHILOGÈNE.
Mais attendez..... j'entends du bruit.... c'est un cousin....
Je le sens.... c'en est un.... ils me tueront enfin.
#### L'ÉVEILLÉ, *en s'en allant.*
C'en est bien deux au moins.

## SCÈNE III.
#### ARISTE, PHILOGÈNE, ORGON, THÉMISTE, TROPHIME.
#### ORGON.
Une petite affaire,
Où ma présence était requise et nécessaire,
Plus que je ne comptais, cousin, m'a retenu,
Sans quoi personne ici ne m'aurait prévenu.
J'en avais trois raisons, dont je veux vous instruire.
#### PHILOGÈNE.
Monsieur, cela suffit.
#### ORGON.
Laissez-moi les déduire.
*Primò.* De m'acquitter vers vous de mon devoir.
*Secundò.* De goûter le plaisir de vous voir.

*Tertiò.* C'est qu'il faut qu'ici je vous présente
Un cousin, non pas tel, encor que je ne mente,
Mais pour le bien nommer, c'est un presque cousin.
Vous ne m'entendez pas?

PHILOGÈNE.

Non, le terme est trop fin;
J'ai la conception bornée et fort vulgaire.

ORGON.

C'est le texte, j'y vais joindre le commentaire.
Comme il doit épouser ma fille après-demain,
Cette alliance va vous le rendre cousin.
Il ne l'est pas encor, mais il doit bientôt l'être;
Donc pour presque cousin daignez le reconnaître.

PHILOGÈNE.

Ah! je souscris à tout, Monsieur, n'en doutez pas,
Et d'un presque cousin je fais un très-grand cas.

THÉMISTE.

C'est un mauvais acquêt pour vous, mais je présume.

PHILOGÈNE.

Comment, mauvais! il est excellent.

THÉMISTE.

La coutume,
Monsieur....

(*A Orgon.*)
En cas d'acquêt permet d'en disposer,
Et l'acquéreur est libre à son gré d'en user;
Mais quant à cet acquêt, ayez pour agréable
D'en rester possesseur et maître incommutable,
Et de ne consentir jamais d'aliéner
Un serviteur qui veut pour toujours se donner.

PHILOGÈNE.

Je n'ai garde. Souffrez que je vous félicite
D'avoir choisi pour gendre un homme de mérite,
Tel que Monsieur, savant et plein de beaux dictons.

ORGON.

Aussi je l'ai choisi, cousin, pour trois raisons.

## PHILOGÈNE.

Trois raisons, dites-vous? réformez votre style:
Vous deviez, j'en suis sûr, en avoir plus de mille.

## ORGON.

Oui, j'en trouverai bien autant, comme je crois;
Mais, toutes mes raisons, je les réduis à trois:
Car, dans tous mes propos, je suis fort méthodique,
Et c'est ce qui me rend concis et laconique.

## PHILOGÈNE.

Oui, je m'en aperçois.

## THÉMISTE.

Monsieur, pour parvenir
Au mariage heureux, que Dieu veuille bénir,
Je présentai d'abord à Monsieur ma requête.
Avant de faire droit, il ordonne une enquête,
Fait information, entend plusieurs témoins,
Qui tous en ma faveur parlent sur tous les points.
Qu'arrive-t-il alors? des rivaux interviennent,
Donnent des contredits contre moi, d'où proviennent
Griefs, dont, disent-ils, ils se font apparoir.
J'oppose à leurs griefs fins de non-recevoir;
Et sans me désister de mes déclinatoires,
Je fournis au plus tôt défenses péremptoires:
Car je m'inscris en faux, ou, quand l'inscription
N'a pas lieu, je me sers d'atténuation.
En un mot, je conduis si bien toute l'instance,
Que j'obtiens de Monsieur favorable sentence,
Et vois tous mes rivaux déboutés et forclus,
Condamnés aux dépens de l'instance, au surplus.

## PHILOGÈNE.

Toute cette poursuite est d'un heureux augure;
J'en admire la fine et noble procédure:
Mais ces dépens, à quoi les faites-vous monter?

## THÉMISTE.

Quant à ce point, il est facile à discuter.
Mes rivaux ont donné des bals, des sérénades;
Ont dépensé beaucoup en parfums, en pommades,

En linge, en bas de soie, en dentelles, rubans :
Ils en sont pour leurs frais, et voilà les dépens.

ORGON.

Hé bien ! que dites-vous, Monsieur, du futur gendre ?

ARISTE.

C'est un plaisir, Monsieur, un charme de l'entendre.

ORGON.

Aussi de notre siége il est le Cicéron.
Quand il plaide, il faut voir, c'est un petit démon !
De l'adverse partie il se joue, il la crosse.
Venons au fait, cousin ; vous serez de la noce,
Et j'y comprends le tout, les danses, le repas.

PHILOGÈNE.

J'ai trois raisons, cousin, pour ne m'y trouver pas.

ORGON.

Quand vous en auriez cent, car je viendrai vous prendre
Moi-même ici, chez vous, escorté de mon gendre.

THÉMISTE.

L'ajournement au moins, Monsieur, est personnel,
Et quand on y résiste, on devient criminel.
Le décret suit de près la moindre contumace.

PHILOGÈNE.

En ce cas, il vaut mieux que je vous satisfasse.

ORGON.

Oui ; car j'amènerais et sergens et recors.

THÉMISTE.

Le beau-père y comprend, Messieurs, comme consorts.

ARISTE.

Excusez....

TROPHIME.

Non, Monsieur.

THÉMISTE.

La sentence est commune.
Il faudra comparoir au moins sans faute aucune.
Assignez au tiers jour.

TROPHIME.

Je cède.

ARISTE.
Je me rends.
ORGON.
Nous allons inviter nos amis et parents.
THÉMISTE.
Au tiers jour subséquent.

## SCÈNE IV.

### ARISTE, PHILOGÈNE, TROPHIME.

PHILOGÈNE.
Suites du cousinage.
Baptême d'un côté, de l'autre un mariage.
L'un vient me lanterner sa substitution,
L'autre veut procéder à la purgation.
Oui, nous verrons, Messieurs, quel ordre il y faut mettre.
Avez-vous, cher Ariste, écrit certaine lettre,
Dont vous parliez tantôt?

ARISTE.
Vous m'y faites penser.
Je vous quitte, et je vais de ce pas la tracer.
(*Ariste sort.*)

PHILOGÈNE.
Vous, Trophime, au jardin faites un tour, de grâce.
Sans affectation, voyez ce qui se passe;
Et que l'Éveillé vienne ici présentement,
Je voudrais avec lui raisonner un moment.

TROPHIME.
Je vais vous l'envoyer.

PHILOGÈNE.
Au plus tôt, je vous prie.

## SCÈNE V.

### PHILOGÈNE seul.

Il est, je le vois bien, des choses dans la vie

Dont on ne peut jamais juger bien sainement
Qu'en les voyant de près, et par l'événement.
Dans cette passion, dans cette extrême envie
Que j'avais de revoir le ciel et ma patrie,
Je n'ai fait de Paris ici presque qu'un saut,
Et n'y croyais jamais arriver assez tôt.
J'arrive, et n'y suis pas une journée entière,
Qu'abîmé tout d'un coup dans une cousinière,
Je pense, tant je souffre et d'esprit et de corps,
Que jamais assez tôt je n'en serai dehors.
La plus courte folie est, dit-on, la meilleure,
Et je veux déguerpir d'ici devant une heure.
L'Éveillé va venir, je lui veux sur cela
Signifier en bref mes ordres.... Le voilà.

## SCÈNE VI.

### PHILOGÈNE, L'ÉVEILLÉ.

#### PHILOGÈNE.

Approche, l'Éveillé. Qu'est-ce? A ta contenance,
Tu ne me parais pas bien content de ta chance.
Les cabarets d'ici n'ont point de ces tableaux,
Tels que ceux de Paris que tu trouvais si beaux.

#### L'ÉVEILLÉ.

Chacun a ses chagrins. Parlons sans raillerie,
Dame, vous vous plaisez, vous, dans votre patrie :
Je ne dis pas, Monsieur, que vous n'ayez raison,
Vous y trouvez partout des cousins à foison.
Si j'en avais quelqu'un, qui, sur ma bonne mine,
Eût quelquefois l'esprit de me payer chopine,
Passe; mais je ne trouve en ce lieu nul support :
Tout y languit, Monsieur, et Cabaret est mort.

#### PHILOGÈNE.

Si tu restais ici plus long-temps, je parie
Qu'on t'y verrait bientôt mourir de la pépie.
Cet air ne te vaut rien; mais j'ai pitié de toi :
D'ailleurs, à dire vrai, je ne m'y plais pas, moi.

Et pour t'en faire ici l'exacte confidence,
Je songe à regagner Paris en diligence.
Mais je veux, pour ne point te faire trop pâtir,
Attendre que tu sois en état de partir.
L'ÉVEILLÉ.
Qui? moi, je suis tout prêt de partir, je vous jure.
PHILOGÈNE.
Tout prêt, c'est bientôt dit. Comment va l'écorchure?
L'ÉVEILLÉ.
Si c'est pour repartir, Monsieur, je n'ai plus rien.
PHILOGÈNE.
Mais tu boitais tantôt, si je m'en souviens bien.
L'ÉVEILLÉ.
Oh! le mal est passé, Monsieur.
PHILOGÈNE.
Ne va pas feindre;
Dans ces sortes de maux la gangrène est à craindre.
L'ÉVEILLÉ.
La gangrène! eh! Monsieur, ce maudit pays-ci
Est pis que la gangrène, et je l'éprouve ainsi.
PHILOGÈNE.
Marche un peu devant moi, je crains pour ta blessure,
Et veux pouvoir juger moi-même, à ton allure,
Si tu ne boites plus.
L'ÉVEILLÉ.
Voyez, jugez de tout,
La démarche gaillarde, et puis le saut au bout.
PHILOGÈNE.
Saute encor!
L'ÉVEILLÉ. (Il saute.)
Volontiers.
PHILOGÈNE.
Oh! désormais je pense
Que nous pouvons partir en toute conscience.
Je n'ai qu'un mot. S'il faut coucher ici ce soir,
J'en tiens pour six bons mois, autant que je puis voir;
Car je me sens déjà plus que demi-malade.
Si je ne change d'air sur l'heure et ne m'évade,

Peut-être faudra-t-il laisser ici mes os.
Ainsi prends ton parti; sois allègre et dispos :
Que nos chevaux soient prêts dans une demi-heure,
Ou j'en tiens pour six mois, à moins que je n'y meure.

L'ÉVEILLÉ.

Monsieur, dans un quart-d'heure au plus tard, j'en réponds.
Fiez-vous-en à moi.

PHILOGÈNE.

Fais vite, décampons,
Et ne t'amuse pas à remplir nos valises;
Rien que le nécessaire, au plus quelques chemises.
Nous irons nous botter tous dans la basse-cour ;
Et puis, piquant des deux, adieu, jusqu'au retour.

L'ÉVEILLÉ.

Cela vaut fait.

PHILOGÈNE.

N'en dis encor mot à personne.
Entre nous le secret : fais ce que je t'ordonne.

## SCÈNE VII.

PHILOGÈNE seul.

L'ÉVEILLÉ me paraît bien content, bien joyeux;
Mais je ne sais qui l'est encor plus de nous deux.
Je ne crains pas du moins que paresse le tienne.
Il faut au cher Ariste annoncer cette antienne;
Il m'en avait prédit : il en va triompher ;
Mais il vaut mieux souffrir ses traits que d'étouffer.

## SCÈNE VIII.

ARISTE, PHILOGÈNE, LE BARON, LE BARON-
 NET, son fils.

PHILOGÈNE.

Ah ! je vous attendais : la lettre est-elle écrite ?

ARISTE.

Oui, mais voici, je pense, encore une visite.

LE BARON.

Le seigneur Philogène est ici, que je croi ;
Et c'est apparemment l'un de vous deux.

PHILOGÈNE.

C'est moi,
Monsieur.

LE BARON.

Je vous dirai, Monseu, que l'on me nomme
Le baron de Kriqcrac. Il n'est nul gentilhomme,
Dans toute la province, et dans d'autres endroits,
Plus connu que je suis, ni plus craint.

PHILOGÈNE.

Je le crois.

LE BARON.

Je vous dirai, Monseu, que j'ai, sans flatterie,
Douze fiefs relevant tous de ma baronie.

PHILOGÈNE.

Monsieur, j'en suis ravi.

LE BARON.

Tenez pour ajouté
Que je songe à la faire ériger en comté.

PHILOGÈNE.

Monsieur, c'est fort bien fait.

LE BARON.

Non que je m'en soucie
Pour moi ; mais la baronne en aurait quelqu'envie.
Les femmes, vous savez, ont un peu de montant,
Et dans nos environs tous les jours elle entend
Citer par-ci, par là, telle et telle comtesse,
Que nous pouvons valoir, au moins, pour la noblesse.
Baronne sonne bien ; mais on croit qu'en ces lieux
Comtesse de Kriqcrac sonnerait encor mieux.
Vous nous y servirez, comme je l'imagine ;
Car au moins la baronne, elle est votre cousine,
Et moi, par conséquent, je suis votre cousin.
Mon fils le Baronnet l'est aussi pour certain.

Le voilà devant vous. Baronnet, qu'on s'avance.
Vite, à votre cousin faites la révérence....
Les compliments....

LE BARONNET.

Monsieur mon cousin, j'ai l'honneur....
D'être.... votre très-humble....

LE BARON.

Eh bien donc ?

LE BARONNET.

Serviteur.

PHILOGÈNE.

Je me tiens honoré, Messieurs, d'être le vôtre.

LE BARON.

Mon cousin, pour son âge, il en vaut bien un autre.
Qu'en dites-vous ?

PHILOGÈNE.

Sans doute, il a bonne façon,
Et voilà de quoi faire un fort joli garçon.

LE BARONNET.

Eh ! non vraiment, monsieur, cela vous plaît à dire.
Pas vrai, papa ?

LE BARON.

Fort bien, c'est dit comme de cire.

PHILOGÈNE.

C'est dommage, Monsieur, je le dis sans détour,
Qu'un homme comme vous ne se montre à la cour ;
Vos talens, votre nom, votre ancienne noblesse,
Pourraient....

LE BARON.

Je vous dirai : j'y fus dans ma jeunesse ;
Je vis Versaille, et même en cette occasion,
Le roi montra pour moi de la distinction.

PHILOGÈNE.

Oh ! oh ! comment, Monsieur ? contez-m'en donc l'histoire.

LE BARON.

Je venais du jardin, si j'ai bonne mémoire,

Et rentrais au château, quand, sur le pont-levi,
Je vis venir le roi; de quoi je fus ravi.

PHILOGÈNE.

Quel pont-levi, Monsieur?

LE BARON.

      Celui qui communique
Du jardin au château, pont de belle fabrique.

PHILOGÈNE.

Ah! oui, je m'en souviens.

LE BARON.

      Le roi, qui m'aperçut,
Fut frappé de mon air. Sur ce qu'il en conçut,
Quel est, dit-il d'abord, ce jeune gentilhomme?
Sire, lui répondis-je aussitôt, on me nomme
Le baron de Kriqcrac, et j'ai toujours été
Très-humble serviteur de votre majesté.
J'étais alors très-jeune, et de figure aimable.
Mais, voyez, dit le roi, qu'il a l'air agréable!
Bien planté sur ses pieds : il me revient beaucoup...
Qu'on le mène à l'office, et qu'il y boive un coup.

PHILOGÈNE.

Cette distinction est toute des plus grandes.

LE BARON.

Je revins au pays, je regagnai nos landes,
Et je ne sais comment j'y suis toujours resté.

PHILOGÈNE.

C'est dommage, Monsieur, à dire vérité,
Qu'après ce rare trait de fortune propice,
Votre faveur se soit terminée à l'office.

LE BARON.

Pour mon fils, je prétends le pousser à la cour.

PHILOGÈNE.

Vous dites bien, il faut qu'il s'y montre à son tour.
Apparemment qu'il fait à-présent ses études?

LE BARON.

Non, c'est trop de soucis et trop de servitudes.
A son âge j'en eus quelques commencemens,
Et j'avais même un peu tâté des rudimens.

Je dévorai *Musa*, j'avançais en science ;
Mais au verbe adjectif, je perdis patience.
J'ai voulu que mon fils, sans tant le chicaner,
N'apprît, ainsi que moi, qu'à lire et griffonner.
Nous avons au collége un *magister* habile ;
Mon fils a de l'esprit, et d'ailleurs est docile.
Ces jours passés chez moi, dans un vieil almanach,
Je trouvai par hasard des quatrains de Pibrac :
J'en choisis quelques-uns de tout ce répertoire,
Et je les fis apprendre à mon fils par mémoire.
Avancez, Baronnet, dites-les hardiment ;
Mettez votre chapeau, déclamez noblement.

LE BARONNET.

« Dieu tout premier, puis père et mère honore,
« Sois juste et droit, et dans toute saison,
« De l'innocent prends en main la raison ;
« Car Dieu te doit là-haut juger encore.

« Boire et manger, s'exercer par mesure,
« Sont de santé les outils plus certains ;
« L'excès en l'un de ces trois, aux humains,
« Hâte la mort et force la nature. »

Platon.... Platon.... Platon....

LE BARON.
 Ferme.
PHILOGÈNE.
    Cela le lasse.
Fort bien, fort bien, Monsieur, et de fort bonne grâce.

LE BARONNET.
Ma mignonne, papa m'a dit semblablement,
De faire de sa part, à Monsieur, compliment.

LE BARON.
Faites donc, bonnement.

LE BARONNET.
    Monsieur, maman mignonne
Eût bien voulu venir pour vous voir en personne ;

## LES COUSINS.

Mais elle est empêchée aujourd'hui bien et beau,
A cause que l'on fait la lessive au château.
#### LE BARON.
Hé! fi donc, petit sot.
#### LE BARONNET.
Dame, elle a b'en affaire.
#### LE BARON.
Vous feriez beaucoup mieux, Baronnet, de vous taire.
#### LE BABONNET.
Mais, papa, vous grondez lorsque je ne dis mot,
Et si je parle après, je suis un petit sot.
Je n'y connais plus rien. Dame, ne vous déplaise,
Voyez si vous voulez que je parle ou me taise.
#### LE BARON.
Oui; mais il faut parler comme un homme d'esprit,
Et surtout prendre garde aux choses que l'on dit.
#### LE BARONNET.
Maman vous prie aussi de vous donner la peine
De venir au château la semaine prochaine;
Car elle aura pour lors beaucoup moins d'embarras,
Et dans huit jours d'ici nos poulets seront gras.
#### LE BARON.
Il ne sait ce qu'il dit, j'en ai l'âme confuse,
Et pour lui, mon cousin, je vous demande excuse.
Il faut qu'incessamment vous veniez pour nous voir;
Nous nous efforcerons de vous bien recevoir.
Je vous quitte, cousin, j'ai quelqu'affaire en ville.
Baronnet, saluez d'une façon civile.
#### LE BARONNET.
Adieu, mon cher cousin, je suis très-humblement
Votre humble serviteur, et cousin mêmement.
#### LE BARON.
Au château de Kriqcrac nous allons vous attendre.
Vous ne sauriez trop tôt, cher cousin, vous y rendre.
#### PHILOGÈNE, *après qu'ils sont partis.*
Monsieur mon cher cousin, je suis votre valet.
Pour que le cousinage à la fin fût complet,

Il ne me manquait plus qu'un cousin de campagne,
Avec le baronnet son fils qui l'accompagne.
Voici tout à propos l'Éveillé.

## SCÈNE IX.

### ARISTE, PHILOGÈNE, TROPHIME, L'ÉVEILLÉ.

L'ÉVEILLÉ

Tout est prêt.

ARISTE.

Tout est prêt ! que dit-il ? qu'est-ce donc, s'il vous plaît ?

PHILOGÈNE.

Vous ne devinez point ?

ARISTE.

Qui ? moi, que je devine !
Ai-je donc d'un devin le talent et la mine ?

TROPHIME *en entrant.*

Je reviens de là-bas, et dans la basse-cour,
Où, je ne sais pourquoi, j'avais à faire un tour,
J'ai vu chevaux sellés, bridés, tout l'équipage
De gens qui vont partir et se mettre en voyage :
Pourquoi donc tout cela ? car j'en suis fort surpris.

PHILOGÈNE.

C'est que je m'en retourne à l'instant à Paris.

TROPHIME.

Comment donc, s'il vous plaît ? est-ce ainsi qu'on se quitte ?

ARISTE.

La résolution m'en paraît bien subite.

TROPHIME.

Et Monsieur votre ami, le laissez-vous ici ?

PHILOGÈNE.

Non pas, je compte bien de l'emmener aussi.

ARISTE.

Oui ; mais vous voulez, bien avant tout, qu'on vous dise
Que c'est un peu bientôt vous rendre et quitter prise.

## LES COUSINS.

A peine arrivons-nous; et qu'est-ce que cela?

#### PHILOGÈNE.

Je suis soûl de cousins, et j'en ai jusques-là.
Si vous saviez combien tout ce train-ci me pèse....

#### ARISTE.

Mais quoi ?

#### PHILOGÈNE.

Vous en parlez, mon cher, fort à votre aise.
Si vous aviez ici cent cousins sur les bras,
Vous en seriez vous-même encor cent fois plus las.

#### ARISTE.

Je les vois comme vous.

#### PHILOGÈNE.

Oui, sous la galerie;
Tandis que je vous donne ici la comédie.
Vous avez assez ri, ce semble à mes dépens.....
Vos bottes sont là-bas, bottez-vous, je descends.

#### ARISTE.

Mais du moins.....

#### PHILOGÈNE.

L'Éveillé, prends-le vite et l'emmène.

#### L'ÉVEILLÉ.

Marchons, il faut partir, la remontrance est vaine.

#### ARISTE.

Enfin, vous le voulez.

#### PHILOGÈNE.

Eh! oui, nous le voulons
Montrer à nos cousins au plus tôt les talons.

## SCÈNE X.

### TROPHIME, PHILOGÈNE.

#### TROPHIME.

Enfin vous partez donc : je perds cette espérance,
Dont je m'étais flatté si long-temps par avance
De passer avec vous le reste de mes jours;
Et vraisemblablement je la perds pour toujours.

#### PHILOGÈNE.

Je vous quitte à regret pour vous, mon cher Trophime.
Mais de tous ces cousins, je deviens la victime.
Vous même j'en suis sûr, malgré votre douleur,
Vous me rendez justice au fond de votre cœur.

#### TROPHIME.

Puisque vous le voulez, il faut y condescendre.

#### PHILOGÈNE.

Je compterai toujours sur votre amitié tendre.
Adieu : mais permettez qu'en partant de ces lieux,
A mes cousins aussi je fasse mes adieux.
Adieu donc, chers cousins, de triste souvenance,
Dont le Ciel, à mon dam, multiplia l'engeance ;
Adieu cousin Poëte et cousin Boute-en-train :
Adieu cousin Contrat, et cousin Médecin :
Le cousin Trois-raisons, et l'Élu mon compère,
Le cousin nouveau né, la cousine sa mère,
Le cousin l'Échevin, le cousin Quarteron :
Adieu le Baronnet, et Baronne et Baron ;
Et le presque cousin si galant et si tendre :
L'Ennui, le *Mittimus*, le beau-père et le gendre.
Adieu cousins passés et cousins à venir ;
Si jamais en ces lieux vous me pouvez tenir,
Oui, je consens qu'aux yeux de toute votre bande,
Sans quartier ni demi, haut et court on m'y pende,
Ou même, qui pis est encore, je consens
Qu'on me condamne à vivre ici pendant dix ans.

(*A Trophime*)

Non, ne me suivez pas. Tandis que je m'esquive ;
Mais empêchez, qu'aucun des cousins ne me suive.

## SCÈNE XI.

#### TROPHIME *seul*.

JE prévoyais assez que, malgré mes souhaits,
Contre tous ces cousins il ne tiendrait jamais ;

Mais que la chose dût pourtant aller si vite,
Et qu'il ne fît ici qu'un seul et simple gîte,
Qu'il dût si brusquement partir au dépourvu,
Pour celui-là jamais je ne l'aurais prévu.
Je m'en vais aux cousins en donner la nouvelle.
Appelons Petit-Jean. Petit-Jean ?

## SCÈNE XII.

### TROPHIME, PETIT-JEAN.

PETIT-JEAN.

Qui m'appelle ?

THOPHIME.

Viens, vite.

PETIT-JEAN.

Quoi, Monsieur !

TROPHIME.

Monsieur est parti.

PETIT-JEAN.

Ah ! pardi, l'Éveillé n'en a guère menti.

TROPHIME.

Comment ?

PETIT-JEAN.

Il me disait, en nettoyant des bottes,
Qu'ils n'amasseraient pas ici beaucoup de crottes,
Et que dans peu de temps ils nous diraient adieu.
Dame, il gaussait aussi les cousins du Monsieu.

TROPHIME.

Va-t'en leur annoncer d'une façon civile,
Que Monsieur leur cousin n'est plus dans cette ville,
Qu'il vient de repartir à l'instant pour Paris.

PETIT-JEAN.

J'y cours tout de ce pas. Ils seront bien surpris,

## SCÈNE XIII.

ORGON, FRONTIN, TROPHIME, CELSE, TROILE, THÉMISTE

*Les quatre cousins entrent successivement à mesure que chacun a à parler.*

TROPHIME.

Ils seront en effet bien surpris de l'affaire,
Et je veux voir un peu quelle mine ils vont faire.

FRONTIN, *en entrant.*

Le voici, le contrat de substitution,
Dont tantôt au cousin j'avais fait mention.
Il verra que j'ai fait acte de diligence.

CELSE, *en entrant.*

Je l'apporte en personne ici, mon ordonnance.
Pour ce soir, je prescris un petit anodin;
A demain la saignée, et puis après demain
La dose de séné, bénigne et salutaire.

ORGON, *entrant avec Thémiste.*

Le voici, le contrat, dans la forme ordinaire;
Le cousin nous fera l'honneur de le signer.

THÉMISTE.

Du moins je ne vois rien qui puisse répugner.

TROILE.

Oh çà, je viens ici pour chercher cette lettre
Que le cousin tantôt a daigné me promettre.
Ce maudit *Mittimus* me trouble le cerveau :
Car mon procès est bon, et monsieur Chicaneau
Dit qu'il le gagnera pour sûr à notre siége,
Et même à ses périls s'en rend garant et pleige.

TROPHIME.

Vous pouvez remporter, Messieurs, tous vos écrits,
Ou bien les envoyer au cousin à Paris.

FRONTIN.

A Paris!

## LES COUSINS.

CELSE.
Tout de bon?

ORGON.
Comment!

TROILE.
La chose est sûre?

TROPHIME.
Il est sur le chemin déjà, je vous le jure,
Et doit coucher ce soir à dix milles d'ici.

CELSE.
Comment! y pense-t-il de nous quitter ainsi?
Et que deviendra donc cette mienne ordonnance,
Que j'avais composée avec zèle et prudence?

TROPHIME.
Monsieur, c'est grand dommage, autant que je puis voir;
Mais envoyez-la lui par la poste ce soir.

FRONTIN.
La substitution que j'avais découverte,
Toute seule aurait dû l'arrêter. Quelle perte!

TROILE.
Oh! pour le *Mittimus*, je le vais harceler :
Car du moins à Paris il pourra lui parler.

THÉMISTE.
La retraite est indue et l'attentat énorme:
Je suis d'avis, qu'au nom de la ville on informe;
Et que ce néanmoins il voudra se sister,
Pour dire ses raisons en droit et contester.

ORGON.
Mais pourquoi s'en aller si vite? je l'admire.

TROPHIME.
Monsieur, pour trois raisons qu'il n'a pas voulu dire.

## SCÈNE XIV.

THÉMISTE, ORGON, FRONTIN, TROPHIME,
CELSE, TROILE, ERGASTE, FAUSTE, TIMON.

ERGASTE.
Le cousin est parti?

TROPHIME.
Très-sûr.
FAUSTE.
Le tour est bon.
TIMON.
Il emporte, ma foi, le chat de la maison.
TROPHIME.
Une affaire pressée, et de grande importance,
L'a forcé de partir en toute diligence.
Il m'a chargé, Messieurs, de l'excuser vers vous;
Et de vous faire aussi ses complimens à tous.
ERGASTE.
Ma foi, j'en suis fâché, pour vous dire la chose;
Mais l'homme, comme on dit, propose, et Dieu dispose,
Du nom de *Revenant*, je l'avais étrenné :
Il sera désormais le cousin Retourné.
FAUSTE.
Pour moi je vais sur l'heure, en style de Nénie,
Remplir un bout rimé sur cette départie.
TIMON.
Et moi sur ce départ, malgré ce que j'y perds,
Je vous livre à l'instant un quatrain de deux vers.
FAUSTE.
Un quatrain de deux vers ! c'est chose assez nouvelle.
TIMON.
Le voici : que m'importe à moi, comme on l'appelle?
*Quatrain de deux vers, sur le départ du cousin.*
  « L'an mil sept cent, avec un quarteron,
  « Le cousin vers Paris s'enfuit comme un larron. »
Larron de cœur au moins : je l'entends de la sorte.
Il vole, en s'en allant, nos cœurs, et les emporte.
TROPHIME.
Le tour est obligeant et neuf sans contredit.

## SCÈNE XV.

THÉMISTE, TROPHIME, ERGASTE, FRONTIN, FAUSTE, CELSE, ORGON, TROILE, TIMON, GÉRONTE, PETIT-JEAN.

GÉRONTE, *en entrant.*

Abiit, *excessit, evasit, erupit.*

ERGASTE, *en s'en allant.*

Le cousin, sur mon âme, a fait en homme sage.
Messieurs, j'en fais de même, et me sauve à la nage.

FAUSTE, *en sortant.*

Mon bout rimé m'appelle, et je me sens en train.

TIMON, *en sortant.*

Et moi je vais aussi mettre au net mon quatrain.

TROILE, *en sortant.*

Mon procès ne va pas tandis qu'ici je cause.

ORGON, *en sortant.*

Remportons le contrat.

THÉMISTE, *en sortant.*

Sans dépens et pour cause.

FRONTIN, *en sortant.*

Remportons, il le faut, la substitution.

CELSE, *à Géronte.*

Bon homme, il vous faudrait une purgation.
Vous en avez besoin.

GÉRONTE.

Vous dites vrai, je pense.
Raisonnons là-dessus tous deux en patience;
Car j'aime à raisonner avec d'habiles gens.

CELSE, *en sortant.*

Oh! quant à raisonner, je n'en ai pas le temps :
Je m'en vais visiter mes malades en ville.

## SCÈNE XVI.
### TROPHIME, GÉRONTE, PETIT-JEAN.

#### TROPHIME.
De ce pays il faut aussi que je m'exile.
Perdre ainsi mon ami !

#### GÉRONTE.
                    Vous avez bien raison :
On n'en vois pas au moins de pareils à foison.
C'était un honnête homme, un homme de mérite,
A qui je comptais bien rendre souvent visite ;
Car feu son père et moi, nous étions bons amis.

#### TROPHIME.
J'en suis au désespoir. Ah ! s'il m'était permis....

#### GÉRONTE.
Oui, vous vous affligez avec très-juste cause :
Mais pour vous consoler, il faut que j'interpose
Mes bons avis, mes soins.

#### TROPHIME.
                    Je succombe à l'ennui.
Ah ! c'en est trop, il faut me sauver comme lui.

#### GÉRONTE.
L'on a comme cela des chagrins dans la vie ;
Et j'en ai souvent eu, je vous le certifie,
Ma bonne part aussi : je m'en vais vous conter.

#### TROPHIME, *en sortant.*
Non, je cède à ce coup, et n'y puis résister.
Petit-Jean, je m'en vais où la douleur m'emporte.
Quand Monsieur sortira, tu fermeras la porte.

#### GÉRONTE.
Où va-t-il donc?

#### PETIT-JEAN.
                    Le sais-je, ou le puis-je savoir ?
Suivez-le, car je crains un coup de désespoir.

## LES COUSINS.

GÉRONTE.

Tu dis vrai, Petit-Jean, oui, je m'en vais le suivre.

## SCÈNE XVII.

PETIT-JEAN.

M'en voilà délivré ; pour lui qu'il s'en délivre.
Tous ces maudits cousins me crottent mon plancher :
Aussi je suis ravi de les voir dénicher.
Quand ils viennent ici, j'ai pour trois jours d'ouvrage.
Ils ne valent rien tous, ma foi, dans un ménage.
Allons mettre dehors le bonhomme l'Ennui ;
Et fermons bien la porte en même temps sur lui :
Contre tous les cousins la leçon est utile :
Ainsi qu'à la campagne, on en trouve à la ville.
Pour vous en délivrer usez-en comme nous ;
En fermant, s'il le faut, la porte aux deux verroux.

FIN.

# LE DESTIN

DU

# NOUVEAU SIÈCLE,

MIS EN MUSIQUE

PAR M. CAMPRA.

EN 1700.

# LE DESTIN
DU
# NOUVEAU SIÈCLE.

### PROLOGUE.

*Sujet du Prologue.*

SATURNE, en qualité de Dieu qui préside au temps, se prépare à donner au monde un nouveau siècle. Il invite les Parques à en régler la destinée au gré des peuples. Ceux-ci se trouvant divisés en deux partis, dont l'un demande la paix, et l'autre la guerre, tâchent, chacun de leur côté, de se rendre les Parques favorables.

### SATURNE.

JE veux donner un nouvel âge au monde ;
Les siècles les plus beaux ne durent pas toujours :
Je veux, pour le bonheur de la Terre et de l'Onde,
Des ans et des saisons renouveler le cours.
  Charmant auteur de la lumière,
Recommence, Soleil, ta pénible carrière ;
  Donne-nous des beaux jours.
  Accourez, Parques immortelles,
  Et vous, Destins impérieux,
  Qui, par des lois éternelles,
Réglez le sort des hommes et des Dieux.
Vos ordres souverains peuvent se faire entendre ;
  C'est de vous que doit dépendre
  Le bonheur de l'Univers.
Tout est soumis à votre obéissance ;
  Montrez ici votre puissance,
Et recevez les vœux de cent peuples divers.

LES PARQUES.

Tout dépend de notre empire;
Le sort des humains
Est en nos mains :
De tout ce qui respire,
Nous filons les destins.
Devant nous tout tremble;
Tout craint nos coups,
Et tous les dieux ensemble
Sont moins redoutables que nous.

CHŒUR

*des Peuples qui demandent la paix.*

Arbitres du destin, divinités terribles,
Accordez à nos vœux des jours doux et paisibles.

CHŒUR

*des Peuples qui demandent la guerre.*

Arbitres du destin, divinités terribles,
Dans les combats de Mars rendez-nous invincibles.

LE PREMIER CHŒUR.

Bannissez loin de ces climats
Les fureurs de la guerre.

LE DEUXIÈME CHŒUR.

Répandez dans tous les climats
Même ardeur pour la guerre.

LE PREMIER CHŒUR.

Que la paix règne sur la terre.

LE DEUXIÈME CHŒUR.

Bannissez la paix de la terre.

LE PREMIER CHŒUR.

La paix seule, la paix a pour nous des appas.

LE DEUXIÈME CHŒUR.

Mars seul et la victoire ont pour nous des appas.

UN DU PARTI DE LA PAIX.

Un héros glorieux, après mille conquêtes,
Nous a donné la paix.
Il a su mépriser les palmes toutes prêtes,

Que Mars lui destinait pour de nouveaux projets.
Son bras a dissipé les affreuses tempêtes
   Qui menaçaient nos têtes ;
D'une paix précieuse il comble nos souhaits.
Arbitres du destin, divinités terribles,
Donnez-nous, comme lui, des jours doux et paisibles.

    CHŒUR
   *du parti de la paix.*
Arbitres du destin, divinités terribles,
Donnez-nous, comme lui, des jours doux et paisibles.

  UN DU PARTI DE LA GUERRE.
   Non, non, ce n'est qu'à ses exploits
Que ce héros fameux doit l'éclat de sa gloire.
Au milieu des combats nous l'avons vu cent fois
   Voler de victoire en victoire.
A ces nobles travaux, son grand cœur attaché
Eût soumis tout le monde au pouvoir de ses armes,
   Si la paix, par ses charmes,
D'entre les bras de Mars ne l'avait arraché.

    CHŒUR
   *du parti de la guerre.*
 Chantons sa valeur éclatante,
  Chantons ses hauts faits.

    CHŒUR
   *du parti de la paix.*
 Chantons sa bonté triomphante,
  Chantons ses bienfaits.

  LE PREMIER CHŒUR.
A l'exemple du Dieu qui lance le tonnerre,
  Il fit trembler la terre.

  LE DEUXIÈME CHŒUR.
Tel que ce dieu puissant quand il prend son tonnerre,
  C'est pour calmer la terre.

  LE PREMIER CHŒUR.
 Heureux ceux qu'il a soumis !

  LE DEUXIÈME CHŒUR.
 Heureux le peuple qu'il aime !

LE PREMIER CHŒUR.

Il a vaincu mille ennemis.

LE DEUXIÈME CHŒUR.

Il s'est encor vaincu lui-même.

TOUS ENSEMBLE.

Unissons nos cœurs et nos voix
Pour chanter le plus grand des rois.
Chantons sa valeur éclatante,
Chantons sa bonté triomphante;
Chantons ses hauts faits,
Chantons ses bienfaits.

# PREMIER INTERMÈDE.

*Sujet du premier intermède.*

Mars, pour se mettre en possession du nouveau siècle, et en faire un siècle guerrier, exhorte les peuples à le suivre, et en attire plusieurs. La Gloire leur promet des lauriers. Bellone leur apprend quel en est le prix; Vulcain leur fait préparer des armes, et tous trois, par ce moyen, secondent si heureusement les desseins de Mars, qu'ils font déclarer en sa faveur quelques-uns de ceux qui paraissent le plus attachés au parti de la Paix. Ils s'unissent tous ensemble pour concourir aux projets de Mars, et allumer une guerre qui dure éternellement,

MARS.

Que cet âge nouveau, par les destins promis,
Soit un âge de gloire,
Que ce temps soit marqué par des faits inouïs,
Qui des siècles passés effacent la mémoire.

Ce n'est pas pour languir dans un honteux repos
Que les dieux ont donné la vie.
D'un reproche éternel elle est toujours suivie,
Quand on a méprisé l'exemple des héros.

Peuples, suivez mes pas; une gloire immortelle
Sera le prix de vos exploits :
Venez, accourez tous, répondez à ma voix,
C'est Mars qui vous appelle.

CHŒUR DE GUERRIERS.
Suivons Mars,
Rendons-lui tous hommage ;
Faisons de toutes parts
Voler ses étendards.

UN SUIVANT DE MARS.
La gloire est le partage
D'un noble courage
Qui brave les hasards.

CHŒUR DE GUERRIERS.
Suivons Mars, etc.

UN SUIVANT DE MARS.
De l'esclavage
Son bras nous dégage ;
Un seul de ses regards
Fait tomber les remparts.

CHŒUR DE GUERRIERS.
Suivons Mars, etc.

UN SUIVANT DE MARS.
Mars nous apprend l'usage
Des flèches et des dards ;
La Victoire est son ouvrage ;
Il a formé les Césars :
L'art qu'il enseigne est le plus beau des arts.

CHŒUR DE GUERRIERS.
Suivons Mars, etc.

LA GLOIRE.
Volez, jeunes guerriers, où la Gloire vous guide.
Volez dans les combats ;
Volez, et d'un cœur intrépide
Affrontez le trépas.
Le plus affreux péril n'a rien qui vous étonne ;
Volez, volez, suivez Bellone.

LE DESTIN

Les lauriers que pour vous je cultive en ces lieux,
Croîtront pour couronner vos exploits glorieux :
Volez, jeunes guerriers, la Gloire vous l'ordonne.

DEUX DE LA SUITE DE LA GLOIRE.

Croissez, croissez, tendres lauriers,
Croissez pour couronner les plus vaillans guerriers.
Cultivés des mains de la Gloire,
Donnés des mains de la Victoire,
Vous serez le prix des grands cœurs ;
Croissez pour couronner les plus fameux vainqueurs.

BELLONE.

Les lauriers qu'on moissonne,
En suivant Bellone,
Ne sont dus qu'aux exploits d'un bras victorieux.
Les lauriers qu'on moissonne,
En suivant Bellone,
Elèvent les vainqueurs jusques au rang des Dieux.

VULCAIN.

Le Dieu qui forge le tonnerre,
Sensible à votre ardeur, met ses soins les plus doux
A préparer pour vous
Les foudres de la guerre.
Cyclopes, accourez tous ;
Que tout frémisse,
Que tout retentisse
Du bruit de vos coups.
Hâtez-vous, redoublez vos peines ;
Travaillez, préparez des chaînes,
Enfermez pour jamais
Les plaisirs et la paix.

CHŒUR
*de Peuples qui abandonnent le parti de la Paix pour suivre Mars.*

Méprisons la Paix et ses charmes ;
Ses appas enchanteurs
Causent plus de malheurs
Que n'en sauraient causer les armes.

## DU NOUVEAU SIÈCLE.

#### UN DU PARTI DE LA PAIX,
*qui l'abandonne pour se donner à Mars.*

Vains soupirs,
Faux plaisirs
D'une indigne mollesse,
Vous avez trop long-temps,
Par mille attraits brillans,
Séduit ma tendresse.
Le dieu Mars que je sers,
A brisé mes fers;
Je le suivrai sans cesse.
Portez ailleurs
Vos appas trompeurs,
Votre lâche faiblesse.
Vains soupirs,
Faux plaisirs,
D'une indigne mollesse,
Vous avez trop long-temps,
Par mille attraits brillans,
Séduit ma tendresse.
Le dieu Mars que je sers,
A brisé mes fers.

#### MARS.

Cédez, musettes,
A nos trompettes,
Qu'on entende toujours
Le son des tambours.

#### CHŒUR.

Cédez, musettes, etc.

#### MARS.

Le fracas des armes,
Le bruit des alarmes,
Les cris des combattans,
Sont pour nous des concerts charmans.
Cédez, musettes,
A nos trompettes ;

LE DESTIN

Qu'on entende toujours
Le son des tambours.

CHŒUR.

Cédez, musettes, etc.

## DEUXIÈME INTERMÈDE.

*Sujet du deuxième intermède.*

Le GÉNIE qui préside à la Terre, prévoyant les maux que la guerre y devait causer, invite la PAIX à descendre du Ciel, où elle s'était retirée. La PAIX, fléchie par ses prières, descend accompagnée des Jeux, des Plaisirs et de l'Abondance. Les divinités champêtres témoignent la joie qu'elles ont de son retour. Plusieurs peuples, et de ceux même qui avaient suivi MARS, se déclarent enfin pour la PAIX, et vantent ses avantages. Touchée de leur zèle et de leur affection, elle ordonne aux Jeux et aux Plaisirs de demeurer éternellement sur la terre pour le bonheur des peuples qui, par reconnaissance font retentir partout le nom de la PAIX.

LE GÉNIE DE LA TERRE.

DE cet âge nouveau, qu'on promet à nos vœux,
Hélas! que pouvons-nous attendre?
Si, pour nous rendre tous heureux,
Du Ciel en même temps la Paix ne veux descendre,
Descendez, ô charmante Paix!
Venez nous combler de bienfaits.

Sans vous rien ne nous contente;
La gloire la plus brillante
Ne cause jamais
De plaisirs parfaits.
Que chacun chante:
Descendez, ô Paix charmante!
Descendez, ô charmante Paix!
Venez nous combler de bienfaits.

CHŒUR.

Descendez, ô charmante Paix !
Venez nous combler de bienfaits.

LE GÉNIE DE LA TERRE.

Qu'entends-je ?....ô ciel ! quelle douce harmonie !...
Quels tendres sons ! ah ! quels divins concerts !
Je vois la Paix descendre dans les airs ;
Descendez, douce Paix, venez briser nos fers.
Trop long-temps de ces lieux vous vous êtes bannie.
Descendez, ô charmante Paix !
Venez nous combler de bienfaits.

CHŒUR.

Descendez, ô charmante Paix !
Venez nous combler de bienfaits.

LA PAIX.

Je viens dans ces lieux guérir par ma présence
Les maux que la guerre a causés ;
Je ramène avec moi les Jeux et l'Abondance :
Les Dieux enfin sont apaisés.
Mortels, ne craignez plus les horreurs de la guerre ;
Ne craignez plus rien désormais :
Si la Paix aujourd'hui se redonne à la terre,
C'est pour ne la quitter jamais.

DIVINITÉ CHAMPÊTRE.

Dans nos campagnes fleuries,
Dans nos charmantes prairies,
De la paix en ce jour
Célébrons le retour.
Que les bergers à l'ombrage,
Les oiseaux en leur ramage,
Chantent dans nos forêts
Le retour de la Paix.

AUTRE DIVINITÉ CHAMPÊTRE.

Ruisseaux, fontaines,
Coulez, jaillissez ;
Vous, dans les plaines,
Agneaux, bondissez.

LE DESTIN.
Paissez en assurance,
Tranquilles troupeaux ;
La Paix dans ces hameaux,
Est votre défense.

CHŒUR.

Durez toujours, charmante paix,
Et comblez-nous de vos bienfaits.

LE GÉNIE DE LA TERRE.

Ce n'est que pour punir la Terre,
Que les Dieux irrités, dans leur juste fureur,
Déchaînent quelquefois la Discorde et la Guerre,
Et dans tous les climats répandent la terreur.
Mais quand une humble offrande
A calmé leur courroux,
De toutes les faveurs qu'ils répandent sur nous,
La Paix est la plus grande.

CHŒUR.

*De Peuples qui quittent Mars pour se donner à la Paix.*
Suivons la Paix,
Rendons-nous à ses charmes ;
Rompons nos armes,
Brisons nos traits :
Rien ne peut résister à ses divins attraits.

UN SUIVANT DE LA PAIX.

Faisons taire l'Envie,
Qui condamne le repos
Où la Paix convie
Les plus grands héros.
Par d'utiles travaux
Qui partagent la vie,
Faisons taire l'Envie.

CHŒUR.

Suivons la Paix, etc.

UN SUIVANT DE LA PAIX.

La Paix répare les dommages
Que la Guerre a faits.

Ces jardins, ces tendres bocages,
Ces superbes palais,
Sont ses ouvrages.
CHŒUR.
Suivons la Paix, etc.
UN SUIVANT DE LA PAIX.
Tout ce qu'on moissonne
Dans nos guérets,
C'est elle qui le donne;
Nous devons à la Paix,
Plus qu'à Bacchus, plus qu'à Pomone,
Tous les biens de l'automne:
Nous devons à la Paix,
Plus qu'à Cérès,
Tout ce qu'on moissonne.
LA PAIX.
Jeux, plaisirs innocens, tendres divinités,
Qui marchez toujours à ma suite,
Demeurez en ces lieux, jamais ne les quittez.
Mars et Bellone ont pris la fuite;
Les Dieux, les justes Dieux, ne sont plus irrités:
Demeurez où la Paix habite.
Jeux, plaisirs innocens, tendres divinités,
Demeurez en ces lieux, jamais ne les quittez.
CHŒUR.
Que tout retentisse
Du nom de la Paix;
Que tout s'unisse
Pour chanter ses bienfaits.
Campagnes,
Montagnes,
Rochers, antres secrets,
Echos, temples, forêts,
Que tout retentisse
Du nom de la Paix:
Que tout s'unisse
Pour chanter ses bienfaits

## TROISIÈME INTERMÈDE.

*Sujet du troisième intermède.*

SATURNE, voyant que les peuples, toujours partagés sur le sujet de la paix et de la guerre, ne pouvaient s'accorder ensemble dans les vœux qu'ils formaient, leur conseille de recourir à PALLAS, déesse de la Sagesse, qui leur fait entendre qu'une guerre ou une paix continuelle sont également à craindre, et qu'il faut toujours cultiver avec un soin égal les exercices de l'une et de l'autre. Elle ordonne ensuite aux Parques de former un siècle qui soit entremêlé de paix et de guerre. Ces fières déesses lui obéissent, pour marquer que la Sagesse est supérieure aux Destins. Les peuples, réunis ensemble par le moyen de PALLAS, en rendent grâces à cette sage déesse, et la prient de ne les jamais abandonner.

### SATURNE.

QUOI ! toujours opposés dans vos vœux indiscrets,
Mortels, ne sauriez-vous unir vos intérêts ?
  Quel charme, quel démon contraire
De la Paix entre vous a rompu tous les nœuds ?
  En vain l'on veut vous satisfaire ;
  Le destin, quoi qu'il puisse faire,
  Fera toujours des malheureux.
  Peuples soumis à mon empire,
De la sage Pallas implorez le secours ;
  Si la sagesse vous inspire,
Vous aurez un bonheur qui durera toujours.

### CHŒUR DES DEUX PARTIS,
*dont l'un demande la Paix, l'autre la Guerre.*

Contentez nos desirs, pacifique Minerve ;
Généreuse Pallas, favorisez nos vœux.

UN DE CHAQUE PARTI.

C'est votre main qui nous préserve
Des dangers les plus affreux ;
C'est à vous que le Ciel réserve
Le soin de nous rendre heureux

CHŒUR DES DEUX PARTIS.

Contentez nos desirs, pacifique Minerve ;
Généreuse Pallas, favorisez nos vœux.

PALLAS.

Cessez une injuste querelle ;
J'accours à la voix qui m'appelle :
Je viens vous réunir.
Cessez une injuste querelle,
Tous vos maux vont finir.
Un peu de guerre, au lieu de nuire,
Relève un courage abattu.
Un peu de paix fait qu'on respire
Après que l'on a combattu.
Une trop longue guerre affaiblit un empire,
Une trop longue paix fait languir la vertu.
Aimez les armes,
Cultivez les arts

CHŒUR DE PEUPLES.

Aimons les armes,
Cultivons les arts.

PALLAS.

La paix a mille charmes ;
On est souvent contraint de recourir à Mars.
Aimez les armes,
Cultivez les arts.

CHŒUR.

Aimons les armes,
Cultivons les arts.

UN SUIVANT DE PALLAS.

Une saison plus cruelle
A beau désoler nos champs,

## LE DESTIN

La terre en paraît plus belle
Au doux retour du printemps.
La guerre la plus terrible
Nous cause en vain cent frayeurs ;
Tout ce qu'elle a de plus horrible
Semble préparer les cœurs
A mieux goûter le sort paisible
Qui succède à ses rigueurs.

PREMIER COUPLET.

Quelle plus triste image
Qu'une sombre nuit !
L'aurore qui suit
En plaît davantage.

SECOND COUPLET.

A quel triste esclavage
La guerre réduit !
Mais la paix qui suit
En plaît davantage.

PALLAS.

Que la guerre et la paix s'unissent dans ce jour ;
Sur la terre et sur l'onde,
Pour le bonheur du monde,
Qu'elles règnent tour à tour.
Vous, Parques, qui réglez le destin de la terre,
Ah ! rendez, s'il se peut, tous les cœurs satisfaits :
Mêlez les travaux de la Guerre
Aux plaisirs de la Paix.

LES PARQUES.

Formons un âge aimable ;
Que nos fatales mains
Filent pour les humains
Un bonheur durable.
Rendons tous les cœurs satisfaits,
Nous qui réglons le destin de la terre :
Mêlons les travaux de la Guerre
Aux plaisirs de la Paix.

LE GRAND CHŒUR.

O Minerve! ô Pallas! ô déesse puissante!
O vous dont la main bienfaisante
A comblé nos souhaits,
O Minerve! ô Pallas! ô déesse puissante!
Ne nous abandonnez jamais.

LE PETIT CHŒUR.

Les Parques terribles,
Pour tout autre insensibles,
Écoutent votre voix.
Des destins inflexibles
Vous pouvez forcer les lois.

LE GRAND CHŒUR.

O Minerve! ô etc.

# RÉCITS
## EN MUSIQUE,

Employés dans le ballet de la *Conquête de la Toison-d'Or*, en 1701, à l'occasion de l'avènement de Philippe V à la couronne d'Espagne.

# AVIS
## SUR LA PIÈCE QUI SUIT.

L'ordre de la Toison-d'Or étant, depuis long-temps, propre et particulière à la monarchie d'Espagne, on crut, dans le temps que Philippe V fut appelé à cette couronne, ne pouvoir trouver dans la fable rien qui fût plus propre à figurer ce grand événement, que la conquête de la Toison-d'Or. On en fit le sujet d'un ballet qui servait d'intermède à une tragédie d'un collége de province, et qui était mêlé de danses et de récits en musique. Ce sont ces récits que l'on donne aujourd'hui, et qui furent alors mis en musique par M. Cochereau.

# RÉCITS
## EN MUSIQUE,

Employés dans le Ballet de la Conquête de la Toison-d'Or.

## PROLOGUE.

Saturne annonce aux conquérants qui avaient précédé le siècle de Jason, la conquête de la Toison-d'or, que ce héros allait entreprendre, et qui devait se renouveler dans la suite des temps, en faveur d'un prince à qui le Ciel en destine la possession.

### SATURNE.

Glorieux conquérans, si fameux dans la guerre,
Qui du bruit de vos faits avez rempli la terre,
  Héros tant vantés autrefois,
Si pour vous la valeur a toujours mêmes charmes,
Admirez un vainqueur dont tout subit les lois.
  Le premier essai de ses armes
  Égale vos plus beaux exploits.
Je veux qu'une conquête et si grande et si belle
  Dans l'avenir se renouvelle.
Un prince aimé des dieux, issu du sang des rois,
Dont pour ce coup fameux les destins ont fait choix,
  A leurs ordres sera fidèle ;
Et marchant sur les pas du célèbre Jason,
Doit un jour, comme lui, conquérir la Toison.

### CHŒUR
*De suivans de Saturne.*
Que son destin est glorieux !

Sur un trône brillant je le vois élevé,
Et son nom est gravé
Au temple de Mémoire.

## PREMIÈRE PARTIE.

Tandis que Jason s'amuse aux divertissemens agréables d'une fête champêtre, l'ombre de PHRYXUS, qui le premier avait possédé la Toison-d'Or, se fait voir à lui, et l'excite à en entreprendre la conquête.

UN BERGER.

BERGERS, sortez de vos hameaux,
Accourez tous dans nos prairies ;
Dansez au son des chalumeaux,
Foulez ces campagnes fleuries.
Loin du tumulte et du fracas,
On vit ici sans embarras :
Nulle peine
Ne nous gêne ;
Ces heureux jours
Seront trop courts.

AUTRE BERGER.

C'est dans nos bocages
Que règne la paix.
Les vents ni les orages
N'insultent jamais
Ces tendres feuillages.
Les oiseaux, dans leurs ramages,
En chantent les attraits,
Et disent sous ces ombrages,
C'est dans nos bocages
Que règne la paix.

OMBRE DE PHRYXUS.

Bergers, retirez-vous dans le fond de ces bois,
Et vous, Jason, soyez attentif à ma voix.

EN MUSIQUE.

Je sors du noir séjour de l'empire des ombres;
Le doux soin de l'honneur
Touche encore un grand cœur
Jusque dans les royaumes sombres.
C'est à moi que les dieux firent jadis présent
De cette Toison précieuse,
Qui rend Colchos aujourd'hui si fameuse.
Un prince ambitieux l'usurpe sur mon sang.
Allez, Jason, partez, et vengez cette offense;
Allez ravir un bien qui vous est destiné :
Ainsi les dieux l'ont ordonné.
Allez, Jason, partez en diligence,
Et par cette conquête assurez ma vengence.

## DEUXIÈME PARTIE.

Les Argonautes, animés par voix de Jason, se préparent à le suivre dans sa glorieuse entreprise.

### JASON.

Partons, la gloire nous appelle;
Ouvrons-nous au travers
Des rochers et des mers
Une route nouvelle.
Vents, accourez, brisez vos fers;
Sortez de vos grottes profondes :
Régnez dans les airs,
Régnez sur les ondes,
Et nous portez au bout de l'univers.

### DEUX ARGONAUTES.

Ah! que l'on est à plaindre,
Quand la mer vient à s'irriter!
La mer a des écueils qu'on ne peut éviter;
Mais, hélas! il en est encor de plus à craindre.

### UN AUTRE ARGONAUTE.

Pourquoi craindre de s'embarquer?
Un cœur à la gloire sensible
Doit tout risquer.

La mer est quelquefois terrible;
Mais quand elle est paisible,
Pourquoi craindre de s'embarquer ?

## TROISIÈME PARTIE.

L'indolence emploie les Plaisirs pour arrêter Jason au milieu de son entreprise. Déjà prêt de succomber à leurs charmes, il en est délivré par la voix d'un héros qui le rappelle à ce que la gloire attend de lui.

### UN PLAISIR.

Arrêtez dans ces lieux charmans,
Guerriers, mêlez-vous à nos fêtes ;
Oubliez pour quelques momens
Le souvenir de vos conquêtes.
Arrêtez dans ces lieux charmans,
Guerriers, mêlez-vous dans nos fêtes.

### UN AUTRE PLAISIR.

Un peu de repos
Sied bien aux Héros.
Non, non, la gloire
Ne défend pas,
Après les combats,
Après la victoire,
Un peu de repos.
Parmi les alarmes
Que causent les armes,
Un peu de repos
Sied bien aux Héros.

### UN HÉROS.

Fuyez, Jason, rompez vos chaînes ;
Les plaisirs sous ces fleurs
Ont caché mille peines.
Dérobez-vous à leurs appas trompeurs ;
Ils triomphent des plus grands cœurs.

Soyez insensible à leurs larmes,
Méprisez leurs soupirs.
Tel résiste souvent à la force des armes,
Qui ne peut résister aux charmes
Des plus faibles plaisirs.
UN PLAISIR.
Où fuyez-vous, guerriers? quelle erreur vous abuse?
Pourquoi chercher d'autres climats?
Non, vous n'y trouverez pas
Les plaisirs qu'en ces lieux votre âme se refuse.
Vous fuyez les plaisirs, un jour
Ils vous fuiront à leur tour.

## QUATRIÈME PARTIE.

Le dieu MARS, voulant s'opposer à l'entreprise de Jason, fait sortir les Furies de l'enfer pour défendre l'entrée du bois fatal où se conserve la Toison; mais Pallas ayant chassé les Furies, en ouvre le chemin à Jason.

MARS.
Quoi! jusque dans ce bois affreux et solitaire,
Un jeune ambitieux
Croit pouvoir me ravir le trésor précieux
Dont le roi de Colchos m'a fait dépositaire!
Tremble, jeune téméraire;
En vain le plus puissant des Dieux
S'oppose à ma juste colère:
De mon bras redouté rien ne te sauvera;
Et si le Ciel m'est contraire,
L'enfer me servira.

Ministres de mes barbaries,
Vous à qui j'ai recours,
Venez implacables Furies,
Venez à mon secours.
UNE DES FURIES.
Toujours barbares et terribles,
Aux cris des malheureux nous sommes insensibles:

Mais quand, pour troubler l'univers,
On implore au besoin notre fureur cruelle,
Du plus p ofond des enfers
Nous n'entendons que trop la voix qui nous appelle.

DEUX FURIES.

Semons partout nos tristes feux :
Que la rage,
Le carnage,
Nous suivent en tous lieux ;
Que la guerre
Répande par toute la terre
Ses ravages affreux.

PALLAS.

Rentrez, noires Furies,
Rentrez dans les enfers dont vous êtes sorties.
En vain prétendez-vous pouvoir épouvanter
Un Héros intrépide
Que Jupiter protége, et que Minerve guide.
Si nous le soutenons, qui peut lui résister ?

## BALLET GÉNÉRAL.

La Renommée publie le triomphe de Jason dans la conquête de la Toison-d'Or, et annonce, sous le nom de ce héros, la gloire future d'un prince, à qui le Ciel destine la possession du même trésor.

LA RENOMMÉE.

Jason est triomphant, tout cède à sa valeur.
Peuples, accourez tous au bruit de sa victoire ;
Venez rendre hommage au vainqueur,
Et soyez témoin de sa gloire.
Il a percé le Dragon furieux ;
De l'enfer même il est victorieux.
L'ennemi devant lui n'osera plus paraître.
L'heureux climat qui le vit naître
Ne voit qu'avec des yeux jaloux

Le bonheur des sujets dont il devient le maître,
Sous un règne si beau, que leur sort sera doux!

CHŒUR

*De suivans de la Renommée.*

Que tout l'univers honore
Ce jeune conquérant favorisé de Cieux;
Que du couchant à l'aurore
On entende le bruit de ses faits glorieux;
Que, s'il se peut, son nom vole plus loin encore.

# CANTATE

Qui fut chantée dans la Comédie héroïque DES INCOMMODITÉS DE LA GRANDEUR, en 1717, pendant la régence de S. A. R. Monseigneur le Duc d'ORLÉANS.

(*C'est un concert qu'on donne au faux duc de Bourgogne, sous le nom du véritable* PHILIPPE, *surnommé le Bon, ou le Père du Peuple.*)

SAVANTES filles de Mémoire,
Qui des princes fameux éternisez la gloire,
Pour chanter un héros égale aux plus grands rois,
Animez mon cœur et ma voix.
De la sagesse qui l'inspire
Nous voyons chaque jour des miracles nouveaux;
Et la tranquillité dont jouit cet empire,
Couronne avec éclat ses glorieux travaux.
Le bruit des trompettes,
Le tumulte et le fracas
Qui suit les combats,
N'alarme point nos paisibles retraites,
Ce n'est qu'au doux son des musettes
Qu'on mêle quelquefois, dans ces heureux climats,
Le bruit des trompettes.

De ce charmant et précieux repos,
PHILIPPE, c'est à vous que nous devons l'hommage.
Votre bras a calmé les flots,
Vos soins ont détourné l'orage;
La paix est l'ouvrage
Le plus digne d'un héros.

Aimez un prince qui vous aime;
Peuples, chantez son nom cent fois:
Il met votre bonheur extrême
Au-dessus de tous ses exploits.
Si vous n'étiez heureux en vivant sous ses lois,
Il ne le serait pas lui-même.

*La musique de cette Cantate et de la suivante était de la composition de Campra.*

# CANTATE

Qui a été chantée dans la Tragi-Comédie d'EULOGE, en 1725.

### PHAÉTON.

LE fils du Dieu qui répand la lumière,
Phaëton, jeune ambitieux,
Pour tenter cette noble et brillante carrière,
Ose, d'un vol rapide, s'élever jusqu'aux cieux.

D'un père qui l'aime,
Il séduit la tendre bonté;
Et bientôt, sur son char monté,
Il paraît plus brillant que le soleil lui-même
Ne le parut jamais au plus beau jour d'été.

Que sa lumière est vive!
Qu'elle a d'éclat et d'ardeur!
La Terre attentive,
Admire sa splendeur.

## CANTATE.

Tout se renouvelle
Par sa douce chaleur.
D'une main mortelle
Nous tenons ce bonheur.
Mais bientôt ce soleil brûle plus qu'il n'éclaire.
Arrête, Phaëton, que fais-tu, téméraire ?
Les fleuves desséchés semblent déjà tarir.
La terre s'entr'ouvre et murmure ;
Ah ! quel désordre affreux dans toute la nature !
Tout s'embrase, tout va périr.
O Dieux ! témoins des maux que l'univers endure,
Contre un audacieux, daignez le secourir.

Jupiter, effrayé, voit le danger du monde ;
Mais bientôt à sa perte il va le dérober.
J'entends la foudre qui gronde,
Et je vois Phaëton tomber.

Au plus haut rang l'on veut atteindre ;
Mais par un sort trop éprouvé,
Plus on est élevé,
Plus la chute est à craindre.

FIN.

# TABLE.

| | |
|---|---|
| Notice sur le Père Du Cerceau, Page | v |
| Préface de l'*Enfant Prodigue*, | xj |
| L'ENFANT PRODIGUE, | 1 |
| Avertissement sur les *Incommodités de la Grandeur*, | 47 |
| LES INCOMMODITÉS DE LA GRANDEUR, | 49 |
| Prologue de l'*École des Pères*, | 122 |
| L'ÉCOLE DES PÈRES, | 129 |
| ÉSOPE AU COLLÉGE, | 181 |
| LES COUSINS, | 261 |

| | |
|---|---|
| Le Destin du nouveau Siècle, | 335 |
| Récits en Musique, employés dans le Ballet de la *Toison d'Or*, | 353 |
| Cantate qui fut chantée dans la comédie héroïque des *Incommodités de la grandeur*, | 361 |
| Cantate chantée dans la tragi-comédie d'*Euloge*, | 362 |

FIN DE LA TABLE.

www.ingramcontent.com/pod-product-compliance
Lightning Source LLC
Chambersburg PA
CBHW070448170426
43201CB00010B/1262